每天学点
幽默沟通学

一句幽默带给人的快乐，胜过苍白的万语千言
易学易用的幽默沟通技巧

黄钟峣 / 编著

中国纺织出版社

内 容 提 要

幽默是用机智、诙谐的言语与人相处，用幽默的方法表达自己的想法，让彼此开怀沟通，让事情愉快办成。

本书是一部幽默沟通技巧全书，集合数百个幽默案例，为读者展示各种幽默技法，让你学会创造幽默的方法，掌握施展幽默话语的诀窍。同时，本书为读者准备了各种场合的实景演练，让你在真实的社交场合中，学会如何说幽默的话，做幽默的人，巧妙应用幽默的技巧与人相处、赢得人心，从而达到事半功倍的效果。

图书在版编目（CIP）数据

每天学点幽默沟通学 / 黄钟峣编著. -- 北京：中国纺织出版社，2015. 9（2023.5重印）
ISBN 978-7-5180-1672-3

Ⅰ. ①每… Ⅱ. ①黄… Ⅲ. ①人际关系学—通俗读物 Ⅳ. ①C912.1-49

中国版本图书馆CIP数据核字（2015）第118148号

责任编辑：闫 星　　责任印制：储志伟

中国纺织出版社出版发行
地址：北京朝阳区百子湾东里A407号楼　邮政编码：100124
邮购电话：010—64168110　传真：010—64168231
http：//www.c-textilep.com
E-mail：faxing@c-textilep.com
中国纺织出版社天猫旗舰店
官方微博http：//www.weibo.com/2119887771
永清县晔盛亚胶印有限公司印刷　各地新华书店经销
2015年9月第1版　2023年5月第3次印刷
开本：710×1000　1/16　印张：16.75
字数：226千字　定价：78.00元

前言 preface

有人会说，幽默并没有多大的用处，它既不会让自己变得美丽起来，也不会帮助自己减掉多余的肥肉，也不会为自己的一顿美食埋单，更不会帮助自己工作。但是你的幽默可以让你感受到生活的快乐，即便在你最伤心的时候，也不妨幽默地自嘲一下，你会发现生活并不是那么不近人情，至少你还能含着眼泪微笑。如果你懂得幽默，你就会比现在更加轻松地面对现实，坦然地接受自己的身体缺陷，比如矮小的身材、臃肿的腰身、平平的五官等等。在幽默的支撑下，即使你手里只剩下吃一餐的饭钱，也能安心地睡个好觉。

在日常交际中，善用幽默的语言，它不仅是风趣的表现，也是一种智慧。有时候，你的一句幽默语言，可以巧妙地打破难堪的局面，而不伤彼此的和气；有时候，适当的幽默可以给身边的人带来快乐，让人觉得你是一个风趣的人；有时候，来一句自嘲的幽默，会为自己带来轻松的心情。多涉猎一些有趣的书籍，为自己增加知识，再恰当地运用语言的技巧，保持自己乐观的心态，那么，你的语言就充满了风趣。把幽默的语言变成你的风格，它会为你赚取不少的掌声和赞许。

我们从来不否认，幽默是最好的催化剂、润滑剂。它会让一触即发的紧张局面在瞬间变得祥和，会带着一种温柔的讽刺，却无半点伤害。可以说，幽默可以为我们带来良好的人际关系，那些交际场合中的幽默达人绝对也是社交达人。当然，幽默感并非一个人天生就具备的，幽默也是需要培养的。

本书就是一把有效地开启幽默之门的钥匙。在书中，我们为读者展示各种幽默技法，手把手培养你成为幽默之人。同时我们为你准备了实景演练，在真实的社交场合中学以致用。学海无涯，开卷有益，相信你阅读完本书，会发现自己身上的幽默细胞越来越多，一不小心就成为了幽默达人。那么，就此恭喜你，当然，我们的努力也没有白费！

编著者

2015年1月

目　录
contents

Part 1　通达人生，学点幽默沟通术

第01章　人生需要幽默：学点幽默，人生会快乐很多 …… 2
幽默造就乐观的心态 …… 2
用幽默驱散莫名的愁云 …… 4
幽默帮你学会笑对逆境 …… 6
幽默，出乎意料 …… 8
幽默，不可低俗 …… 10
丰富的幽默表达方式 …… 12
幽默，需要拿捏好分寸 …… 13
幽默是浑然天成的 …… 15
如何善用幽默修辞 …… 17
幽默之达人所需具备的条件 …… 19
第02章　幽默沟通技巧：幽默能力，需要后天的学习 …… 22
荒谬法：故意歪曲，增添趣味 …… 22
夸张法：夸大事实，增添喜剧效果 …… 25
比喻法：善用比喻，增强趣味性 …… 28
逻辑法：错落思维，徒增乐趣 …… 29
文字法：巧玩修辞，笑料百出 …… 32
借势法：巧借人力，顺势而为 …… 34
设套法：巧设连环，请君入瓮 …… 36

机辩法：出其不意，随机应变 …… 38
第03章　玩转幽默语言：当众说话，用幽默汇聚人气 …… 40
即兴讲话，风趣语言令人印象深刻 …… 40
主持活动，巧用幽默控场 …… 42
幽默开场白，巧妙营造氛围 …… 43
诙谐语言，助你演讲更成功 …… 45
妙用幽默结尾，锦上添花 …… 47
幽默开口，做一个受欢迎的讲话者 …… 49

Part 2　初涉人际，试试幽默破冰法

第04章　消除陌生感觉：巧用幽默拉近人与人的距离 …… 52
幽默，不可小觑 …… 52
幽默是一种奇妙的沟通方式 …… 54
以幽默展现女性的风采 …… 56
幽默的人总受人欢迎 …… 57
幽默为沟通疏通管道 …… 59
幽默让陌生人不再陌生 …… 61
幽默让你反败为胜 …… 62
小心踏入幽默的“禁区” …… 64
用幽默代替握手 …… 66
第05章　赢得他人好感：幽默语言话里话外讨人欢心 …… 68
幽默使你万众瞩目 …… 68
幽默是一种宽容 …… 70
幽默的人更容易亲近 …… 72
生活中展现幽默的风采 …… 74
幽默助你在社交中如鱼得水 …… 75
幽默是朋友间愉快的相处方式 …… 77

风趣地寒暄，令人印象深刻 …………………………………… 78
含蓄的幽默令你颇具魅力 ……………………………………… 80
第06章 缓解局促紧张：用幽默打造舒适的沟通氛围 ………… 82
以幽默缓和紧张气氛 …………………………………………… 82
以风趣的语言营造良好的气氛 ………………………………… 84
对不熟悉的人切勿乱开玩笑 …………………………………… 86
以幽默的语言打破僵局 ………………………………………… 88
巧妙打圆场，为他人夺回面子 ………………………………… 89
幽默拒绝法 ……………………………………………………… 91
幽默是营造良好氛围的“空气清新剂” …………………………92
“幽”得开心，“默”得可乐 ………………………………… 94
学会与人同笑 ……………………………………………………96
第07章 巧妙救场解围：几句“笑语”化解他人尴尬 ………… 99
以幽默化解尴尬 …………………………………………………99
以幽默为他人解围 …………………………………………… 101
灵巧思维，摆脱窘境 ……………………………………………103
幽默的言辞，因善于联想 ………………………………………105
巧装糊涂，幽默应难堪 …………………………………………107
偶尔来点冷幽默 …………………………………………………109
幽默是交际场上的“催化剂” ………………………………… 110
自嘲，使自己摆脱尴尬 …………………………………………111
幽默地反驳 …………………………………………………… 113
沉稳应对别人的故意刁难 …………………………………… 115

Part 3 恣意交际，用幽默展示魅力

第08章 获得他人认可：言语交锋幽默展现内心智慧 …………118
避开锋芒，谨慎应答 ……………………………………………118

谬趣横生，以谬制谬 ……120
出其不意，一招制胜 ……121
柔中带刚，以示气势 ……123
模糊作答，混淆目标 ……125
妙语双关，化解难堪 ……127
以子之矛，攻子之盾 ……128
避实就虚，躲过攻击 ……130
收敛气势，含而不露 ……131
延伸本意，化解敌意 ……133
第09章 令人心悦诚服：幽默话语也可以很有说服力 ……134
打好“太极”，以弱胜强 ……134
大道理，小幽默 ……136
轻松劝慰，诙谐贴心 ……137
言在此，而意在彼 ……139
幽默说理，轻松劝诫 ……141
风趣批评，更易接受 ……143
暗示，曲径通幽 ……145
顺水推舟，占据主动 ……146
幽默反问，令其诚服 ……147
第10章 自我魅力展示：幽默是一种优雅的人生态度 ……150
幽默，是一种绝世的睿智 ……150
幽默，是一种难得的自信 ……153
幽默，是一种优雅的人生态度 ……155
幽默，是一种霸气的领导力 ……157
幽默，是一种绝妙的影响力 ……159
幽默，是一种豁达的品格 ……161
幽默，是构成个人活力的重要部分 ……164

Part 4 玩转职场，幽默的人最受欢迎

第11章 轻松赢得掌声：玩转幽默做受欢迎的职场人 …………………… 168
以幽默的方式作自我介绍 ………………………………………………… 168
谈吐幽默，打动同事心 ……………………………………………………170
以幽默语言巧妙应对领导 ………………………………………………… 172
幽默营造良好的工作氛围 …………………………………………………174
幽默言语，拉近与领导的距离 ……………………………………………176
富于幽默，轻松完成工作 ………………………………………………… 178
幽默言语，更容易拉拢客户 ……………………………………………… 180
第12章 管理者的幽默：令下属马首是瞻的有效手段 …………………… 183
幽默，拉近与下属之间的距离 …………………………………………… 183
善用幽默，轻易打动下属心 ……………………………………………… 185
妙语激将，挖掘下属潜力 ………………………………………………… 187
风趣的责备，更易于下属接受 ……………………………………………189
幽默谈吐，下属更愿意倾听 ………………………………………………191
妙用幽默，轻松管理下属 …………………………………………………193
第13章 谈判时的幽默：用幽默口才策略令对手折服 …………………… 196
善用幽默，营造和谐氛围 …………………………………………………196
风趣辩论，减少火药味 ……………………………………………………199
幽默，变“战争”为和平 ……………………………………………………201
以诙谐的语言反击对方 …………………………………………………… 202
以幽默的语言，令对手折服 ………………………………………………204
幽默谈判小技法 …………………………………………………………… 206

Part 5 守护真心，用幽默为感情调味

第14章 经营深厚友情：用幽默的言辞让友情更长久 …… 210
善于幽默，令你左右逢源 …… 210
幽默，让你结识更多的朋友 …… 212
以幽默的方式“认错” …… 213
幽默可以化解困境 …… 215
幽默，将为社交增添光彩 …… 218
幽默力量能改善你的未来 …… 219
运用幽默表现人情味 …… 221
第15章 建造和睦家庭：幽默的智慧让生活更加温馨 …… 224
以幽默营造温馨的家庭 …… 224
幸福的家庭少不了幽默 …… 226
女人以幽默打动男人 …… 229
以幽默的语言教育孩子 …… 232
幽默让婆媳之间少了隔阂 …… 234
幽默将指责变成关心 …… 235
幽默，家庭的和谐剂 …… 237
第16章 保鲜甜蜜爱情：柔情蜜意不妨用幽默来激发 …… 240
初次接触妙用幽默 …… 240
幽默激发爱的温柔 …… 242
幽默令对方心动 …… 244
以幽默化解爱人之间的“冰山” …… 246
以幽默为爱情营造情趣 …… 248
善用幽默，越吵越爱 …… 250
幽默可以使感情升温 …… 252
夫妻之间幽默相处 …… 254
在幽默中增强爱的活力 …… 256

Part 1

通达人生，学点幽默沟通术

第01章　人生需要幽默：学点幽默，人生会快乐很多

生活处处有幽默，人生处处需要幽默，一个人若是缺少了幽默的特质，那他就好像少了一只可以飞翔的翅膀。当然，幽默并不是天生的，除了天性乐观，我们后天还可以积极培养自己的幽默细胞，让自己成为人见人爱的幽默达人。

幽默造就乐观的心态

幽默能给人们带来轻松，所以在遇到困难和挫折时，幽默可以缓解人们内心的紧张和焦虑。在困难的时刻善用幽默的人通常有一个乐观处世的心态，无论遇到什么棘手的问题都会用幽默来调整自己，使自己保持一个良好的心态。所以幽默可以造就乐观的心态。

拿破仑不但是一个军事奇才，而且是一个幽默专家。有一次，他请手下的几位将军用餐，时间到了，那几位将军还未到。拿破仑是一个时间观念很强的人，于是他一个人大吃起来。等那些人到来后，他已吃完了。他对将军们说："诸位，聚餐的时间过了，现在咱们开始研究事情吧。"幽默使得拿破仑非常乐观，即使在战场上不占优势的情况下，也不会轻易撤

退。一次与敌军作战，遭遇顽强的抵抗，队伍损失惨重，形势非常危险。拿破仑也因一时不慎掉入泥潭中，满身泥巴，狼狈不堪。可此时的拿破仑浑然不顾，内心只有一个信念，那就是无论如何也要打赢这场战斗。只听他大吼一声："冲啊！"他手下的士兵见到他那副滑稽模样，忍不住都哈哈大笑起来，但同时也被拿破仑的乐观自信所鼓舞。一时间，士兵们群情激昂、奋勇当先，终于取得了战斗的最后胜利。

即使在战场，幽默也能起到作用，拿破仑的幽默虽然有些狼狈，但却让士兵们在那一刻感到了快乐，士气受到了极大的鼓舞，从而取得了胜利。

有位秀才第三次进京赶考，住在曾经住过的店里。考试前两天他做了三个梦：第一个梦到自己在墙上种白菜；第二个梦到下雨天，他戴了斗笠还打着伞；第三个梦到跟心爱的表妹脱光了衣服躺在一起，但是背靠着背。临考之际做此梦，似乎有些深意，秀才第二天去找算命的解梦。算命的一听，连拍大腿说："你还是回家吧。你想想，高墙上种菜不是白费劲吗？戴斗笠打雨伞不是多此一举吗？跟表妹脱光了衣服躺在一张床上，却背靠背，不是没戏吗？"秀才一听，心灰意冷，回店收拾包裹准备回家。店老板非常奇怪，问："不是明天才考试吗？今天怎么就打道回府了？"秀才如实相告，店老板乐了："我也会解梦的，我倒觉得，你这次一定能考中。你想想，墙上种菜不是高种吗？戴斗笠打伞不是双保险吗？跟你表妹脱光了背靠背躺在床上，不是说明你翻身的时候就要到了吗？"秀才一听，更有道理，于是精神振奋地参加考试，居然中了个探花。

解的是同一个梦，平时死板算命的先生给出的答案让人悲观，但是幽默的老板给出的答案却令人乐观，可见幽默感可以造就乐观处世的态度。

林肯是个幽默的人，他从来不遮掩自己，当有人笑话他的父亲是个鞋匠时，林肯笑笑说："不错，我父亲是个鞋匠，但我希望我治国能像我父亲做鞋那样娴熟高超。"林肯善于用最通俗的语言来表达最深刻的道理。他被人最常引用的名言是："你可以在任何时候愚弄某些人，也可以有时愚弄所有的人，但你不可能总是愚弄所有的人。"

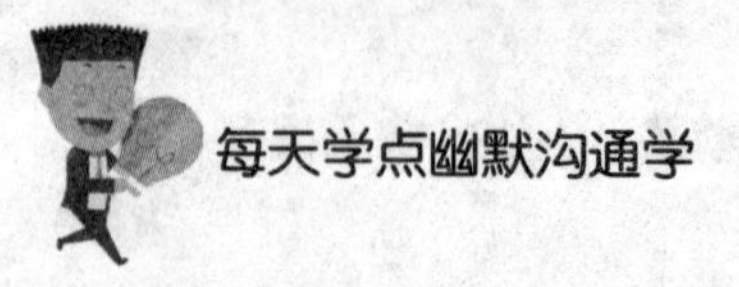

幽默的性格造就了林肯乐观的心态。林肯的一生饱经风霜，坎坷异常，但他没有被击倒，仍乐观地等待明天。纵观林肯的一生，快乐的日子要远远少于悲痛、心烦的岁月，但他仍旧没有被击倒，顽强地与那些给自己生活带来麻烦的人、事作斗争，这一点就连他的对手都敬佩不已。道格拉斯这个两次击败过林肯的竞选对手在评价林肯时说："他是党内强有力的人物，才智超群，阅历丰富，他是西部最优秀的竞选演说家。"

年轻的画家，身无分文，却走进一家豪华高档的大餐厅，吃了好几打的生蚝，希望在蚝壳中发现一粒珍珠来付账。或许你会觉得好笑，但是我们不得不承认，能有此等襟怀洒脱过日子的人，其生活必定更加快乐、更加充实，因为这种人天生幽默，生性乐观。

有一位智者说过："生性乐观的人，懂得在逆境中找到光明。生性悲观的人，却常因愚蠢的叹气，而把光明给吹熄了。"当你懂得生活的乐趣，就能享受生命带来的喜悦。烦恼重重的人，芝麻小事都会困住他。想解脱的人，天大的事情都束缚不了他。"

学会幽默，保持一种乐观的心态，如果一种方法行不通，那么换一种方式，换一个心情，说不定在另一方面你会有更大的惊喜，更大的成功。

用幽默驱散莫名的愁云

俗话说："笑一笑十年少，愁一愁白了头。"烦心的愁事在心头萦绕的时候，人们会无精打采，心事重重，茶不思饭不想，既耽误了工作，又影响了学习。其实，这种为一些事情发愁的做法是没有必要的，因为发愁只能使自己的心情一落千丈，解决不了任何问题。人的一生要做的事情太多，而人的生命又是有限的，如果把宝贵的时光都浪费在犯愁上，那真是可惜。所以在发愁时，不妨用幽默来驱散心头的愁云。

曼德拉的幽默是其达观心态的自然表露，洋溢着乐观主义的色彩，

体现出一种潇洒的人生观。一次，曼德拉在他位于约翰内斯堡的官邸发布重要新闻。在这之前，两名医生对曼德拉进行常规性体检。通过体检发现他血液中的蛋白质过高，这可能意味着某种感染，需要进一步进行相关化验。由于当时曼德拉的健康越来越引起人们的关注，有必要对全国人民及时说明。为了消除人们心中的疑虑，医生强调马德拉的心脏、肝脏十分正常，他在罗本岛监狱服刑期间感染的肺结核已经痊愈。尽管如此，担忧还是笼罩在南非人民的心头。面对记者，曼德拉说："医生告诉我一个鼓舞人心的消息是，我今天晚上不会死去。"在大家笑过之后，他补充道："3周前我患了重感冒，现在已恢复正常，身体总的感觉挺好，可以继续自己的既定日程，也会听取大夫的忠告。"

作为一国领袖，曼德拉的健康和安危牵动的是全国人民的心。曼德拉在南非人们担忧之时恰当地运用幽默，把大家心中的愁云一扫而光。这种幽默往往比严肃而详尽的解释更加可信，这一举动使担心他身体健康的南非人民如释重负。

晚唐有位纨绔子弟出身的宰相，名叫王铎，他生活奢华，"出入裘马鲜明，妾侍且众"。王铎的仕途极盛时期是他统兵出关镇压黄巢之时。此时他官为宰相，封晋国公，总统诸道行营兵马，行专杀之权，可谓集地位、权势、实力于一身，是一人之下、万人之上，甚至皇帝的圣旨，有时也可以借"将在外君命有所不受"而加以拒绝。然而他多年养成的惧内积习，并未消减。王铎将兵出行时最关心的是带领众姬妾而行，其"妾侍"虽众，但由于夫人管束之严，是难以沾边的。因此他一旦获得行动的自由，则肆意而为，也不管什么即将兵临险地了。一次，黄巢大军从广州北上，气势汹汹，中书令王铎率领全国各路兵马在江陵堵截。忽然探马来报，王夫人已经离开首都长安，直奔江陵，现已离此不远了。王铎听报，十分惊恐，便对军中的参谋人员说起此事："黄巢贼军，攻城破县，由南往北，渐渐而来。而夫人怒气冲冲，又从北边南下，眼看就要到达江陵。这可怎么办？"一位幕僚说："不如向黄巢投降。"王铎听了一扫愁云，哈哈大笑起来。

幽默是驱散心头愁云的最好办法，见效快，而且彻底。

幽默大师查理·卓别林说："幽默是智慧的最高体现，具有幽默感的人最富有个人魅力，他不仅能与别人愉快相处，更重要的是拥有一个快乐的人生。"而这位幽默大师最推崇的人是被他称为美国"幽默学之父"的罗伯特·斯坦恩。斯坦恩是美国斯坦福大学心理学教授，是第一位把幽默作为研究课题的专家。在二战中，许多奔赴欧洲战场的士兵随身只携带两本书，一本是《圣经》，另一本就是罗伯特·斯坦恩编写的《幽默的艺术》。士兵们通过这本书来驱散由于战争而笼罩在人们心头的乌云。

遇到发愁的事，要用幽默转移注意力，应该多与人接触，只有在和别人的接触中才能展现自己的幽默，才能欣赏他人的幽默。接触长久了，彼此关系逐渐融洽了，玩笑与幽默更加自然了，心头的愁云也就消解了。

心情很糟的时候，看什么事情都不顺眼，自然做什么都不会得心应手。所以，尽量快乐地生活，用幽默作为缓解压力的办法，这样快乐也就不知不觉地来到你身边了。幽默是一杯清茶，滋润你的心田；幽默是一块奶糖，让你倍感甜蜜；幽默是一阵清风，让你展开笑颜；幽默是一抹阳光，为生活增色添彩；幽默是一场演出，彰显你的魅力；幽默是一种力量，让你绝处逢生。

生活中总会有许多不料与不幸，这些不料与不幸总让我们一时无语、无措与无奈。幽默地看待、诠释、回答生活中的一切不料与不幸，给自己一份幽默特质，还自己一份幽默心情。

幽默帮你学会笑对逆境

这世间有太多不如意，但是生活还要继续。每个人都遇到过逆境，都体会过其中的艰辛。面对逆境有的人选择了放弃，有的人选择了逃避，还有的人选择了面对。第三种人的选择是正确的，这点毋庸置疑。因为放弃

的人求得了所谓的解脱，却在心里留下了遗憾，这一时的放弃，也许就是一生的遗憾。逃避只能逃得了一时，逃不了一世，所以不如勇敢面对，这样的人生才是丰富多彩的。幽默可以使一个人学会笑对逆境，学会苦中作乐。

2002年3月，阿拉法特和他的助手以及保镖在办公楼的地下室里，度过枪林弹雨的白昼，漫漫的长夜，等待着以军坦克可能发动的最后一击，然后勇敢战死，成为烈士。这是英国记者戈登伯格要告诉世人这位有职无权的总统的心态。由于以军炸掉了水塔，所以总部内的洗手间和浴室已无水可用，卫生情况可想而知。除电话线被切断外，手机信号显然也受到干扰，以致难以跟外面联络。每人配给的食品也少得可怜，只有一些面包、牛奶和黄瓜。探访过里面情况的巴方医护员萨拉曼说："里面缺水缺粮，乱七八糟！"直至31日午后，一群国际和平主义者和几位记者无视以军的炮火和阻挡，成功进入了巴自治政府总部探望被困在那里的阿拉法特，送来数量不大的食品、饮水和药品。3月30日，阿拉法特的周末晚餐是，在昏暗的烛光下和部下一起吃水煮马铃薯。在最艰难的时刻，阿拉法特仍不失幽默，在与其助手和护卫分享极为匮乏的食物时，还自嘲希望能像耶稣那样，重现用"五饼二鱼"救活数千人的奇迹。

阿拉法特能在如此艰难的时刻还保持一种乐观的心态，不得不让人敬佩。然而正是他的幽默使其能够在逆境中保持一颗顽强的心，继续为巴勒斯坦的民族事业奋斗。

从前有一位智慧的老人，每天坐在加油站外面的椅子上，向开车经过镇上的人打招呼。这天，他的孙女在他身旁，陪他慢慢地共度光阴。一位游客到处打听，想要找地方住下来，他走过来问："这是个怎样的城镇？"老人慢慢转过来回答："你来自怎样的城镇？"游客说："在我原来住的地方，人人都很喜欢批评别人。邻居之间常说别人的闲话，总之那地方很不好住。我真高兴能够离开，那不是个令人愉快的地方。"摇椅上的老人对陌生人说："那我得告诉你，其实这里也差不多。"过了个把小时，一辆载着一家人的车在这里停下来加油。车子慢慢转进加油站，停在老先生和他孙女面前。母亲带着两个小孩子下来问哪里有洗手间，老人指给了他们。父亲也下了车，问老人："住在这座城镇不错吧？"坐在椅子上的老先生回答："你原来住的地方怎样？"父亲看着他说："我原来住的城镇每个人都很亲切，人人都愿帮助邻居。无论去哪里，总会有人跟你打招呼，说'谢谢'，我真舍不得离开那儿。"老先生转过来看着父亲，脸上露出和蔼的微笑："其实这里也差不多。"然后那家人回到车上，说了"谢谢"，挥手再见，驱车离开。等到那家人走远，孙女抬头问祖父："爷爷，为什么你告诉第一个人说这里很可怕，却告诉第二个人这里很好呢？"祖父慈祥地看着孙女美丽湛蓝的双眼说："不管你搬到哪里，你都会带着自己的信念，那地方可怕或是可爱，全在于你自己！"

已经发生的事情就像泼出去的水，虽然我们无法选择，但我们可以选择自己的情绪状态。虽然我们无法为了自己的生活更加舒适而改变周围的环境，但我们可以调整情绪来适应一切的环境。一个人的生活并非全部由发生的事情所决定，而是由你对生命的态度和你看待事情的态度来决定，所以灵活地转变自己的态度，可以达到自己想改变生活的效果。

"笑一笑，十年少"，笑能叫人变得年轻，笑比哭好。所以，人活一辈子，应该笑，最好笑口常开，常笑不衰。所以，面对逆境，要幽默，因为幽默能使一个人学会笑对逆境。

幽默，出乎意料

幽默，往往是出乎意料的。在生活中，我们可以运用出其不意的方法，这样往往能够把幽默感提升，更能使人体味到其中的巧妙和由此产生的趣味。出其不意关键在于其结果出乎人的意料，所以通俗的段子要少讲，最好在某种适合的场合下，冷不防地说一句巧合的、意味深长的话，才会产生良好的幽默效果。幽默是可以顺手拈来的，但必须是出其不意的。

当年《中西日报》的主办人伍磐昭在一次演讲中谈到袁世凯时说："他平生只做了一件大利大益于中国的事情。"听者无不愕然，然后他不慌不忙地答道："即是他死了——绝对的死了，很合时宜的死了，很合适的死了。"这一妙语，使在座的人都会意地笑了。

有时候，我们可以运用转折法，怎样运用转折法呢？通常要先讲一个荒谬的结果，使别人感到惊奇，在别人急于知道原因的时候，给对方一个巧妙的解释。比如最近股市暴跌，问朋友睡眠怎样？对方说：像婴儿般睡眠。大惊后佩服：不愧是高手！这都能睡得着！他沉默半晌道：半夜经常醒来哭一会儿再睡。

一位老太太拿着破旧的作业本，给一个著名作家看，并让他看看这个孩子的前途如何。对方看到那潦草不堪的字迹，评价道："这个孩子既懒惰，又任性，我想他一辈子都不会有出息。"老太太非常严肃地说："这是你小时候的作业本！"

当两个人的对话自然、顺畅地发展时，突然一个急转，对话的结果出来了，却是令人目瞪口呆的，就非常有喜感。想要达到这种出其不意的效果，最重要的是前面的铺垫，如果没有精彩的铺垫，对比不强烈，效果就不会那么明显。平时也可以运用这种方法，先说一段精彩纷呈的铺垫，然后语气一转，来个出其不意的结果。正像某个段子一样，听前面像陆小凤与西门吹雪大战紫禁之巅，最后的结果却是，主人公喊了一声"磨剪子来！"让人捧腹。

某次乾隆皇帝问篮子为什么只能装东西，不能装南北？大臣就幽默地答道："因为在五行中南主火，北主水，东主木，西主金，水火都盛不住，所以只好装东西了。"

只要有足够的智慧和内涵，处处都能发现巧合。

这种方法就好比你拿起电话急切切地叫了一声"老公"，噼里啪啦讲了一段自己今天受到的委屈或者遇到的精彩事件，结果对方干咳一声告诉你"我是他爸爸"让人尴尬而啼笑皆非，当然也能出其不意地逗笑自己和他人。

再比如林语堂某次晚上演讲，因为前面人演讲时间太长，他快步走上台后，仅说了一句“绅士的演讲应该像女人穿的‘迷你裙’，越短越好。”然后就大步流星地走下台去。

如果他又没完没了地讲了两小时怎样缩短自己的演讲，行动与语言形成反差，这一幕就变成了“冷幽默”，也有一种出其不意的趣味。

幽默，不可低俗

幽默是一种高雅的说话方式，它不是滑稽，不能和插科打诨、刻意说低俗的笑话、用荒唐夸张的动作“搞怪”“搞笑”混为一谈。虽然以上几种形式也能使人们发笑，但这种低俗或中性的刻意为之，往往不能算幽默，强硬的笑话还可能引起人们的反感，另外，幽默只能作为一种手段，而决不能成为目的，我们要懂得用自己的幽默细胞和高雅情趣来巧妙地运用“幽默”，而不能批量制造，更不能讲低俗的笑话来取悦众人，否则就会使自己沦为笑柄。

1.有高超的观察力和想象力

幽默之所以令人发笑，往往在于其“巧”“妙”，时机“巧”，言语“妙”，离开所处的语境，往往不能成为“幽默”，所以需要快速的反应力，要求说话者思维敏捷、能言善辩，具有较高的观察力和想象力，并拥有高超的语言驾驭能力和丰富的语言表达方式。这些都来自对于生活的深刻体验和对事物的认真观察，日常生活中就要多留心多思索，多积累才能拥有幽默的智慧。

2.必须以高尚的情趣为基础

幽默的谈吐必须建立在思想健康，情趣高尚的基础上，它往往以诙谐的语言为手段表达善意的规劝和批评或解嘲。所以某些“刻薄”的讽刺和嘲讽最好不要拿出来“现”，比如有些人刻薄同事“老黄瓜刷绿漆——装

嫩”还自以为幽默，除了表现自己的刻薄和无知没有任何效果。一些荤段子最好不要在大庭广众或异性面前卖弄，引起尴尬倒是其次，它显示的是你的粗俗无礼。

3.较高文化素养必不可缺

幽默不单单靠智慧和口才以及机灵善变来表现，更要靠深厚的知识底蕴作为基础，否则就只能变成“讥诮”。幽默本身就是智者用诙谐的形式表现出的一种口才，一个人只有知识丰富，对古今中外、天南海北、历史典故、风土人情等都有所了解和掌握，再加上丰富的语汇和灵活多变的表达方式，说起话来才能生动活泼，妙趣横生。

比如林语堂讲话往往妙语连珠，每次演讲都是座无虚席并逗得在场人士哈哈大笑，这与他文学大师的身份是分不开的，更与他的博闻强识、见识广博有关，否则就算一句一字逗笑一个人也不过是一个“丑角”。丑角上场就能让人笑，但绝不会令人尊重，让人会心莞尔，他的笑话更不可能让人牢记。我们要做聪明的“幽默者”，而不要做暂时的取悦者。

4.最好意味深长

幽默绝不是笑话，不能像垃圾一样，说过就被人丢了、忘了，一定要值得细细回味，以后想起来还要觉得好笑，觉得“妙不可言”。幽默不是耍贫嘴，不是没一句正经的，而是在平实的话语中夹杂一两句得体的“俏皮话”，一句巧妙的“调侃”“打趣”，称得上妙言妙语的永远只有一两句，而且值得再三回味，堪称经典，令人难忘。

5.最好不要转述笑话

一些幽默的段子，自己看得开心就罢了，在某些场合讲出来，可能有生搬硬套之嫌，而且有很可能事先听过，这样就会适得其反。自己生活中的某些趣事，办公室、旅游途中的某些趣闻倒不妨讲一讲，可以增加自己的魅力。

总而言之，幽默感是可遇而不可求的，它是智慧的结晶，是长期积累的结果。根据具体的语境，选用适当的妙语，才能制造风趣幽默的效果。另外，有的人不会幽默则不必强求，如果故作幽默，反而容易弄巧成拙。

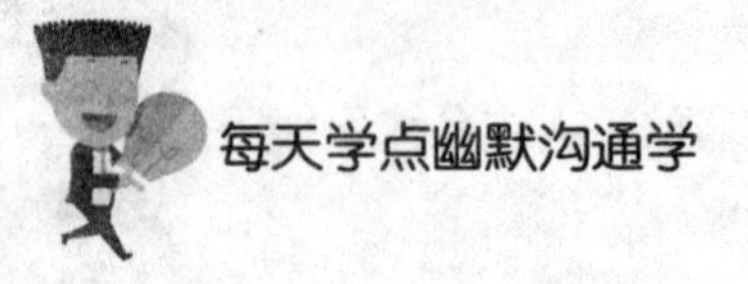

丰富的幽默表达方式

一句话有多种不同的表达方式，怎样说出来更有幽默的效果呢？怎样说话更显俏皮风趣让人忍俊不禁呢。丰富自己的语言表达方式，对于我们来说是非常重要的，实话也可以“巧”说，严肃的话题也可以“戏”说，直白的话不妨“趣”说，才能够产生幽默的效果，让氛围更加轻松活跃，自己也更受欢迎。怎样巧妙地表达自己的真实意图，而更有幽默效果呢？

妻子对丈夫说：“你经常说梦话，去医院检查一下吧。”丈夫笑着说：“不用了吧，要是治好了，我就没有一点说话的机会了。”对于妻子实实在在的关心，丈夫以虚假的“不说梦话就没有了说话机会”应对，产生了幽默的效果，这种淡淡的抱怨反而使生活中充满情趣。当然还可以采取“以实对虚”的方式来制造幽默。

老婆回家晚了，进门就问：“晚饭做好了吗？”正在弄狗粮的丈夫没好气地说：“这不给你弄着呢吗？”老婆看了一眼，不生气反而假装一本正经地说：“那多弄点，好东西要和好老公一起分享。”

把对方说出的实话当成虚话调侃一番或者把某个玩笑当成实话顺着说下去，就会产生让人捧腹大笑的效果。

《刘三姐》中三个秀才与刘三姐对歌，刘三姐的双关讽刺可谓辛辣之极。“姓陶不见桃结果，姓李不见李花开，姓罗不见锣鼓响，三个蠢才地里来。”

语言是丰富多彩的，同样的一句话往往在不同的场合，因不同的对象可能有不同的意思，巧妙地运用双关语，或语意双关的句子，往往能够产生幽默的效果。平时用词候也可以多运用一些语意双关的词语，丰富自己的表达方式。比如吃完饭想要打包又不想引起尴尬，不妨用调侃的语气“咱们吃不了兜着走啊？”再比如妻子和丈夫闹脾气，打了对方一巴掌，丈夫说“君子动口不动手啊！”妻子马上接道“那我就下嘴咬了啊！”把动口“说”化为动口“咬”，自然产生了幽默效果。

明明知道对方的意思，而有意曲解，可以造成很特别的幽默效果。另外，把重点落在句子的其他位置，也会造成幽默的效果。比如，妻子说“你看郑先生，每次出门都要吻他老婆，你就不能做到这一点吗？”丈夫说：“当然可以，不过我目前跟郑太太还不太熟。”妻子的重点在“吻”，而丈夫巧妙地把重点放在了“邻居太太”，起到了幽默的效果。

一个顾客发现自己的酒里漂着一根白头发，便招来服务员问：“这酒里怎么漂着一根白头发？”服务员笑着说：“可见我们的酒是陈年老窖啊！”一句“戏言”化解了一场“纷争”。

当矛盾一触即发的时候，不妨答非所问，回避问题的严重性，用联想性语言产生幽默效果。有时候，同样一句话，换一种表达方式，就可能产生不同的效果，每个人要学会丰富自己的词汇和表达方法，在非正式场合尽量用平和的语气，用调侃、俏皮的表达方式来回应别人，从而显示出自己的幽默。

幽默，需要拿捏好分寸

相声是很多人喜欢的艺术形式，其原因就是它能够用一种轻松愉快的语言形式给人们带来笑声，笑过之后更能从心里了解一种现象，认可一个道理。幽默是人生之中不可缺少的内容，谈吐幽默的人会受到他人的喜爱和追求。在现代社会，幽默是一种十分重要的交际手段。在一些严肃的气氛或者尴尬的场景之中，风趣的语言往往会产生“四两拨千斤”的效果，让人们紧张或者是疲惫的心情得到放松。

有一天，著名的诗人海涅伏案创作，长时间的脑力活动让他感到十分疲惫和急躁。这个时候仆人推门进来，将一个邮报送给他。海涅对仆人的举动感到十分恼怒，想狠狠地批评他打扰自己创作思路的不礼貌之举。

但是当看到邮报上面写的话时，却没有了任何的怒气，嘴角上也出现了一丝笑意。这个邮报是他的好朋友梅厄送给他的，上面写道：“亲爱的海涅，我健康而又快活！衷心地致以问候。你的梅厄。”心情欢快的诗人海涅调整了情绪，决定和这个朋友开一个不大不小的玩笑。

几天之后，梅厄先生受到了一个十分沉重的邮报，他就雇了一个脚夫帮他扛回家。回到家里，梅厄急不可耐地打开邮报，却发现包里只是一块大石头，石头上附有一张小纸条，上面写着：“亲爱的梅厄！看了你的信，知道你又健康又快活，我心上的这块石头落地了。我把它寄给你，以永远纪念我对你的爱。”

恩格斯曾经说过：“幽默是具有智慧、教养和道德上优越感的表现。”幽默的语言能够让社交的气氛变得轻松和融洽，是最有趣最有感染力的语言传递艺术。因此，在社交场合中，我们应该具有一种幽默的气质，来增添个人的魅力，取得良好的交际效果。但是，很多人对于幽默的理解是片面甚至错误的，以为讲一些令人发笑的段子、做出几个滑稽的动作甚至说一些尖刻讽刺的话就是幽默的表现。有些人在这种思想的误导之下，经常和别人开一些不合时宜的玩笑，或者对别人存在的缺陷和尴尬的往事津津乐道，以为是在用幽默调节气氛，而实际上却无法达到幽默的效果，甚至会给别人带来不快，将自己置于十分尴尬的境地。

幽默会给别人带来笑声，但是笑声并非幽默的根本目的。幽默表现出的是一个人的知识和涵养，本质上也是善意的表现，不会带有任何恶意的杂质，相反地，却是对恶意捉弄的一种抵制和消解。在生活中，要想真正地学会幽默，必须掌握和遵循它的原则。幽默也是有原则的：

1. 幽默是友善的

幽默是友善的，它所起到的作用是沟通双方的心灵，表达人和人之间的坦诚和友爱，拉近双方的心理距离，填平彼此间的鸿沟，建立良好的关系。当一个人受到了别人无意的伤害或者是冲撞时，幽默的语言既能表达出自己的不满，同时也能避免给对方的心理带来不必要的压力。使用幽默性的语言，在轻松的语气之中表达自己的思想又不失风度，还会使别人顺耳。幽默能够很快改变别人的态度，具有很强的说服力。幽默也能消除和

他人之间的紧张关系，哪怕到了一触即发的时刻，几句风趣的话也能消除彼此间的冲动和窘迫。

2. 幽默是智慧的

幽默虽然表现在语言的调侃上，但却体现了一个人的智慧，反映了谈话者的性格和情绪。枯燥乏味智商平平的人是不懂得也无法正确运用幽默语言的。幽默的谈吐，往往蕴含着深刻的人生哲理，能够给人带来听觉和心灵的享受。妙语连珠妙趣横生的幽默，能够消除疲劳和产生愉快。

3. 幽默要分清场合

幽默是交际场合的重要手段，却不代表任何场面都适合运用幽默的方式。在比较严肃的场合，最好不要用这种方式。比如在追悼会上，每个人的心情都是十分沉重的，如果你在这里插科打诨，讲些无厘头的段子，说些玩笑话，或者不合时宜地讲“今天是个好日子”，恐怕就会被人下逐客令了。因此，幽默也要注意场合，以免让自己下不了台，自取其辱，被别人厌恶和谴责。

幽默是浑然天成的

唐山大地震的时候，一位农民睡在自己的床上，眼看着自己家的房顶突然没了，这时候下起了大雨，他的家人慌作一团，他却幽默地说：“别着急，没有房顶的坏处就是被雨淋湿了，不过好处就是太阳可以直接晒干我们的东西。”虽然这个农民没有多少文化，不过，在那生死之间，他却可以从容幽默，这样的幽默是天性使然。幽默贵在自然，它是浑然天成的，不需要一点伪造的痕迹。著名主持人李咏曾说：“做主持要有一种‘人来疯’的精神。”其实，幽默又何尝不是呢？假如我们在进行语言表达时有太多的顾虑，那就难以把幽默挥洒自如，就不容易达到一种自然而然的效果。

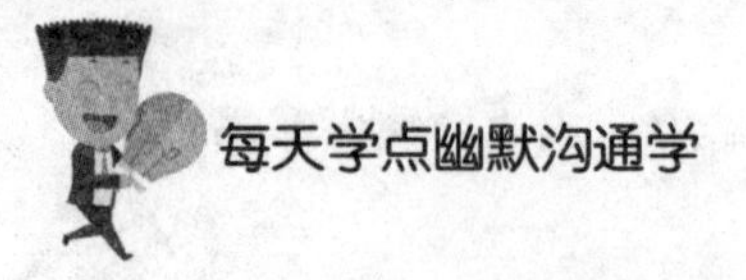

王先生又喝得东倒西歪了，在莲花广场叫住了一辆出租车，并对司机说："把我拉到华尔大酒店去。"司机充满疑惑地说："这里就是华尔大酒店。"王先生又问："真的吗？"司机肯定地回答说："没错，我不会骗你的。"于是，王先生无奈地从兜里掏出一张20元的钞票扔给司机说："好极了，这是给你的，不过，下次可不要开得这样快了。"

在生活中，我们经常发现有的人喝醉了还会表现出惊人的幽默，其中的原因是酒精让一个复杂的社会人变成了一个简单的自然人。有时候，幽默并不是天生的，而是后天培养的，而后天培养幽默感是不容易的，因为幽默不仅需要文化，需要见识，而且需要脑子灵活以及雄辩的口才。更关键的是，幽默需要一个人自觉地向自然回归，因为一个人越坦然，越真实，越本性，他越有可能产生幽默感。

有一个将军，一次与士兵一起开庆功会，在与一个士兵碰杯时，那个士兵由于太过紧张，竟将一杯酒泼到了将军的头上。士兵当时吓坏了，可老将军却用手擦擦头顶的酒笑着说："小伙子，你以为用酒就能治好我的秃顶吗？我可没听说过这个药方呀！"听后大家哈哈大笑，士兵也对将军充满了感激和崇拜。

幽默是一个人对待现实生活态度的反映，这是对自身充满自信的表现。一个人只有对自己前途充满希望，才能自然而然地幽默，才会发出欢快的笑声。即便他处于困境中，也依然对生活充满信心。天性乐观的人，总是在生活中发掘幽默，然后用快乐去抚平生活留下的伤口。

林肯曾讲过一个笑话给大家听：

有一次，我遇到了一个老太婆，她对我说："你是我见过的最丑的一个人。"我不急不缓地回答说："请多包涵，我也是身不由己。"老太婆笑了，说："我倒不以为然，你可以待在自己的家里不出门啊。"

这是林肯亲口讲的笑话，听罢，大家都笑得前仰后合。但与此同时，大家更敬佩林肯的乐观心态，即便被别人如此看待，却拿出来当作一个笑话说。所以我们说，幽默是浑然天成的，来不得半点伪装。

幽默贵在自然，并不在于它的表现方式是自然的，而在于我们的心态

是自然的。幽默源于乐观的心态，一个心胸狭隘，凡事斤斤计较的人是没办法幽默的。而那些生性乐观的人，他们才是最优秀的幽默达人。

如何善用幽默修辞

纵观古今名人，凡是成就大事者，无不具有幽默的细胞。著名文学家萧伯纳一句“你撞了我可以四海名扬”，使骑车撞了他的小伙子脱离尴尬境地；音乐大师莫扎特以顺藤摸瓜式的幽默让轻狂的学生低头信服；政治家俾斯麦以偷梁换柱的幽默道出了女人的通性。他们有崇高的理想，渊博的学识，心胸广大而待人宽容；他们处事不惊，遇挫不怒，而是用那小小的幽默来扭转颓势；不必捧腹大笑，不必脍炙人口，有时一个微笑，一个小小的恶作剧，就会让你豁然开朗，拨云见日。

有一次，林肯正在演讲，一个青年递给他一张纸条。林肯打开一看，上面只有两个字：“笨蛋”。林肯的脸上掠过一抹不快，但他很快便恢复了平静，笑着对大家说：“本总统收到过许多匿名信，全都只有正文，不见写信人的署名；而今天正好相反，刚才这位先生只署上了自己的名字，却忘了写正文。”

有时，身边的人提出一些令你无法接受的要求，倘若生硬地拒绝，就容易伤害彼此之间的感情，运用幽默，能使人避免这样的情况发生。

幽默按照其修辞表现手段的不同，有不同的修辞手法，下面我们举例说明常见的几种幽默修辞手法。

（1）借代

借代修辞就是指不直接说出要说的事物，而借用与它有密切关系的事物来代替，或用事物的局部代替整体。借代可使语言简洁、生动、形象化，激发读者的联想。

（2）拟人

拟人就是根据想象把事物当作人，赋予事物以人一样的思想和行为的

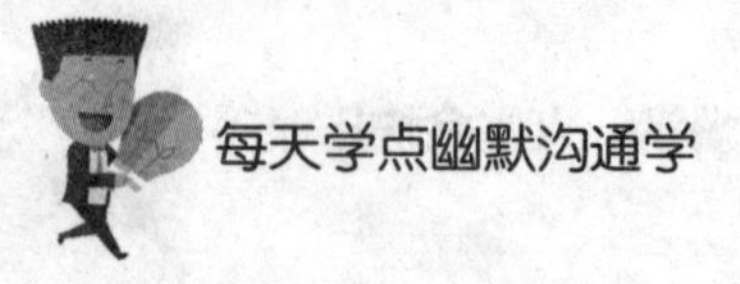

一种修辞方法。在讲话中运用拟人的修辞手法就是把物当作人来讲，把物人格化。拟人修辞主要有三个特点：所讲事物必须具有人的特点；讲话中不能出现比喻词；不能出现表示人物的词语。

南唐时，苛税繁重，民不聊生。恰逢京师大旱，烈祖问群臣：“外地都下了雨，为什么京城不下？”

大臣申渐高说：“因为雨怕抽税，所以不敢入京城。”

烈祖听后大笑，于是决定减轻赋税。

申渐高巧借话题，把“雨”拟人化，从而委婉地说出了“税收繁重，令人生畏”的意思，机智地讽刺烈祖减轻赋税，最终取得了预期的效果。

（3）讽喻

讽喻就是用富有机智和幽默情趣并寄寓深刻哲理的虚构的故事来阐明某种道理。简单地说，就是用讲故事的办法来比喻事物，说明道理，达到启示，诱导或讽刺谴责的目的。在讲话时，有的道理不便于直说或明说，或者不容易说得明白、动听，就用说故事的方法来说明道理。讽喻又分为引述、编写两种形式。

有一个单位组织退休老干部乘大客车外出旅游，上车时由于大家你谦我让，耽误了不少时间。开车后，一位老同志朗声打趣道：“我给大家讲个故事助兴：从前有一位妇女，怀孕十年才生下一对双胞胎。问这对双胞胎为何迟迟不肯面世，他们说，根据礼节，年长为尊者应该先行，但他们两个不知道谁是兄长，就这样互相推让了十年，把妈妈生孩子的事给耽误了。”

这番话引得车上的老干部面面相觑，继而大笑起来。

老同志通过一个有趣的故事，来比喻“你谦我让”，说明了大家互相推让耽误了时间，达到给听众以启示的目的。

（4）仿拟

仿拟是一种重要的修辞手法，它是一种巧妙、机智而有趣的修辞格。仿拟就是故意模仿套用已有的固定语言形式来叙说的一种表达方式。它有意仿照人们熟知的现成的语言材料，根据表达的需要临时创造出新的语、句、篇来，以使语言生动活泼，或讽刺嘲弄，或幽默诙谐，妙趣横生。仿

拟的一般是人们所熟知的语言材料，如成语、谚语、明言、警句等。

苏轼有位姓刘的朋友，因为晚年患病，鬓发、眉毛尽皆脱落，鼻梁也快要断了。一天，苏轼与很多朋友相聚饮酒，这位姓刘的朋友建议大家各引古人语相戏。苏轼对这位姓刘的朋友说："大风起兮眉飞扬，安得壮士兮守鼻梁？"顿时，满座大笑。

苏轼仿的是汉高祖刘邦的《大风歌》中的"大风起兮云飞扬，威加海内兮归故乡。安得猛士兮守四方"。这首尾两句，互相对照、趣味盎然。

（5）反射

反射是指在现场套用对方的话语来戏谑、反驳对方，这是一种语言回归，所要达到的目的就是以其人之道还治其人之身。

吉米放学回家，把成绩单交给爸爸，爸爸一看有两门功课不及格，就对吉米怒气冲冲地喊道："你知道吗？华盛顿像你这个年龄时是全校最优秀的学生。"

吉米不慌不忙地回答："你知道吗？爸爸，华盛顿像你这个年龄时已经是美国总统了！"

小吉米巧妙运用了反射，举出"华盛顿在爸爸的年龄已经当了总统"的事例，有力地反驳了爸爸的话语。

幽默之达人所需具备的条件

一个人的说话风格，实质上最主要的就是风趣幽默，富于情感。一个风趣幽默的人，他的语言常常是富于情感的。可以说，幽默可以表达一个人的修养与涵养，所以，古今中外，那些说话幽默诙谐的人，大多受到人们的喜爱，那些幽默诙谐的语言可以更有效地传达人们内心的思想，同时增进彼此之间的感情。

第二次世界大战时期的"沙丁鱼电车"是由东京开出的电车，人潮拥挤，根本无立锥之地，就好像沙丁鱼罐头一般被塞得满满的。每个乘客脸上都显得十分不耐烦，矛盾似乎一触即发。大家怒目相视，只希望车子开得快些，以便从这班拥挤的车上解脱出来。

车子到了第二站，车长说：“这一站是××站，下车的旅客请别忘了随身携带的东西。若忘在车上，那么我只好没收了。”大家听完这段话，都有意识地摸摸自己的随身物品，好像忘了真会被车长拿去似的。

其实，我们都清楚，车长的那段话应该是他职责范围内说的，不过，就因为他在后面加了一句“若忘了在车上，那么我只好没收了”，瞬间让原本因拥挤而不耐烦的人们变得和善起来，气氛也变得融洽多了。

对于我们来说，需要充分显示自己的幽默感。一句得体俏皮的话，立即使你和他人之间的距离缩短，并获得好感；几句对付难题的机智回答，会让自己摆脱困境，并体现美好的自我形象，获得他人的同情和赞美。可是，在交流过程中，并不是每一句话都需要幽默，也不是随便的一句俏皮话就可以被称之为幽默。幽默的语言不仅需要风趣，更需要得体，这样才能更好地表达幽默的效果，更真实地表达情感。

那么，如何获取那些幽默的语言呢？

（1）用趣味思维方式捕捉生活中的喜剧因素

“趣味思维”就是一种“错位思维”，换句话说，就是不按照普通人的思路想，而是岔到有趣的一面。领导者在生活中，要善于使用这样的思维方式去捕捉一些喜剧因素，平时的逐渐积累，会提升你的幽默能力。

（2）瞬息构思，掌握必要技巧

幽默风趣是一种“快语艺术”，它突破了惯性思维，遵循的是反常原则。在实际沟通中，必须想得快，说得快，触景即发，涉事成趣，出人意料，又在情理之中，使对方在欢笑中易于接受。

（3）灵活运用修辞手法

我们在说话过程中，要灵活运用极度的夸张、反常的妙喻、顺拈的借代、含蓄的反语，以及对比、拟人、移就、拈连、对偶等一些修辞手法，这样才能使你的语言表现出幽默风趣的效果。

（4）搜集素材

我们的日常生活丰富多彩，提供了许多有趣的素材，这些素材会无意识地进入我们记忆仓库中。在生活中，我们要做个有心人，随时搜集来自生活中的有趣素材，这样就会使自己的语言材料丰富起来。

不过，在运用幽默时，还应注意以下几方面问题：

（1）看场合

大部分演讲中，幽默都是可以用的，但在有些场合下，比如发生重大灾难时，出现严重问题时，讨论严肃问题的谈话中，幽默还是少用为好，这样会让人觉得轻浮。再则，不同的听众所能接受的幽默方式与内容也是不同的，幽默要有针对性。

（2）别牵强

幽默要真正实现效果，最好自然而然地流露，而不能勉为其难地逗人笑。幽默是在广泛的社会经验与深厚的知识素养基础上自然的风度表现，是不能强求的。

（3）无恶意

幽默是为了营造亲切、热烈的交谈气氛的，是为了让他人心情愉悦，假如用歧视性语言来达到幽默效果，反而会让人感觉受到了伤害。

（4）讲文明

幽默是高雅的，所以禁用粗俗语言。幽默体现的是一个人风度与修养，这是一种高雅的语言艺术。假如我们用一些粗俗的语言作为幽默的材料，这样非但不会取得幽默的效果，而且会让人觉得庸俗。

幽默无所不在，幽默的素材也无处不有。幽默诙谐的语言，是生动形象的语言，是让他人饶有兴致听下去的语言。对于日常交际中，获得他人的好感才是说话成功的关键之一，而幽默是获得听众好感的有效办法。一般情况下，人们都愿意与幽默的人交往，因为幽默生动的语言，往往会使气氛活跃轻松起来，使你的情绪在笑声中得到松弛。

第02章　幽默沟通技巧：幽默能力，需要后天的学习

美国哲学家帕克说：“有原谅人的幽默，喜剧要么是刺人的，要么是温厚的。讽刺的目的是道德主义和感化性的，幽默的目的，则是审美和沉思的。”幽默的特色就是风趣潇洒、逗人喜欢，不过，幽默所包含的内容却是理性的，这就是不言而喻、而又让人值得回味的哲理。

荒谬法：故意歪曲，增添趣味

什么是荒谬呢？举个简单的例子，就好像周星驰导演的电影《大话西游》一样，颠覆传统，在电影里，孙悟空被塑造成了风流倜傥的多情公子，而一向正经的唐僧竟然成了唠叨婆，如此大相径庭，怎么能不叫人发笑呢？也难怪这部电影成了经典。当然，荒谬法需要成功的基础是所引用的应该是众所周知、耳熟能详的常识，然后再作出歪曲、荒谬的解释，这样所产生的效果才是理想的。

北齐高祖高欢曾于佛教大斋日设聚会，当时有一高僧大德法师在会上讲经。与会者对佛经有疑问，都可以当场提问，法师当场解答，引经据典，言论深奥。有个叫石动筩的优伶最后提问，他对法师说：“我问一个小问题，佛常骑什么？”

法师答道：“或坐千叶莲花，或乘六牙白象。”

动箫说：“法师全不读佛经，竟连佛所乘骑之物都不知道？”

法师马上反问道：“施主读佛经，你说佛骑什么？”

动箫回答：“佛骑牛。”

法师问：“有何根据？”

动箫答道：“佛经上说‘世尊甚奇特’。‘特’不就是小牛的意思吗？”在座者听了此言，皆哄堂大笑。

有时候，我们把那些被众人所知的历史英雄故事通过词义的曲解成了现实生活中的语言，这两者的距离是遥远的，当然，这样的距离越远，所产生的喜剧效果就越大。比如，武侠小说作家金庸曾在自己的短篇小说《越女剑》中对“西施捧心”作了这样的解释：西施是被牧羊女的剑气伤到了心脏，所以才有了西施捧心，然后被东施效颦，其实，我们都知道，西施是因为生病了胸口疼才捂住自己的胸口。结果被金庸先生这样一解释，自然生出许多乐趣了。

有位主管主持会议，开宗明义地宣布：“今天的会议十分重要，研究全厂改革大计，故应明令禁止说普通话。”

与会者不禁愕然：“普通话，为什么要禁止呢？不说普通话，莫非要说方言或英语不成？”望着众人迷惑不解的目光，主持人这才缓缓解释说：“所谓普通话，就是指那种普普通通、平平庸庸、四平八稳、不痛不痒、没有独到见解、缺乏实际内容的套话、空话。这种话难道不应禁止吗？所以，我提议在今天的会上，大家一定要说切实有用的话!”

听到这里，众人才恍然大悟，大笑起来，鼓掌表示赞同，主持人巧用望文生义法，开场白极富幽默感，既点出了会议的宗旨，又活跃了会场的气氛。

我们在使用幽默的时候，可以只按照字面意思去解释，不去探求其背后的含义。换句话说，也就是明知道这是错误的，我们也需要按照字面意思去理解，这样就会说出与解释完全不一样的结果，从而使整个语言表达充满风趣。

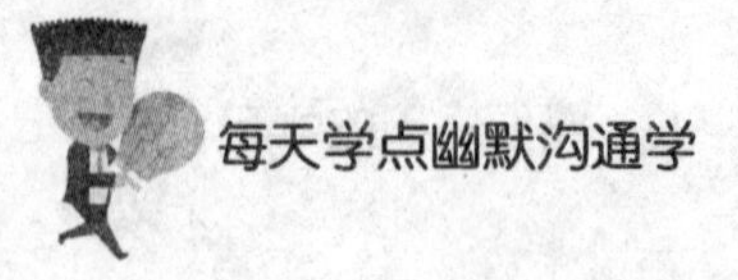

有一个医学院的学生，期终考试不及格。补考时老师为了给他一个及格的机会，就提了一个非常简单的问题："《本草纲目》的作者是谁？"

谁知这个学生听了毫无反应。老师生气地喊："李时珍，你听见没有？"学生听了，赶紧拔腿就走，老师惊奇地叫住他，问道："喂，你为什么走呀？""您不是在叫下一个学生了吗？"学生回答道。

俗话说："理儿不歪，笑不来。"有时候，幽默是因为语义的转向而产生的，当一句话的意思被误解成另外一种意思的时候，就会导致语义迁移，这样就很容易产生幽默的效果。在这个案例中，"李时珍"这个词语的意思本来是不需要多作解释的，他是《本草纲目》的作者。不过，在这里却产生了歧义，可能是这个学生学习成绩太差，连这样基本的常识都不知道，甚至把这个名字当作同学的名字，让人听了既好气又好笑。当然，这样一种幽默应该是纯粹的误会的幽默，并不存在什么思想内容。

有位男子性格内向，十分害羞。他始终没有勇气向他心爱的女友表白。他的女友非常了解，也非常爱他，常常给他创造机会，可是他十分木讷，始终不会利用这些机会。有一天晚上，他们来到公园散步，走了一会儿，他们就在长椅上坐了下来。他仍旧像往日一样默默无语，他的女友又向他暗示道："我听说男人一条手臂的长度与女人的腰围相等，不知你信不信？"

"是吗？"他回答道，"可惜我没有带尺子来量一量！"

有时候，由于当事人缺乏思考和判断力，总是机械地去理解别人的话，以至于产生了误会。其实，由于中国语言的多义性，在现实生活中，因为语言导致的误会是很多的，当然，并不是所有的误会都会导致幽默，也只有经过精心制造的误会才会产生幽默的效果。

很久很久以前，美国一出版商有一批滞销书久久不能脱手。一天，他忽然想出了一个主意，给总统送去一本书，并三番五次地去征求意见。忙于政务的总统不愿与他多纠缠，便回了一句："这书不错。"出版商便大作广告："现有总统喜欢的书出售。"于是，这些书便被抢购一空。

不久，这位出版商又有书卖不出去，又送了一本给总统。总统上过一

次当，便想奚落他，就说："这书糟透了。"出版商闻之，脑子一转，又作广告："现有总统讨厌的书出售。"不少人出于好奇争相抢购，书又售罄。

第三次，出版商再次将一本书送给总统，总统吸取了前两次的教训，便不作任何答复。出版商却又抛出新辞："现有令总统难以下结论的书，欲购从速。"这回书又被抢购一空。

最终的结局令总统哭笑不得，商人却大发其财。

有时候，当我们所说的话有悖于人们的常规思维，这时歪理就产生了，于是幽默也就产生了。其实，在现实生活中，我们还可以运用"大智若愚"增添交际的趣味，活跃谈话的气氛，不仅如此，还可以最大限度地展现我们的智慧和幽默，令人心生好感。

夸张法：夸大事实，增添喜剧效果

夸张，也就是说一些言过其实的话，比如"他的嗓子像铜钟一样，十里地都能听见"。夸张，很容易让听者展开联想，从而产生幽默的效果。在生活中，我们经常把"夸张"的语言表达方式称之为"吹牛"，所谓"牛在天上飞，人在地上吹"，说的就是这个道理。在日常交际中，或为了虚荣，或为了增强语言表现力，许多人都会把很小的事情夸大了说，似乎这样一方面可以展现自己卓越的口才，还可以达到幽默的效果。

适度地夸张能使人或事物的形象或特征更加突出，给人的感觉更加强烈，从而使人受到话语的感染而投入更多的注意力。我们在讲话的时候，为了表达需要，于是在尊重客观事实的基础上，故意言过其实，夸大或缩小一些人或事物的某方面特征，这样形成强烈的对比效果。当你读到李白"飞流直下三千尺，疑是银河落九天"的诗句时，你就不能不用心去体会庐山瀑布那从天而降、磅礴的气势，由于夸张手法的运用，让这瀑布的美震撼人心。适度的夸张是在某些方面“言过其实”，但是又需要有真实来作为基础，这样才有利于突出事物的特殊性，进而激发听众的想象，突出个性形象。

一个法国人、一个英国人和一个美国人在一起吹嘘他们本国的火车如何地快。

法国人说：“在我们国家，火车快极了，路旁的电线杆看起来就像花园中的栅栏一样。”

英国人忙接上说：“我们国家的火车真是太快了!得往车轮上不断泼水，不然的话，车轮就会变得白热化，甚至熔化。”

“那又有什么了不起!”美国人不以为然地说，“有一次，我在国内旅行，我女儿到车站送我。我刚坐好，车就开动了，我连忙把身子探出窗口吻我的女儿，却不料吻到了离我女儿6英里远的一个满脸黑乎乎的农村老太婆。”

夸张本身就是荒谬的，当我们在讲述一件荒谬的事情时，那肯定是引人发笑的。夸张本身包含了不协调的因素，这就会产生强烈的幽默效果。当然，人们之所以会笑，那是因为他们知道夸张是不可能成为事实的，于是乎，才有了夸张后的想象与事实之间的差距，这样差别越大，幽默的效果就越明显。

有一天，国王觉得无聊，对杰克说：“如果你能讲一个我从未听说过的谎言，我会赏给你一百枚金币。”

“好吧，一言为定!”杰克说完开始胡吹。

“从前，我家有一头骡子。一天，它挣断绳子逃了出去。我四处寻找，哪儿都没有找到。过了几天，我从集市上买回一个大西瓜，拿回家切开一看，我那只逃出去的骡子竟躲在西瓜里给王后补破鞋子呢。”

国王听后，笑了笑说道：“这种谎言我听得多了，并不新鲜。你只不过把自己的妻子说成了王后而已。”

杰克又开始讲新的谎言：“一天，我和父亲乘坐的船在大海上航行。

突然，遇到了一只海盗船。海盗追上了我们的船，我抢过了舵轮，把船开进了一条大鲸鱼的肚子里。海盗船也跟着追进了鲸鱼的肚子里。我悄悄对鲸鱼说：‘我们这条船大，你消化不了，那条海盗船小，你完全可以消化。’鲸鱼听了我的话觉得有理，就把海盗船吃掉，把我们的船给吐出来了。”

“这种吹牛的话我也听过不少，请你讲一个我从未听过的吧!”国王说道。

“好吧，那我就给您讲一个真实的事。一天，我在先父留下的一本书里，发现了一张借据。那借据是您的父亲也就是已故老国王亲笔写的，老国王曾经向先父借过一万枚银币。您现在应该把您父亲借我父亲的一万枚银币还给我。”杰克从容地说。

“萨利姆，你这是胡说八道！我可从来没听说过有这种事。”国王恼怒地喊道。

“对了,我讲的就是您从来未说过的，请您赏给我一百枚金币吧!”杰克笑了笑说道。

其实，夸张是幽默的一种修辞，一旦人们开始夸大事实，那就表示幽默回来了。夸张的作用是用言过其实的方法，突出事物的本质，或者加强说话人的某种情绪，以此来烘托气氛，引起听者的联想。通常情况下，夸张可以引起听者丰富的想象以及强烈的共鸣。在日常交际中，夸张是运用想象与变形，夸大事物的某些特征，说出惊人之语。

在运用夸张手法的时候，必须以客观实际为基础，在不失去真实感的前提下进行夸大或缩小，绝不能无中生有，信口开河，把事物过分夸大或缩小。另外，夸张还应该必须结合特定的目的与场合而用：如果在一些较为严肃的场合，就不宜用夸张的语句；如果在随意的场合，就可以灵活地运用夸张手法，以活跃气氛，增加谈话的趣味。

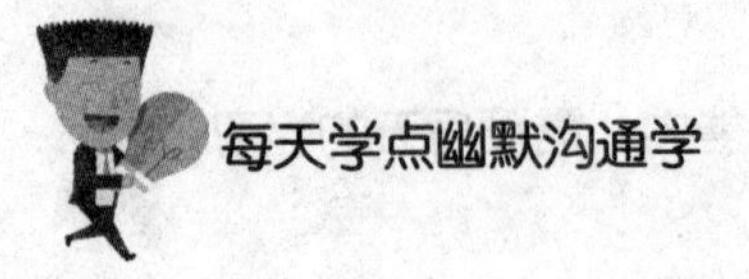

比喻法：善用比喻，增强趣味性

比喻，就是打比方，即以彼物比此物。在说明一个事物时，不是直接去说，而是通过描述或说明另一个事物来达到目的。这样，用人们比较熟悉的东西来描述、解释人们不熟悉的东西，减少理解的障碍。

一个编辑收到一封自由撰稿人的来信，信中说："先生，星期天你退回了我的一篇小说，可你根本就没有读完。因为我故意把几页稿子粘在一起，你退给我时它们仍粘在一起。由此可见，你一直在糊弄作者，你是个文化骗子。"编辑回信说："早餐时，有一份煎鸡蛋，如果知道它已经坏了，大可不必把它吃完。"

此人就是后来《福尔摩斯探案》的作者阿瑟·柯南道尔。此处，他运用的便是比喻的修辞手法，他把这位未读完的撰稿人的小说比喻成已经毁坏的煎鸡蛋，生动有趣地表明其已经没有可读性。

比喻一般由本体、喻体和喻词三部分组成。本体是被比喻的事物；喻体是用来作比的事物或对象；喻词则是标明比喻关系的词语，如"好像"、"恰似"、"像……一样"等，如陕西某领导说："从地图上看，陕西区域就像一个跪着的'兵马俑'。在新的历史时期，我们要进一步激活它，让它跑起来。"这里，陕西区域就是本体，而"兵马俑"就是喻体，"像"就是喻词。

在莫里哀的喜剧《太太学堂》里，阿南解释人为什么"吃醋"，为什么生气：阿南："我给你打个比喻，你就清楚了。你端着一碗汤，来了一个饿鬼，要喝掉你那碗汤，你不但生气，还要揍他，你说对不对？"尧："对，这话我懂。"阿南："'吃醋'完全跟这一样，女人确实就是男人的汤。一个男的看见别人有时候想尝尝他的汤呀，马上就大发雷霆。"

思想的对象同另外的事物有了类似点，就用另外的事物来描述思想的对象；即用某一个事物或情境来比喻另一个事物或情境。这种打比方的修辞手法就叫做比喻。比喻之所以能制造幽默氛围，是由于它往往用意料之

外、又在情理之中的话语使人获得“豁然贯通”的美感享受，或是混淆崇高与鄙俗的区别，使得情感郁积得到巧妙释放，从而转化为幽默。

我们讲话是为了阐述道理，要把那些生硬、枯燥的理论表述得生动具体，使别人印象深刻，这本来就不是一件易事。但如果能运用贴切的比喻，就能化难为易，几句简单的话就说明了深刻的道理，极具说服力。

使用比喻制造幽默，比喻得越贴切，就越能展现生活的气息，幽默越活泼生动。如“做生意不登广告，就好像在黑暗中向女人眨眼一样。”“丈夫就好像火一样，稍稍不加注意就往外窜出去了。”“女子是世上的盐，世上若没有这种盐，人生就毫无滋味。盐固然是提味，不可少的，然而用时，要有节制。”

逻辑法：错落思维，徒增乐趣

逻辑虽然是严肃的，甚至在很多时候是严肃的，但假如我们能在严密的逻辑中使用幽默，那所产生的“笑”果将是不可预料的。毕竟，思维的转向，会让同一件事情产生诸多的面，当我们站在这面看估计是正常的逻辑，一旦转向另外一面，那就成了混乱的逻辑。如此想来，岂不是很有趣？其中，有一种思维是呆板的，许多人会把同一种思维强加给不同情境中的人和事。毕竟，在现实生活中，不管是身边的人和事，还是具体的情境，我们都应该知道随着情境的变化，我们大脑里的思维也要随之变化。但事实上，当某些呆头笨脑的人总是喜欢保持惯有的思维，那定会笑料百出。

有 学生，这天先生教给他“你、我、他”三个字，让用它们造句。先生举例说：“你，你是我的学生；我，我是你的先生；他，他是你的同学。”

学生回家后高兴地把这些告诉了父亲，并且指着父亲说：“你，你是

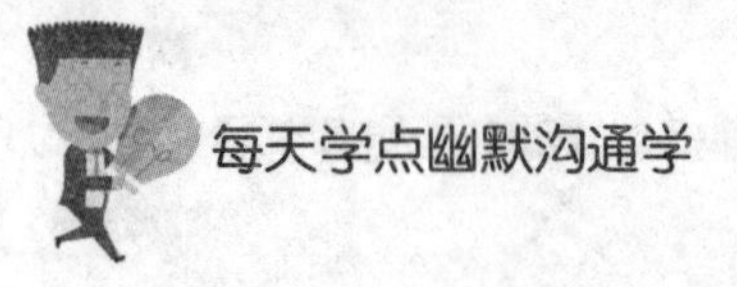

我的学生；我，我是你的先生。”他又指了指他的母亲说：“她，她是你的同学。”

父亲听了很气愤：“我怎么是你的学生呢？我，我是你的父亲；你，你是我的儿子；她，她是你的妈妈。”受了委屈的学生来到学校，责怪先生：“先生，您教错了，应该是这样的：你，你是我的儿子；我，我是你的父亲；她，她是你的妈妈。”

在这个案例中，孩子和父亲都差不多保持着一种思维，这样的思维只在特定的情境中才会发挥作用。随着情境的变化，他们不懂得语言的表达会随之发生变化，于是有了可笑的因素。

有一次，音乐家鲁宾斯坦在波士顿举办个人演奏会，演出的票在几天前就售空了。

这天演出前，一个自命不凡的贵妇人来到了后台，二话不说，就向鲁宾斯坦要票。鲁宾斯坦很瞧不起这种浅薄无礼的女人，便冷冷地说：

“对不起，夫人，我现在只有一个座位了。”

“没关系，一个座位也行!”贵妇人喜出望外。接着，她又头一扬，对鲁宾斯坦说：

“不过，我想要的是一个前面的座位!”

“错不了，是前面的，而且绝对前面!”鲁宾斯坦一边说，一边用手指，“看见了吗？就是钢琴旁边的那个座位！”

案例中，那位自命不凡的贵妇人本来的目的是想看演奏会。然而，她的逻辑却是呆板的，当鲁宾斯坦说只有一个座位的时候，她并不会按照正常人的思维去想：这个座位在哪里呢？我是否可以坐在这个位子上？当她对座位的情况丝毫不清楚的时候，却说：一个座位也行。这完全把鲁宾斯坦的话理解错了。当然，直到之后，那位贵妇人才知道那个座位其实是演奏家的，如果自己坐上了这个位置，又看谁的演奏会呢？幽默感顿时而出，惹人发笑。

有一个老头今年60多岁了，退休在家闲着没事。一天突然心血来潮，想为小孙女做个小板凳。可是非常不凑巧，老头请来的木匠是半路出家，

又不肯认真学艺，活做得很糟。

木匠在老头家干了一整天，忙完了去向主人讨工钱。老头说："你做的活太慢了。"木匠说："你没听说吗？慢工出细活。"老人说："你做的活不光慢，更重要的是质量太差，让我白贴了三顿饭。这样吧，就把这只板凳给你抵工钱吧。"木匠不干，分辩道："别把人当傻瓜。几块钱我不要，谁会要你这个丑凳子？缝又大，板又斜，四只脚都不一样，能值什么？"

这是一个自相矛盾的幽默故事，众所周知，说话是不能自相矛盾的，这是逻辑思维得以成立的起码条件。当一些人说出自相矛盾的话，那就是智力低下的表现。不过，逻辑上的自相矛盾却能产生喜剧的效果。比如，一个人被妻子殴打，无奈只好钻到床下，妻子大喝："出来。"丈夫说："男子汉大丈夫，说话算数，说不出来就不出来。"这也是自相矛盾的幽默，对丈夫表现的气势大，实际胆小如鼠的行为进行了讽刺。

一个演讲俱乐部想吸收阿凡提为会员，但他必须和其他会员一样演讲一次。刚开始大家都希望他能上台讲，于是规定他最后一个上台，大家满怀期待地立于台下。

阿凡提登上了演讲台，开口便问："各位，你们知道我要讲什么吗？"

大伙异口同声地说："不知道!"

"怎么，你们竟不知我要讲什么，如此无知，那我讲了还有什么用？"说着便走下了讲台。大家一时哑口无言。

第二天，他又登上讲台，对听众说："各位，你们知道我要讲什么吗？"

"知道!"这回大家吸取了教训，异口同声地答道。

"好啦，"阿凡提说，"既然大家已经知道了我要讲什么，那我重复一遍又有什么用呢？"说完又走下了讲台，大家再次哑然。

他总是这样，大家便商量了一个办法，待他下次演讲时，有一部分人说知道，而另一部分人说不知道。这样，阿凡提就没法下台了。

第三天，阿凡提又登上了演讲台，当他再次像前两次一样发问后，台下便有人喊“知道”、有人喊“不知道”。

阿凡提一笑：“那好吧!那就让知道的人讲给不知道的人听吧!”

说完一甩袖子走下演讲台，扬长而去。大家一时间目瞪口呆，然后又轰然大笑起来。

这确实算一个搞笑的故事，在这里，阿凡提所玩的就是逻辑幽默。阿凡提成功的幽默智慧在于他利用“知道”与“不知道”这两个不具体、虚幻的概念，却推出了与听众想象完全不一样的结果，正应了那句“以不变应万变”，不论地方如何变换，阿凡提的理由也总是跟着变化，不过，他的行为却自始至终没变化。

文字法：巧玩修辞，笑料百出

其实，幽默本身就是玩文字游戏，而中国文化博大精深，即便同一个字，同一个词在不同的情境中所表达的意思也是不一样的。因此，有一种幽默就是纯碎玩弄文字修辞，这样所展现出来的幽默是合情合理，出人意料的。在生活中，有的人说话比较啰唆，其实，假如啰唆的语言表达方式恰当，那也可以变得幽默起来。啰唆，在修辞学上，跟修辞格中的反复手法是类似的。比如，电影里的经典语言“人是人他妈生的，妖是妖他妈生的”，这样的话很啰唆，却起到了搞笑的作用，在周星驰的电影中经常使用到这样的文字修辞，以此达到幽默的效果。

有一对青年夫妇，结婚几年还没有孩子，俩人都非常苦恼。有一天，他们在路上碰到老同学，说话间，老同学的儿子突然发问：“阿姨，妈妈说要把你的儿子给我做干弟弟，我什么时候才能见干弟弟呢？”

面对小朋友的问话，妻子十分为难，答吧，怎么答？不答吧，又下不了台。这时丈夫灵机一动，答道：“不在今年，就在明年；不在明年，

就在后年……”几句啰唆话，不但帮妻子解了围，而且也没有使小朋友失望。

在生活中，我们经常会说某人说话很绕，假如在他的语言表达中还给人一种幽默感的话，那他就是啰唆了。本来只是一句简单的话，但他就是不想以简单的语言表达出来，而是绕过来，绕过去，结果让人听糊涂了，甚至，有时候还会让人一下子听不懂对方在说什么，等到自己完全明白过来，才忍不住笑，这就是啰唆带来的幽默。

通常情况下，若是在书面文字中，我们是不主张啰唆的，因为重复的描述只会让人新生厌恶。然而，口头表达与书面表达毕竟是两种方式，当我们在进行语言表达的时候，适当啰唆，反而会增强语言的表达效果。比如，在一些送别、欢聚的场所，假如啰唆一下，反而让人感到亲切，让人感受到你对某种事情的重视。而在我们所举的这个案例中，这样的重复啰唆是很精彩的，马克·吐温并没有把自己说过的话重复一遍，而是作了一种相反的表述，但意思却跟之前一样，这样就让别人抓不住自己话语里的漏洞了。

杰克逊长得又矮小又丑陋，当他发现有人嘲笑他的时候，他会怒不可遏。

有一次，杰克逊正坐在饭馆里，进来了三个外国人，一位女士和两位先生，他们在旁边的一张桌子边坐下。杰克逊抬头一看，发现那位女士正同两个同伴耳语，而且那三个人打量了他一番便咯咯地笑了起来。

杰克逊的脸涨得通红，但他没有说什么，而是取出速写本，认真地画起画来。他一边画着一边不时地望着女士的眼睛，致使那位女士有些慌乱。她觉得她刚才嘲笑过的邻座正在给自己画像，心里很不自在。

杰克逊并没有被她的目光扰乱自己，满不在乎地继续画画。突然，其中一个男士朝他走过来说：“先生，我不允许您画这位女士。”

“哎呀，这哪里是一位女士呢？”杰克逊心安理得地说道，并且把速写本递给他看。只见那位先生道了声“对不起”，便回到同伴那里去了。原来杰克逊画的是一只引颈高叫的肥鹅。

这个男士似乎不知道“鹅”在德语中可以作骂人的意思，意为“蠢女人”。

在这里，杰克逊所使用的幽默是借代。借代，这个文字修辞与其修辞上的借代存在不同的特点，这是因为修辞学上的借代，是用对象的部分取代整体。而幽默中的借代，也就是直接用一种东西去指另外一种东西，恰恰因为这样，后者具有更大的灵活性，所产生的效果是出人意料的，这样才更容易显示出幽默。

有一半百的妇人问萧伯纳：“你看我有多大？”

萧伯纳答道：“看你晶莹剔透的牙齿，你只有18岁，看你蓬松的卷发，你有19岁，看你扭捏的腰枝，你有20岁。”

妇人听后很高兴，继续问道：“那你猜猜我到底多少岁呢？”

“我已经说了，加起来就是你的实际年龄。”萧伯纳回答道。

在这个案例中，面对萧伯纳的回答，这位妇人前后的心情形成了对比，而造成的反差恰恰就是我们想到的幽默感。在对比这个文字修辞中，我们可以有意地把不相同的两个事物、概念或者本身对立的思想、观点，甚至是两种截然不同的行为综合到一起作比较，这样就会产生令人忍俊不禁的效果。

借势法：巧借人力，顺势而为

有时我们可以拿对方的话做文章，将其所说的巧借人力，顺势推回，不但幽默效果明显，而且颇有太极中顺水推舟，以无形克有形的意味。根据别人言行举止中的事理或一般的道理、规则，似乎合逻辑地推理出含有新义、具有幽默感的结果或命题。它就好像一棵桃树上结出的果实，不是桃子而是梨子，这不符合大自然的规律，但对园艺家来说却是技术高超的证明。懂得顺势而为的人，他的生活是多面性的。他通常有用不完的智

慧，生活当中，左右逢源，游刃有余地处理、解决所遇到的问题。除了多方面的能力外，还有充沛的活力和坚强的意志，并且具有很强的创造力。

丘吉尔有一次应邀到广播电台去发表重要演讲。由于时间紧迫，他自己招来一部计程车，并对司机说："送我到BBC广播电台。""抱歉，我没空，"司机说，"我正要赶回家收听丘吉尔的演说。"丘吉尔听了很高兴，马上掏出一英镑钞票给司机。司机也很高兴，大叫道："上来吧，去他的丘吉尔！"丘吉尔大笑起来，说："对！去他的丘吉尔！"

由于丘吉尔对人性的了解以及自身的豁达，就没有和司机计较，而是顺着司机的话开了自己的玩笑，但是正是这个小小的玩笑却体现了他高大伟岸的形象。他能站在对方的位置上来欣赏对方的观点，使别人愉快是一个位居高官的人很难做到的，这也是伟人与普通人的区别。通常，这种人在工作和生活中都会十分顺利，因为他们不会因为个人的情感而耽误了要事。他们在和别人的交往、接触中，会对别人欣赏，这样的最终结果就是得到他人的欣赏，获得人们的赞许。

巧借人力，顺势而为的幽默需要灵活的思维和丰富的知识，一个人脑筋必须转得快，同时脑子里又必须有一定的知识积累，这样才能在击中对方要害时，打得又准又狠。光有积累，脑子转得慢会延误时机，脑子转得快，但是空空如也，再快也白搭，所以两者必须相辅相成，互相促进，才能顺手拈来。

在这个世界上，每个人都有各自不同的人生道路：人生观，为了扩大自己的观点，就必须通过社会交往来逐渐表述，以获得人们的理解与支持。而以幽默来面对人生，无疑是正确的选择。生活阅历比较丰富的人都会认识到，以幽默面对人生困难的重要性。幽默显然与对抗、失望和悲观无缘，它使人以友善、宽容、谅解和发展的眼光看问题。这样的生活观并不是逃避现实，因为对生活中有些问题一笑置之。

以幽默的人生态度处世、交往，可以消弭许多无谓争端，而结交许许多多的同路人，这样的生活是洒脱的。当一个人对人生中的各种困难都抱乐观态度，那么困难在他们强大的自信面前会变得微不足道。中国古代有

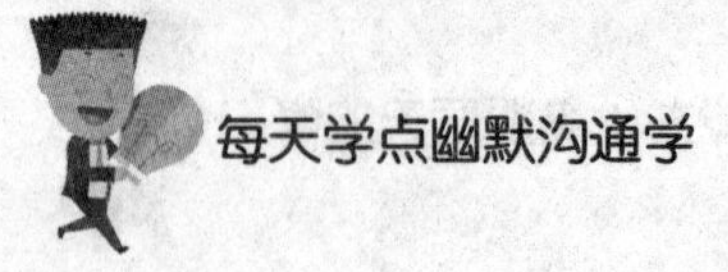

句话“莫以成败论英雄”。幽默处世，潇洒生活，正成为现代人对人生的共识。所以，在社会交往中，在人与人的往来接触中，幽默的力量是无穷的。

设套法：巧设连环，请君入瓮

幽默的方法有很多，其中有一种可以让人一时摸不着头脑，那就是巧设连环，请君入瓮。给对方设下一个圈套，让对方往里钻，上了你的当。这时你揭开了谜底，他恍然大悟，但是已经被捉弄了，幽默效果随即产生了。

一只皮球破窗而入，进了唐太太的厨房。不久，一个小男孩来摁门铃说：“爸爸一会儿就来给你装玻璃。”话音刚落，一个男子走上台阶，唐太太把皮球还给了那个孩子，孩子抱着皮球带着一脸坏笑走了。那人把玻璃换好后，说：“10块钱。”“什么，你不是他的爸爸？”唐太太问。“什么，你不是他的妈妈？”那人反问。

两个成人竟然被一个小孩子耍弄了。这个孩子设计连环圈套的幽默方法。他先欺骗那位装玻璃的男子，说唐太太是他妈妈，又欺骗唐太太说那位男子是他的爸爸，这样经过欺上瞒下，伪造身份，既拿走了球，又摆脱了自己的困境，还逃避了赔偿。他通过自己的机智使两位成年人在茫然无知的情况下表演了一出滑稽可笑的闹剧。

IBM制造了一台测试智商的新机器，叫做“更更更深的蓝”。然后找来了一个本科生、一个硕士生和一个博士生来检验。本科生把头放了进去，机器发出了一阵悦耳的音乐，说道：“恭喜你！你的智商是150，你是个天才！”硕士生把头伸了进去，机器平淡地说道：“你的智商是100，你是个人才。”最后博士生把头也伸了进去，机器叽里咕噜地响了一阵后说道：“不许往机器里乱丢石头！”博士生气愤极了，他找到管理员要求看程序

的源代码，管理员满足了他的要求，博士生认真地检查并修改了程序，直到他满意为止。这一回博士生谨慎多了，他没有直接把头伸进去，而是先找了一块石头摆了进去。机器又是一阵叽里咕噜后："啊！原来您是位博士，我真是有眼不识泰山！"

这台机器给人们设置了一个又一个的圈套，学历高的反而变成了被讽刺的对象，让人们无可奈何，当然这则幽默的意图是要告诉人们不要光看学历，能力才是第一位的，光有学历没有能力也是不行的，同时这里的荒诞产生了幽默效果，使得人们为之发笑。

一位牧师在讲坛上说教，马克·吐温对此十分讨厌，便想与其开一个玩笑。他对牧师说："牧师先生，你说得妙极了，不过，你所说的这些我好像在哪本书上看到过，你说的每个字都在上面。"牧师听后满脸不高兴。"我绝对不是抄袭的。"他争辩说。"但是那本书上确实和你讲得一字不差。"马克·吐温说。"那你把书拿给我看一看。"牧师也感到费解。没过几天，牧师收到了马克·吐温邮寄给他的书，他迫不及待地打开一看，原来是一本字典。

圈套就是一种刻意设计的幽默的诡计，我们经常掉进一个陷阱。给对方设圈套是讲究的，要针对对方的特点来制定策略。这个策略表面看起来很隐蔽，不会有漏洞，否则别人不会入套。这个幽默法不但能捉弄别人，从某种意义上说，这种幽默实质上是一种化解攻势的方法，既摆脱了困境，又创造了幽默，当然也有点"损人利己"，因为自己毕竟把"祸水"引向了他人，自己却坐收渔翁之利。

幽默既然算是一门艺术，艺术的表现手法也应该是多种多样的。所以选择适合自己的，和自己的好朋友开个玩笑很惬意，对攻击自己的人捉弄一下不为过，有时甚至有些黑色幽默的意味。

马修·温斯顿说过："黑色幽默通常揭示生活的丑陋，并用讽刺的笔触加以批评。但不同于讽刺，无论是明的还是暗的，它不具备一套准则，以供人们对照作者所描绘的疯狂世界，它既不依赖于指导协调与适度的常识，亦不依赖于社会、宗教与道德的传统。这不等于说黑色幽默的读者没

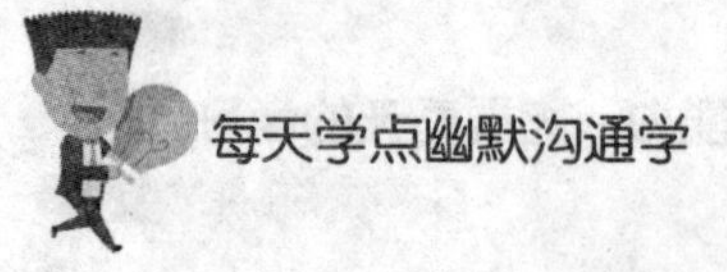

有准则，黑色幽默的作者也利用它们。读者的正义感使得作者能够令人震惊；读者的仁义感使得他能够叫人恐惧；读者的真实感使得他能够令人发指；读者对喜剧和小说传统的了解使得他能够凭借仿效以取悦。”

车尔尼雪夫斯基说过：“幽默，对自己和其他人的嘲笑，一个人在幽默中允许自己打诨说笑。因为他认为自己是可笑的，也想描摹自己的可笑之处，他的戏谑大部分是挖苦揶揄，因为他感到了侮辱；而挖苦，则是受侮辱者的戏谑，刻毒的戏谑。一个幽默家在机智、嘲笑、诙谐以及装疯卖傻中可以变得如此难以辨认，那些不理解幽默的人竟然把他当作一个丑角，或者是个有点神经错乱的人，人们对哈姆雷特就是这样想的。然而他的装疯卖傻，其实是智者、哲人对人类弱点与愚蠢的嘲弄，他的笑，是对自己以及对人们的同情的微笑。”

机辩法：出其不意，随机应变

面对突如其来的状况，我们来不及思考，所以此时打破窘境的幽默不是深思熟虑的产物，而是随机应变，自然而成的结晶。幽默往往与快捷、奇巧相连，讲究出其不意掩其不备。这样的幽默不仅使人眼前一亮，而且可以体现幽默者的智慧。

开往日内瓦的列车上，列车员正在检票。一位先生手忙脚乱地寻找自己的车票，他翻遍所有口袋，终于找到了。他自言自语：“感谢上帝，总算找到了。”“找不到也不要紧。”旁边一位绅士说，“我到日内瓦去过二十次都没买车票。”他的话正好被一旁的列车员听到，于是列车到日内瓦车站后，这位绅士被带到了拘留所，受到严厉的审问。“您说过，您曾二十次无票乘车来到日内瓦。”“是的，我说过。”“您不知道这是违法行为？”“我不这么认为。”“那么，无票乘车怎么解释？”“很简单，我是开着汽车来的。”

这位先生的回答无可非议，他以前做过无票乘车者，但能巧妙地运用幽默为自己开脱，列车员也不能拿他怎么样，这就是幽默的力量。

一次，美国总统里根在白宫钢琴演奏会上讲话时，夫人南希不小心连人带椅跌落到台下的地毯上。正讲话的里根看到夫人并没有受伤，便说道："亲爱的，我告诉过你，只有在我没有获得掌声的时候，你才应该这样表演。"台下顿时响起了一片热烈的掌声。

本来是一件令里根很尴尬的事情，此时如果埋怨或者置之不理都会令气氛更加紧张，但是一句幽默的话不仅将气氛还原，而且体现了里根的智慧。

事事都求"自然成文"为好，幽默也是如此。有准备的幽默当然能应付一些场合，但难免有人工斧凿之嫌。临场发挥的幽默才是最精粹、最具有生命力的，也是最难把握的至高境界。

幽默是一种生活艺术，是运用你的幽默感来增进你与他人的关系，并改善你对自己真诚的评价的一种艺术。同时是一种智慧的表现，它善于打破常理，出其不意地解决问题，巧妙化解矛盾，使一些误会或者矛盾瞬间被澄清或者化解。这样的化解方式要比大打出手，争吵不休要体面，更能让人从心理上接受。

有了幽默，我们可以学会以笑来代替苦恼。借着幽默的力量，我们能随时将痛苦驱赶。幽默可以润滑人际关系，消除紧张，解除人生压力，促进感情的发展。它可以使我们和他人轻松相处，使我们获得益友，提高生活的品质。幽默还能使我们振奋，信心大增，使我们脱离许多不愉快的窘境。

不论你从事什么行业，身居何职，幽默力量都能助你一臂之力，使你的工作和事业更顺利地发展，使你的社会交往更为广阔。它能使你善于待人接物，广交朋友，帮助你解决人际关系的难题，教你学会如何摆脱窘迫的处境。尤其当你想以积极进取和乐观开朗的形象出现，赢得人们的欢迎和信任；当你想鼓励更多的人为实现共同目标而努力时，幽默的力量就能发挥更大的作用。

第03章　玩转幽默语言：当众说话，用幽默汇聚人气

古今中外，所有说话幽默与富有风趣的说话者，无不受到大众的欢迎和敬佩。幽默生动的语言可以更有效地传情达意，增加彼此了解，说话者以幽默坦然待人，这可以使听众解除心理上的顾虑，从而缩短彼此心理上的距离。

即兴讲话，风趣语言令人印象深刻

若想即兴讲话能够有效地抓住听众的注意力，需要融入风趣幽默的语言。有的即兴讲话是在灵感迸发时的产生，这样的讲话通常会在讨论会上、酒宴上、各种聚会上，偶尔也会在意外情形中产生。这种即兴讲话大多风趣、幽默，讲话者可以通过别人的一席话来使自己发生联想，或者借景生情引出自己的思绪，达到风趣幽默的目的，让自己的讲话趣味十足。人们通常在特定的场景中发表即兴讲话，为了使讲话有趣，不妨关注眼前的客观事物，从而让自己产生某种兴致而临时发表讲话。所谓“兴之所至，有感而发”，这种讲话大多是风趣而幽默的。

1945年5月4日，云南大学、中法大学等校的大学生，在云南大学的操场上举行纪念“五四”大会。会议开始不久，天突降暴雨，一些学生离开

会场避雨去了，会场秩序大乱。这时闻一多迎着暴雨站在台上高呼："热血的青年们过来！继承五四精神的热血青年站起来！怕雨吗？我来讲个故事：今天是天洗兵！武王伐纣那天，军队正要出发，天下大雨，于是领头人说，'此天洗兵'。把蒙在甲胄上的灰尘洗干净，好上战场攻打敌人。今天，我们集合起来纪念"五四"运动，天下雨了，这也是天洗兵，不怯懦的人上来，走近来！勇敢的人走拢来！"

相比那些枯燥无味的讲话，听众更青睐于那些风趣而幽默的讲话。本来，参加某种活动就是一件愉快的事情，如果在开始之前还来一番枯燥言语的讲话，岂不是减少了活动本身带来的欢乐气氛；若是参加会议，就更需要发表有趣的即兴讲话了，会议本身是枯燥、呆板的，若是来一点有趣的即兴讲话，某种程度上会让听众疲劳的大脑得到暂时的休息。

1990年中央电视台邀请台湾影视艺术家凌峰先生参加春节联欢晚会。当时，许多观众对他还很陌生，可是他说完那段话之后，一下子被观众认同并受到了热烈欢迎：

在下凌峰，我和文章不同，虽然我们都获得过"金钟奖"和"最佳男歌星"称号，但是，我是以长得难看而出名的……所到之处呢，观众给予我们很多的支持，尤其男观众对我的印象特别好。因为他们认为本人的长相很中国。中国五千年的沧桑和苦难全都写在我的脸上。一般来说，女观众对我的印象不太良好，她们认为我是人比黄花瘦，脸比煤炭黑。

这一番话嬉而不谑，妙趣横生，观众捧腹大笑。通过这段话他给人们留下了非常坦诚、风趣幽默的良好印象。不久，在"金话筒之夜"文艺晚会上，只见他满脸含笑，对观众说："很高兴又见到了你们，很不幸又见到了我。"观众报以热烈的掌声。至此，凌峰的名字就传遍了祖国大地。

虽然讲话者采用了自嘲的方式，但效果却恰恰相反，这样的讲话幽默风趣，体现了讲话者超脱一般的思维能力，而且有效地吸引了听众的注意力。

某领导在为文联做形势报告时，当他走上台来，一眼就看到了洁白的台布上放着一个插满鲜花的花瓶，他小心地把花瓶移到台下，然后发表

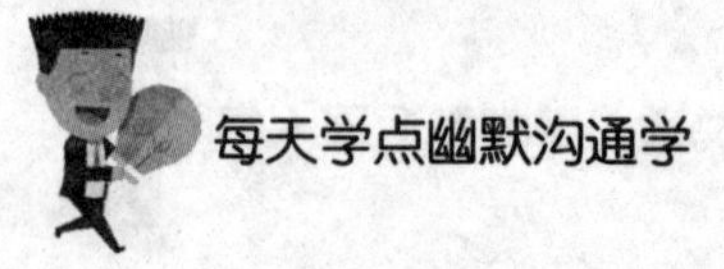

了这样一段讲话："我这个人做报告，很容易激动，激动起来就会手舞足蹈，这花瓶放在台上就有点碍手碍脚了，说不定我一激动，就碰翻把它摔破了，我这个普通干部还赔不起呢？"

这种即兴讲话，不仅活跃了气氛，而且委婉地批评了讲排场的风气，让听众在笑过之后领悟其中的深意。幽默是活跃气氛最好的武器，它可以缓解活动或会议现场的紧张、尴尬气氛，重新营造一种愉快的气氛，同时还可以展现说话者自身的涵养。对于公开场合的说话，获得听众的好感才是说话成功的关键之一，而幽默正是获得听众好感的有效方法。在较为正式或严肃的场合加上幽默贴切的语言，往往会使气氛活跃起来，同时也会让说话者在笑声中逐渐放松。

主持活动，巧用幽默控场

幽默风趣的语言，对于活跃活动气氛、打破沉默局面，调动听众情绪具有很重要的作用。擅长幽默而风趣的主持人主持活动，活动的气氛通常比较活跃、热烈，听众参与的积极性也相对高一些；反之，若是缺乏幽默感的主持人主持活动，活动气氛则通常比较严肃、沉闷，而听众的积极性也很差。因此，在主持活动的时候，主持人需要适当插入幽默的语言，增强说话的生动性、趣味性，有效地掌握前场变化。这会让听众在活动中获得放松，促使大家在轻松愉快的氛围中结束活动。

"你太有才了！刚刚说管网建设，你们建设规划局说已经在规划范围内了，现在提到配套设施建设，你们也早规划好了，工作做得很到位啊！"市政协副主席某先生的一句话逗乐了在场的二十多个人。整个座谈会在他的主持下，气氛非常活跃，诙谐风趣之语频频出现。"我们也要搞'挂牌销案'的哦！小杨同志要好好记录，把责任人和联系电话都写上，开完会欢迎大家继续'追踪'！""我也代表市民来问一下好不好？为什么最近家里一大早放出来的自来水不是有点甜，而是有点黄啊……"

在这个案例中，主持人以自己风趣幽默的语言调动了全场的气氛，有效地控制了全场。足以见得，主持人较高的语言功底。有时在活动中经常会出现沉默、冷场、离题、争吵等情况，这时主持人该怎么办呢？

在活动中，如果大家都不愿意发言而保持冷漠，这时作为主持人应该用幽默的话语暖场，也可以点名带头发言，以此调动听众的积极性，从而打破沉默的局面，比如“老李，我想你应该早就想好了发言的内容，正在那里跃跃一试呢，我们可等着你的高见呢”，几句风趣的话语立即缓和了现场的气氛。

 幽默开场白，巧妙营造氛围

大家都知道，开场白给人的印象是最深刻的，往往能起到先入为主、吸引听众的效果。而精彩的开场白就像磁铁一样，可以紧紧地吸引听众，增强他们对活动的兴趣。那些有经验的支持人，他们的开场白，多是反复推敲、认真琢磨的。因此，现场主持一定要有精彩的开场白，应该打破千篇一律的格式，比如“现在开会，请领导作报告……”我们应该按照活动的具体情况或谈谈会议的内容，或说活动的形式，或说会议的特点，或提出要求，等等。因境制宜，灵活设计，最好在诙谐幽默之处，尽量来点乐趣，使听众发自内心地微笑。

如某校邀请话剧《光绪政变记》中慈禧太后的扮演者郑毓芝作演讲，主持人是这样开场的：

同学们，今天，我们好不容易把“老佛爷”慈禧太后请来了！老佛爷郑毓芝同志在戏台上盛气凌人，皇帝、太监、大臣见了都诺诺连声，磕头下跪。而在台下，她却和蔼可亲，热情诚恳。她方才和我谈起，还曾扮演过《秦王李世民》中的贵妃娘娘、话剧《孙中山》中的宋庆龄。她是怎样把这些截然不同的人物表演得栩栩如生的呢？下面就请她发言。

主持人很幽默地把发言人是谁，她的概况及发言的内容巧妙地介绍了

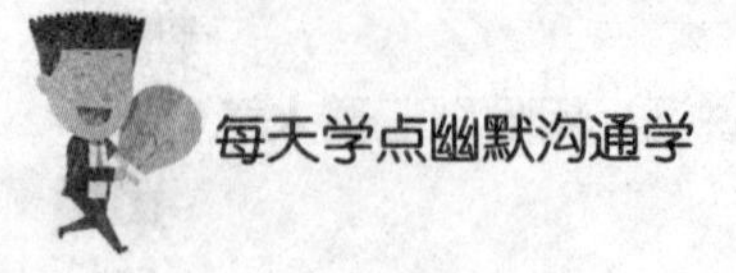

出来。通常情况下，开场白的内容主要包括活动的背景、主题、目的、意义、程序。语言需要简明扼要，条理清楚，语调与主持人的表情都需要与活动气氛协调一致。

营销讲师金克言先生在一次有近千名观众参加的演讲会上准备演讲，可台下只响起稀稀拉拉的掌声。于是他说："从大家的掌声中可以发现两个问题：第一，大家不认识我；第二，大家对我的长相可能不太满意。"几句话缩短了与听众的距离。台下大笑，掌声一片，反应强烈多了。他接着说："大家的掌声再次证明了我的观点!"话音刚落，台下笑得更厉害了，又是一阵热烈的掌声。这个开场白既活跃了场上气氛，又拉近了演讲者与听众的心理距离，一箭双雕，堪称一绝。

通常情况下，演讲开头成败的关键在于能否吸引并集中听众的注意力。演讲时获取听众注意力的方式随题材、听众和场景的不同而改变，一般可以运用事例、轶闻、经历、反诘、引言、幽默等手段达此目的。

钱锺书先生的小说《围城》中有一段故事，写方鸿渐到本县省立中学发表演讲，事先精心准备了讲稿，可是到场后却发现稿子不在手边，急也没用呀，听众已在热烈鼓掌，方鸿渐只好上场了，但这开场白却来得很精彩——吕校长，诸位先生，诸位同学：诸位的鼓掌虽然出于好意，其实是最不合理的。因为鼓掌表示演讲听得满意，现在鄙人还没开口，诸位已经满意地鼓掌，鄙人何必再讲什么呢？诸位应该先听演讲，然后随意鼓几下掌，让鄙人有面子下台。现在鼓掌在先，鄙人的演讲当不起那样热烈的掌声，反觉到一种收了款子交不出货色的惶恐。

听了方鸿渐的演讲，听众大笑，记录的女孩也含着笑，走笔如飞。

应该说，方鸿渐的开场白获得了极大的成功。为什么？当听众鼓掌后，他却一反众人常有之态，先假意否定听众鼓掌，引起观众兴致。听众想弄清"为什么我们的鼓掌其实是最不合理的"？方鸿渐的解释既出人意料，又幽默风趣，自然深受观众喜爱了。

在主持活动的时候，我们可以用富有启示性的语言、诱导性的语言，引导现场融入到活动氛围之中，让所有的听众集中注意力。开场白需要尽

可能地避开死板的格式，而是出语不凡，让听众不知不觉间进入自己精心设计的“圈套”。在开场白中，我们可以直接点题，提纲挈领、要言不烦地将活动的内容、主题说清楚，让现场的听众明白这个活动的主旨到底是什么。在开场白中，我们还可以巧妙借题发挥，或是活动的气氛，或是活动的主旨，从而调动全场的情绪，造成适宜活动开展的气氛，让现场的听众亢奋起来。

诙谐语言，助你演讲更成功

在演讲过程中，若是运用一些诙谐的言语，则会让你的演讲别有风趣。幽默的语言能充分调动听众的热情，而且给人留下深刻的印象，甚至期待你的下一次演讲。通常情况下，演讲内容大多是枯燥而乏味的，不是专业知识，就是大量的辞藻堆积，在这种情况下，演讲者讲得费劲，而听众听得也烦躁。更何况，现代社会如此快节奏，谁愿意坐上几个小时来听一些枯燥无味的演讲呢？唯一可能的理由就是，演讲者本身很有趣，总是擅长使用一些幽默诙谐的语言。否则，即便大厅坐满了听众，但对听众来说，却是人在曹营心在汉，他们根本就没注意听你讲了什么。

这是外交部长李肇星在南京大学的演讲：

我问你们洪书记讲什么，洪书记说，你放开来讲吧，这是南大的传统。这个授权太大。由此我想起一个未经证实的小故事，美国前总统小布什，一次给全国老百姓演讲，说，我今天讲以下五点，结果讲到第四点，想不起来第五点了（笑声）。以后小布什讲话，再也不事先说讲几点了，常说，“我讲以下几点”。所以，今天我向人家学习，也讲以下几点。

……

我大学读的是英文，现在，谁都会说OK！大学生、小学生都会说，当官的会OK，小品演员更不用说。但我读大学一年级的时候，一说OK，老师就要扣分。为什么呢？原来，OK，是美国最大的海港纽约港一个码头工人

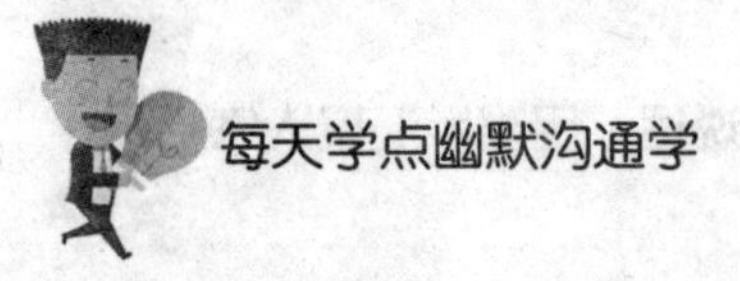

英文名字的缩写。这个码头工人，没有念过什么大学，也没有念过中学，就是干粗活的，他负责检查包装箱是否合格，他认为合格，就会写上自己的英文名字：一个“O”一个点，一个“K”一个点。慢慢地，人们一看到OK，就知道可以啦，好啦！所以，现在一个事情好了，大家都说“OK”。

欧洲文艺复兴之前，在现在的意大利，亚平宁半岛上的一个地方叫佛罗伦萨，是但丁的故乡，那里的饭菜做得不错，餐厅里的男服务员为了吸引顾客的注意，用脚尖走路，上牛肉的时候，头上戴的牛角，上羊肉的时候头上戴的羊角，事实上这就是芭蕾舞的起源。

最初的芭蕾舞是以男主角为中心，妇女是不能上场的，后来法国出了个国王，叫路易十四，也叫“太阳王”，从佛罗伦萨娶了一个女孩，这个女孩就把原始的芭蕾舞带到法国的皇室。慢慢就有了商业性的演出，但还是以男演员为主，女演员上台演出，必须穿拖地的长裙，到1688年，有四个女孩特别大胆，她们背着导演，背着舞台监督，商量好要脱掉长裙穿比较短的裙子演出，没有想到演出效果出乎导演的意外，受到观众的喜爱。从此以后，女演员慢慢占领舞台中心。你看，这么高雅的艺术，也是劳动人们创造的。

……

我对南大很有感情。很早就读过匡亚明校长的文章。

在整个演讲过程中，可谓是笑声不断，原本南大只能容纳500人的礼堂当时一下子爆满，连人行道都站满了人。由于李肇星诙谐的语言，使得整个会场的气氛变得轻松而愉快，名人与学生之间的距离一下子缩短了。

微软公司总裁兼CEO史蒂夫·鲍尔默，2000年9月19日，在清华大学礼堂作了题为“一切都会在互联网中实现”的演讲。他的演讲是这样开始的：“能够在这里和大家交流，是我无比的荣幸。对我来说，学生几乎是我最乐于为之作演讲的听众。张亚勤（主持人）介绍了我的学生时代，当时我和比尔·盖茨一道在哈佛读书。我可以向大家保证，我曾经当过学生，我也曾经有过头发。”这个诙谐幽默的开头，缩短了演讲者和听众之间的心理距离，营造了轻松的交流气氛。

对于演讲者来说，需要充分显示自己的幽默感。一句得体俏皮的话，会立即缩短你和听众之间的距离，并获得好感；几句对付难题的机智回答，会让自己摆脱困境，并展示美好的自我形象，获得听众的同情和赞美。

著名书法家启功也喜欢诙谐风趣地说话。一次参加学术研讨会，主持人说："下面请启老做指示"。启老接上去的话却是："指示不敢当，因为我的祖先活动在东北，是满族，属少数民族，历史上通称'胡人'，所以在下所讲，全是不折不扣的'胡说'……"逗得全场哈哈大笑。

现实生活中，有一些领导干部，不会脱稿演讲，只会照本宣科念稿，不论是大小会议，面对媒体记者，还是酒会应酬场合，讲话均需秘书写作讲稿，结果是领导干部话风趋同，毫无演讲者个性，听众昏昏欲睡。而也有这样一些领导者，他们演讲时幽默风趣，一句诙谐的语言就带动了全场的气氛。

说话富于幽默感的人，在感染周围听众的同时，也会给听众增添快乐。领导干部在演讲时，如果能发挥幽默的作用，让听者产生激情，那么，就会感动听众，征服听众，群众才会信任他，佩服他，追随他。反之，照本宣科，缺少个性特色，缺少魅力，缺少感染力，时间一长，就让人闻之生厌。

妙用幽默结尾，锦上添花

美国作家约翰·沃尔夫说："演讲最好在听众兴趣到高潮时果断收束，未尽时戛然而止。"对于每一个演讲者来说，结束语是一个极其重要的步骤，尤其对于竞聘演讲来说更是如此。我们可以说，结束语是演讲者走向成功的垫脚石，结束语精彩，就好像乐曲结束时的"强音"，直达听众的心里；结束语糟糕，则好像吃花生米，吃到最后一颗却发现是坏的，

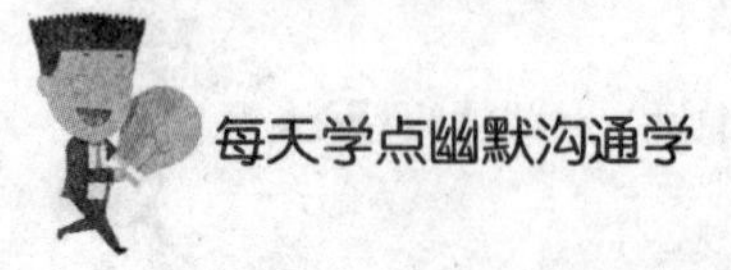

又苦又涩，这会让整个演讲大失光彩。有时我们会听到诸如此类的结束语“我想我已经啰唆得够多了”、“我不知道自己是不是把这个问题讲清楚了”、“我通常并没有这么兴奋，也许是因为咖啡的缘故”，如此结束语几乎可以毁掉整个演讲。在实际演讲中，我们应该善用幽默结尾，这样才算是点睛之笔、锦上添花。

我国著名作家老舍先生是好幽默的。他在某市的一次演讲中，开头即说“我今天给大家谈六个问题”，接着，他第一、第二、第三、第四、第五，井井有条地谈下去。谈完第五个问题，他发现散会的时间就要到了，于是他提高嗓门，一本正经地说：“第六，散会。”听众起初一愣，不久就欢快地鼓起掌来。

结尾对于演讲的重要性早已毋庸置疑。一个演讲者能在结束时赢得笑声，不仅是自己演讲技巧十分成熟的表现，更能给本人和听众都留下愉快美好的回忆，也是演讲圆满结束的标志。在多种结尾中，幽默是最能被听众接受的。我们在公共场合的演说，如果也能以幽默、风趣的语言结尾，那么，可为演讲添加欢声笑语，使演讲更富有趣味，令人在笑声中深思，并给听者留下一个愉快美好的印象。

美国诗人、文艺评论家詹姆斯·罗威尔1883年担任驻英大使时，在伦敦举行的一次晚宴上发表了一篇名为《餐后演讲》的即席演说。最后他说：“我在很小的时候听人讲过一个有关美国一个卫理公会牧师的故事。他在一个野营的布道会上布道，讲了约书亚的故事。他是这样开头的：‘信徒们，太阳的运行方式有三种，第一种是向前或者说径直的运动；第二种是后退或者说向后的运动；第三种即在我们的经文中提到的——静止不动。’先生们，不知你们是否明白这个故事的寓意，希望你们明白了。今晚的餐后演讲者首先走径直的方向，起身离座，做示范——即太阳向前的运动。然后他又返回，开始重复自己——即太阳向后的运动。最后，凭着良好的方向感，回到终点。这就是我们刚才说过的太阳静止的运动。”在欢笑声中，罗威尔重新入座。

这种紧扣话题的传神动作表演，惟妙惟肖，天衣无缝，怎能不赢得现场听众的热烈掌声和欢笑声？演讲的幽默式结尾是不胜枚举的。关键是我们要具有幽默感，并在演讲中恰如其分地把握住演讲的气氛和听众的心态，才能使演讲结束语产生“余音绕梁，三日不绝”的轰动效应。

幽默开口，做一个受欢迎的讲话者

通常讲话本身带来的感染力是较少的，毕竟你所讲的大多是枯燥呆板的内容，你可以看看大多数公众场合的讲话，无一例外都是“第一、第二、第三”，诸如此类的条条框框，整个说话过程没有丝毫的趣味性。而对于听众来说，他们更希望听到一些有趣的内容，这就需要幽默开口了。幽默说话是说话者的聪明才智的标志，它要求有较高的文化素养和较强的驾驭语言的能力。但是，在讲话过程中，幽默只是一种风格，一种手段，并不是目的，不能为幽默而幽默，一定要根据具体的题旨语境，适当选用幽默的语言。

有一次，英国上院议员基尔正在演讲，听众都很认真地望着他，并且侧耳倾听每一个字，但就在演讲即将结束时，突然有一个人的椅子腿断了，那个人跌倒在地上。如果这时演讲的不是像基尔这样机智的人，恐怕当时的局面会对演讲产生一种不利影响。但是聪明的基尔马上说：“各位现在一定可以相信，我提出的理由足以压倒别人。”就这样，他立刻拉回了听众的注意力，而那个跌倒的人也在别人善意的笑声中，找到了一个新座位。一个玩笑使双方都从窘境中脱身而出。

可见，在演讲过程中，幽默可以化解尴尬，重新让讲话者掌控演讲现场的气氛。

面对他人的嘲笑，要想取得论辩的成功，不但要敢辩，还要巧辩，在其中加一点诙谐的语言，会让自己更有气度，同时也令对方陷入窘境。

冯玉祥将军在担任陕西提督时，曾有一个叫安德鲁的美国人和一个

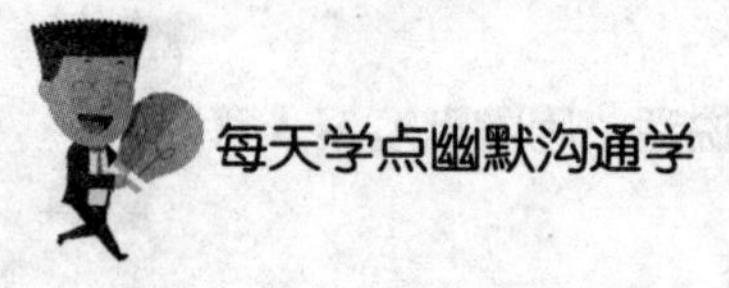

叫高士林的英国人在西山随意开枪打死了受保护的野牛。冯玉祥审问了他们。

两个外国人说："贵国政府在我们的护照上签有允许我们携猎枪的规定。"

冯玉祥说："照此说来，如果允许你们携带手枪呢，你们不是可以在中国境内任意开枪杀人吗？"

很显然，是不允许任意开枪杀人的，那么，也就不允许开枪杀野牛。

在这个案例中，冯玉祥所使用的是否定式幽默。所谓否定式幽默法，是指在两个相对的事物存在的情况下，从肯定其中一事物出发，随之加入另一个事物的内容而达到否定前一事物为归宿的语言艺术。

有时候，我们可以通过反逻辑的方式制造幽默。此外，还有双关的幽默，双关式幽默法是利用一个词的语音或语意同时关联两种不同的意义并进行曲解的演讲语言艺术的方法。总之，作为讲话者，你可以参加一切有趣的谈话，欣赏体会那些使人发笑的言辞，你可以记住一些好笑的事例和机智幽默的语言，并且深知其中的含义。如果你是一个习惯严肃的人，你可以学习一下幽默，认识轻松的价值。

Part 2

初涉人际，试试幽默破冰法

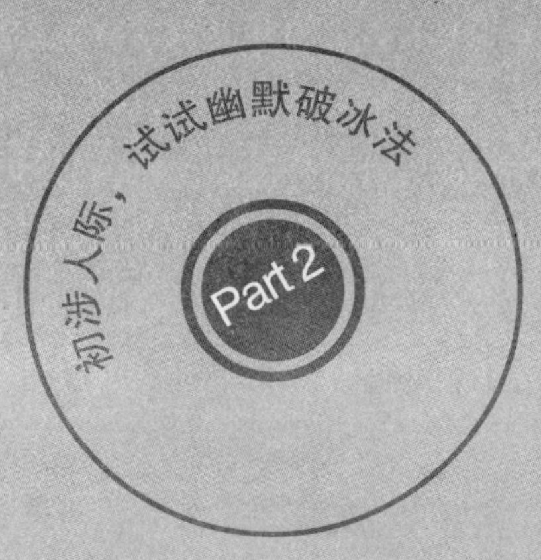

第04章　消除陌生感觉：巧用幽默拉近人与人的距离

初次见面，我们可以用幽默的语言拉近彼此的距离，从而达到和谐沟通的目的。在生活中，我们经常会面临面面相觑的局面，试想，假如这时因一句趣言营造了愉悦的气氛，我们岂不可以更快速地与人展开进一步的交往。

幽默，不可小觑

幽默往往以使人愉悦的方式表达人的真诚、善良和大方，它就好比架设在人与人之间的桥梁，有效地拉近了人与人之间的距离，消除了人与人之间的隔阂。幽默的力量是不容小觑的，在现实生活中，有可能仅仅一句风趣的话，就可以令身边的人对自己刮目相看。当然，我们不能过分地夸大幽默的作用，但幽默最大的特点就是能够使人感到快乐，不是吗？可以说，幽默是人类独有的特质，是智慧的体现，因为它可以化解许多人际间的冲突或尴尬，可以化怒气为豁达，同时还会给身边的人带来许多快乐。那些富于幽默的人走到哪里都会受人欢迎，因此我们可以说，幽默可以缩短人与人之间的距离。

幽默风趣的王先生借用朋友的豪华别墅举办了一次晚会，在活动即将

开始的时候，助理小张却急匆匆地跑来，一脸自责地，说：“在我们购买东西回来的路上，苹果不知道什么时候掉了一袋，剩下的可能不太够用，这里离市区那么远，怎么办呢？”

王先生灵机一动，笑了笑，只是轻声地问道：“有没有哪一种东西准备得多了？”助理小张回答说：“小点心准备得很多，应该还会有剩下的。”听到这样的答案，王先生松了一口气，拍了拍助理小张的肩膀，安慰道：“没关系，有我呢。”

晚会开始了，人们都看到苹果盘前面立了一块小牌子，上面写着：“上帝正在看着你，请别拿太多了！”大家看到后都忍不住笑了，都自觉地只拿了一个苹果，走了几步又看到放小点心的盘子前也立了一个牌子，上面写着：“不要客气，要多少拿多少，上帝正忙着注意前面的苹果呢！”看到这样几句话，大家都笑得弯下了腰，当然，这场晚会虽然缺少了一些苹果，却让宾客尽兴而归。

幽默是什么？幽默就是快乐，无比的快乐。幽默带给我们最多的就是快乐，生活中，只要我们稍微动动脑筋，可以说人生处处充满了幽默，处处充满了欢声笑语。幽默的力量，不仅仅是化解困境，更关键的是在化解尴尬的同时能带给我们快乐。人生就好比一张白纸，我们可以乐观地在这张白纸上画出美丽的图画，也可以悲观地画出沉闷的基调，不过，只要我们心怀阳光，乐观积极，那我们就会用幽默来驱散内心的不快，把自己变成一个无比快乐的人。

一位年轻人骑着新买的摩托车在大街上闲逛，不料，“咣当”一声，那崭新的摩托车撞上了小轿车，幸好人没事。小伙子一边查看那辆崭新的摩托车被撞后的残骸，一边对围观的人说：“唉，我以前总说，有一天能有一辆摩托车就好了。现在我真有了一辆车，而且真的只有一天。”围观的人听了，都哈哈大笑起来。

在这个小故事中，对这位年轻人而言，自己的摩托车被撞已经是无法挽回的事情了，但天性乐观的他并不把这件事放在心上，而是善用幽默的力量，这样既减少了自己的痛苦和内心的不愉快，同时还给围观的人带来了快乐。

幽默的特点是机智、自嘲、调侃、风趣，等等，幽默不仅能给我们带来快乐，同时还可以消除敌意，缓解摩擦，化解矛盾。可以说，在日常交际中，那些富于幽默感的人，通常会拥有好人缘，较快缩短人际交往的距离，从而赢得对方的好感和信赖，而那些缺乏幽默感的人，则会在一定程度上影响交往，而且会使自己在别人心目中的形象大打折扣。我们可以判定，具有幽默感有助于一个人的身心健康。在日常交往中，我们要善于主动交际，扩大交际面，与人为善，主动帮助他人，从而体验幽默的乐趣。

幽默是一种奇妙的沟通方式

美国心理学家赫布·特鲁说："幽默可以润滑人际关系，消除紧张，减轻人生压力，使生活更有乐趣。它把我们从个人小天地里拉出来，使我们一见如故，寻得益友。它帮助我们摆脱窘迫和困境，增强信心，在人生的道路上知难而进。"所以，我们说幽默是一种十分奇妙的沟通力，只要在一次沟通中融入了幽默的元素，那这次沟通就是愉快的、令人愉悦的。或许，我们不知道，幽默可以建立良好的沟通力，从而帮助我们解决生活中的一些难题。在日常交际中，一个卓越的沟通家或许不是最会说话的人，但是，他们却善于运用幽默，透过幽默的表达方式，能够让听众更容易接受他所表达的意思。幽默本身就有一种神奇的令人感到快乐的力量，因此，我们也说，幽默是一种奇妙的沟通方式。

王蒙先生不单单是一个作家，而且还是一个出了名的幽默大师，在他的许多文学作品中都蕴含着幽默、诙谐、辛辣、豁达的语言。

有一次，王蒙先生应邀到上海某大学演讲，当时台下同学的积极性并不是很高，于是，风趣的王蒙先生便以幽默的方式开了头，他一开始是这样说的："由于我这几天身体不太好，感冒咳嗽，不能多说话，还请大家谅解。不过，我想这不一定是坏事，这是在时刻提醒我——多做事少说

话……”他的这句幽默的开场白立即把台下同学的情绪调动起来了，于是，台下的同学纷纷竖起耳朵，打起精神来听王蒙先生的讲座。在他的整个演讲过程中，诙谐的语言不断，台下的掌声也不断。

当王蒙先生提到读者与作者的关系以及如何更好地把握一部作品的时候，在台下同学看来本来是一个多么严肃的话题，但王蒙先生却以风趣的语言作了这样的解说：“……我希望大家在评论一部作品时，不要轻易下结论，要反复地多读几遍，读懂，读透。千万不要像有些人那样，看到我走路先迈左脚，就说‘王蒙犯了左倾主义’；看到我先迈右脚，又说‘王蒙犯了右倾主义’；如果我因为感冒咳嗽用手绢擦了擦流出的鼻涕、眼泪，他就喊‘王蒙现在又沮丧、颓废啦’……”听到如此犀利、生动的诙谐语言，充满了幽默感，台下昏昏欲睡的同学的热情被点燃了，在王蒙先生结束演讲之后，许多同学还对他恋恋不舍，多想再听他讲一次。

在日常交际中，幽默就像必不可少的调味剂，如朋友聚会，结伴旅行，当大家都感到疲惫或长时间静坐无语的时候，这样的气氛是让人感到沉闷和难受的。这时，假如一个充满幽默感的人说了一句笑话，一定可以改变当时的气氛，从而带来快乐，让人们忘记暂时的疲惫和烦恼。若是在朋友聚会中适当开个玩笑，那也可以营造一种活跃的气氛，让彼此的友谊更加坚固长久。

众所周知，乱丢垃圾是一个让人十分头疼的问题，不过，荷兰一座城市却采用了一个十分有趣的方法，从而使这座城市变得非常干净。这个城市曾采用增加罚金和加强巡视的方法，不过这样所起到的作用是很小的。后来，城市管理者想到了一个方法，那就是在垃圾桶上装一个录音机，让垃圾桶和那些乱丢垃圾的人“说话”，每当垃圾被倒入垃圾桶之后，垃圾桶就会说一段笑话，不同的垃圾有不同的笑话，用这样的方式来吸引更多的人自觉地倒垃圾，当然，效果不言而喻。

类似的幽默在美国也有。在美国街头，当垃圾被扔进一些垃圾桶的时候，垃圾桶就会说：“好吃，好吃，再给我吃点。”幽默的神奇之处在于，当我们善于用幽默表达意见时，更容易被人接受，这样一来，彼此的沟通自然更加顺利。

 以幽默展现女性的风采

幽默的语言往往能产生“四两拨千斤”的力量，取得举重若轻的效果。尤其对于女人来说，幽默的语言表达更是一种致命的吸引力。在与人交际的过程中，当你看穿了别人的想法但又不便于直说的时候，不妨使用幽默的语言，相信这肯定能达到预期的交际效果。幽默的语言表达是女人成功社交的捷径，也是一种赢得好感的方法。幽默的语言能够帮助女性与他人建立和谐融洽的关系，赢得他人的支持与欣赏。在生活中，一个女人无论从事什么工作，无论身处何种地位，都免不了与人交往。而幽默的语言则是交往中的一把金钥匙，不仅能帮助女性更好地与他人进行有效的沟通，还能大大地提升她们的形象魅力以及亮丽风采。

有人说：“幽默是一种人生态度。”幽默的语言能使紧张的气氛顿时变得轻松活泼，能让他人感到善意，这样表达出的观点更容易被对方所接受。在日常生活中，幽默的语言风格无处不在，它成了人际交往的调节剂。在每年的文艺晚会上，相声小品之所以一直是观众最喜欢的节目之一，就在于它的表现形式离不开幽默的语言，那幽默的语言风格强烈地感染着每一位观众。幽默本身就具有一种特性，一种令人愉悦的特性，一旦女人沾染了这种特性，就会变成最受欢迎的女人。

索菲利亚用午餐的时候，一位老妇人走向她的餐桌，举起手摸了摸她的脸庞，老妇人带着歉意说：“我看不出它有多好。”索菲利亚风趣地说：“省省你的祝福吧！我看起来也没多好看。”

索菲利亚那幽默的语言，打破了双方的尴尬局面。聪明女人要想在交际场合给人留下一个好印象，就要善于运用幽默的语言，无论处于什么样的交际场合，幽默的语言都是我们用心积累的。你要明白，一个面带怒容或神色抑郁的女人，永远不会比一个面带笑容、说话风趣的人更受欢迎。

一句得体俏皮的话，立即缩短了你和对方之间的心灵距离，并获得好感；几句应付难题的机智回答，会让自己摆脱困境，并展示美好的自我形象，获得对方的赞美。当然，如此的语言风格不仅需要幽默，更需要得体，这样才能收到良好效果。

一次，一位女钢琴家在美国迈阿密州的福林特城演奏，结果发现到场的观众不到五成。这让她既失望，又尴尬。但她并未因此取消演奏，而是以幽默的语言打破了僵局。女钢琴家微笑着走上舞台，对前来的观众说："我想这个城市的人一定很有钱，因为我看到你们每个人都买了两三张票。"话音一落，大厅里立即充满了笑声。

这位女钢琴家的幽默就在于她对空座位的原因的解释虽然荒诞，但却很奇妙。如此幽默的语言表达让观众少了沮丧，多了喜悦。有时候，说话荒诞一些，风趣意味就会强一些。在日常交际中，我们可以通过场景来发挥幽默语言的表达技巧，戏谑是一种无攻击性的语言表达技巧，开个机智、哲理的玩笑，目的就是增加你对对方的亲切感。

一个女人，可以不漂亮，可以不可爱，可以不时尚，但必须学会幽默。如此，你才能进入更多人的视野中，才能更好地展现自我，被更多的人所熟知，所欣赏。幽默的语言是一个女人致命的吸引力，与这样的女人交谈，无论多久，你都不会厌倦，因为你在交谈过程中感受到了前所未有的愉悦。

幽默的人总受人欢迎

我们毫不怀疑幽默的力量，可以说，幽默可以让你像明星一样受欢迎。在生活中，即便我们没有看见明星出场的真实场景，不过，在电视上也见过不少，那些粉丝的欢呼声、喝彩声一片接着一片。虽然，在现实生活中，幽默的人也许不会受到这样热烈的欢迎，但是，受人喜欢倒是常事。现代社会，人际关系越来越复杂，许多人整天摆着，不是"九点十五

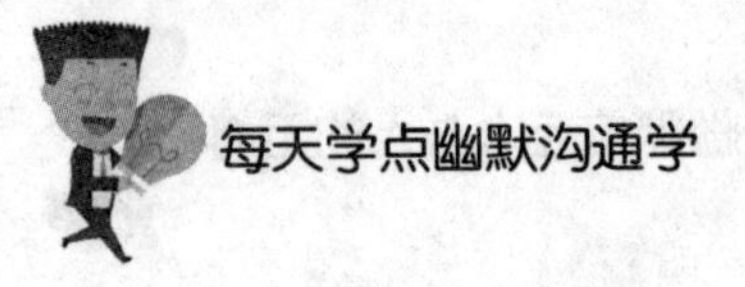

分”的扑克脸，就是“七点二十五分”的苦瓜脸，长此以往，那财神爷也不会上门的，更别说身边的朋友了。我们经常强调“人生无处不销售”的概念，不仅仅销售商品，还要把自己推销出去，而且要销售出一个“好价钱”，让大家欣赏你、肯定你、欢迎你，想要认识你，希望跟你做朋友。当然，如果你正好是一个富于幽默的人，那你就可以在人际中享受明星般的待遇了。

某大学植物系有一位植物学教授，开的尽管是比较冷门的课程，不过，他几乎每堂课教室都爆满，甚至许多同学愿意站在走廊里旁听。当然，并不是因为这位教授所具备的知识和资历有多渊博，而在于他的幽默感风靡了全校，使得越来越多的同学都喜欢上这位教授的课。

有一次，这位教授带领学生们去一个原始山脉森林做校外实习，这一路上看到了一些叫不出名字的植物。对此，学生都好奇地问教授：“这是什么？”教授都一一解答。听着教授详细的讲解，一位女同学忍不住停下脚步，对教授赞叹道：“老师，您的学问好渊博哟，什么植物都知道得这么清楚！”这位教授回过头来，眨了眨眼睛，笑着说：“这就是我为什么故意走在你们前头的原因了，只要一看到不认识的植物，我就‘先下脚为强’赶紧踩死它，以免漏气！”学生听了都笑得前仰后合，当然，我们可以想象，这样一趟野外实习肯定充满了笑声。

从这个小小的故事中，我们就可以知道为什么这位教授如此受学生欢迎了。在他的课堂中，常常开个小玩笑，幽默一下，而这就是他广受学生欢迎的原因。当我们将严肃放在一边，学会幽默，那我们也可以成为一个受欢迎的人。

有一次，英国首相、陆军总司令丘吉尔去视察一个部队。由于刚下过雨，路很滑，他在临时搭起的台上演讲完毕下台阶的时候，不小心摔了一个跟头。士兵们从未见过自己的总司令摔过跟头，都哈哈大笑起来，陪同的军官惊慌失措，不知怎么办才好。

没想到，丘吉尔微微一笑说：“这比刚才的一番演说更能鼓舞士兵的斗志。”最后的确如丘吉尔所戏言的，士兵们对总司令的亲切感、认同感

油然而升，必定更坚定地听从总司令的命令，英勇战斗。

不管你是善用幽默化解尴尬，还是善用幽默制造气氛，但只要你是一个具备幽默感的人，那就是一个受欢迎的人。因为幽默的人是快乐的，他所能带给我们的也是快乐，而谁也无法拒绝快乐。

幽默，可以使人与人之间积极交往，可以降低紧张，制造轻松的气氛；可以帮助人找到冲突和情绪困扰的原因；可以用安全不带威胁的方式表达内心的冲突。在生活中，那些具有幽默感的人，他们往往可以挖掘出事情有趣的一面，可以欣赏到生活中轻松的一面，从而形成自己独特的风格和幽默的生活态度。这样富于幽默的人，容易让人产生亲近他的念头，这样的人，使那些接近他的人也会感受到轻松愉快。当然，这群幽默的人总是那么受欢迎。

幽默为沟通疏通管道

一位青年被贵族十分看重，为了和这位青年拉上关系，贵族便说："我有个女儿，十分乖巧，情愿许配给你。"听了这句话，青年深深地鞠了一躬，回答说："我出身贫寒，能够攀附高门，当然非常荣幸，等我回家和妻子商量一下，怎么样？"当沟通出现障碍的时候，这位青年幽默地表达了自己的想法，这样既不会得罪这位了不起的贵族，而且他所说的话也会让这位贵族对他更加器重，虽然这位青年拒绝了贵族，但他不会生气，只是觉得惋惜。可以说，幽默为沟通疏通了管道，得以让彼此之间的交流畅通无阻。在日常交际中，当我们与他人沟通的时候，难免遭遇阻碍，这时假如我们幽默一下，那就可以为沟通疏通管道，让双方之间的交流更加和谐。

有一次，作家刘绍棠到一所大学演讲，对于学生提出的各种问题，他都作了十分坦率的回答。

这时，有一位女同学递上了一张纸条，上面写着："既然文学要真实

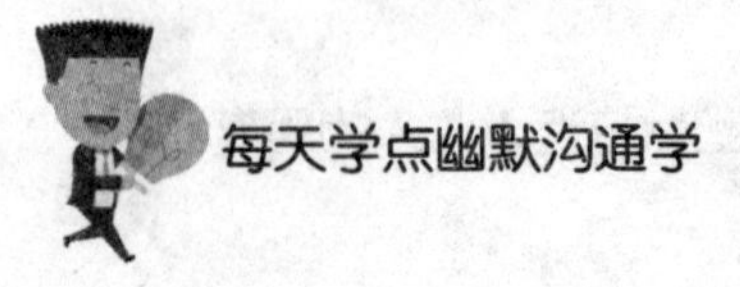

地反映社会生活，那你为什么总是唱赞歌，不唱悲歌呢？难道社会就没有阴暗面吗？”看到这样尖酸刻薄的问题，刘绍棠思索了一下，便向那位女生问道：“你喜欢照相吗？”见那位女生直点头，刘绍棠反问道：“你脸上有光滑漂亮的时候，也有长疮疤不干净的时候，你为什么不在脸上生疮疤的时候去照相呢？”这样一反问，引得周围的人都情不自禁地笑出声来。

在这个案例中，显而易见，那位女同学是故意刁难刘绍棠，不过，面对听众的故意刁难，刘绍棠却不急于回答，而是提出一个让对方感兴趣的话题，如此进行适当反问，给对方一个措手不及。在这个反问中，刘绍棠把文学作品的表达与年轻人的照相作类比，借助幽默的语言，把自己想要表达的意思融入类比中，让人在笑声中领悟，给人留下深刻印象。

约翰是一位著名的记忆专家，据说，他有一套独特的方法与听众打成一片。比如，他经常在会议或演讲开始之前，向来宾们一一问候致意，请教他们的尊姓大名。然后，在会议或演讲结束之后，约翰再一一叫出每个人的名字。假如他记错了，那就付5美元给那个他忘记名字的人。不过，通常情况下，约翰都不允许自己出错。对此，那些经常听他演讲的人对他的记忆力真是既困惑又佩服。

但是，有一次，他遇到了一点小麻烦。他正在演讲的时候，坐在大厅前排的一个小伙子不等他解释完培养记忆力的问题，就站起来大声说：“约翰先生，你怎么会记住这么多名字呢？”约翰回答说：“先生，我可以用三个字来回答你的问题——用、大、脑！”结果，那小伙子立即说了一句：“那是我的想法，而你用的是什么呢？”

约翰差点被问倒，不过，他毕竟是一个机智的人，他几乎毫不停顿地说：“我说的大脑是指脚后跟，明白吗？脚、后、跟。”顿时，下面的听众笑得前仰后合。

当沟通的管道遭遇阻碍的时候，我们就要想办法进行疏通，得以让沟通继续进行。在这个案例中，假如约翰真的被问倒了，像一只木鸡呆站在台上，那么他这个记忆专家就要贻笑大方了。

在生活中，我们都有这样一个常识：当下水道遭遇阻碍物的时候，我们所想到的办法就是软化阻碍物，这样才能疏通管道，使管道正常运作。在日常交际中，其实也是一样的道理，我们需要用一点特别的办法让对方接受这样的疏通管道的方式，而幽默恰恰是这样一个绝妙的办法，因为幽默，我们总是轻而易举地化解尴尬或难堪，恢复和谐的气氛。

幽默让陌生人不再陌生

在生活中，那些具备幽默的人总能快速地与陌生人打成一片，与此同时，他们的魅力也增添了不少。幽默是什么呢？幽默就是将那些生活中令人烦恼的问题用轻松有趣的语言表达出来，如果我们想在人际交往中给人留下好的印象，那就需要运用幽默的力量去消除彼此之间的陌生感，努力让陌生人成为朋友。两个刚刚认识的人，谈着天气、物价这样的无聊话题，两个人都有一种没话找话的感觉。这时一人幽默地说："说实话，我实在想终止这种无聊的话题，但我不敢，因为我怕因此终止了我们刚刚建立的友谊。"另一位在笑的同时也同意了这个说法。于是，两人的谈话内容自然转移到了他们感兴趣的共同话题上，而彼此之间的心理距离也拉近了。

抗日战争赢得胜利之后，著名国画大师张大千准备从上海返回四川老家。临行前，他的学生麋耕云设宴为大师饯行，在这次宴会中还邀请了梅兰芳等社会名流出席。宴会开始时，张大千先生向梅兰芳敬酒说："梅先生，你是君子，我是小人，我先敬你一杯。"梅兰芳不解其意，忙含笑说："此作何解？"张大千先生忙笑着回答说："你是君子——动口，我是小人——动手。"张先生的风趣引得所有宾客为之大笑。

或许，许多人不知道，正因为初次见面中张大千先生的幽默，才使得他与梅兰芳成了一生的挚友。假如张大千并不是一个懂得幽默的人，按照梅兰芳的性格，他是很难与梅兰芳建立深厚的友谊的。在这次见面中，张大千先生以幽默消除了两人之间的陌生感，使得这两位名人成了好朋友。

幽默就好像微笑，它是可以感染人的。即便初次见面，并且相识不久，但只要我们善于运用幽默，就可以快速消除彼此之间的陌生感，从而让大家变成朋友，这就是幽默的力量。所以，在日常交际中，如果我们想与陌生人成为朋友，不妨幽默一下，相信你们之间很快就会变得不再陌生了。

日本艺术家福田建先生曾说："笑容可以招来笑容。"也就是说，当我们用微笑面对他人的时候，别人也会以同样的笑容来回报我们。所以，我们常常会说："笑是一种可爱的传染病。"而那些被幽默传染的人不仅浑身舒畅，而且快乐无比。幽默，不仅仅是一剂人际关系良好的万能药，还是一剂特效药。当我们以幽默面对陌生人，把快乐传递给陌生人时，陌生人也会还我们一个微笑，这就是最绝妙的人际相处模式。

 幽默让你反败为胜

有人说："假如把人的各种优良特质比作钻石的各个侧面，幽默感则是钻石直接面向观众的一面，可以时刻折射出智慧的光芒。"幽默，在很多时候可以给我们增添不一样的光彩。即便在有限的时间和空间里，即便初次见面的晚餐上，幽默也可以让我们一展风采，脱颖而出，令人耳目一新，印象深刻。或许，在闲聊之中，一段精彩的幽默对话，有时候也可以让人一辈子不忘，我们的幽默和风采会令那些新朋友长久储存在记忆深处，即便我们长相普通，但因为幽默可以让人更容易记住我们。因此，可以说，幽默可以让我们反败为胜。不仅如此，在许多交际场景中，幽默都有这样的作用，这是因为幽默中蕴含着睿智的光芒，即便我们面对的是复杂的环境和场合，也可以语出惊人，最终反败为胜。

1980年，约翰·亚当斯参加美国总统竞选，他的妻子阿比盖尔·亚当

斯为当时桃色丑闻的泛滥而忧心忡忡，担心丈夫会遭受无中生有的攻击。对此，共和党人指控亚当斯曾派竞选伙伴平克尼将军到英国去挑选四个美女做情妇，两个给平克尼，两个留给自己。当约翰·亚当斯听到这个消息后，不禁大笑了起来，说道："假如这是真的，那平克尼肯定瞒过了我，全部独吞了。"

美国，竞选就是一种唇枪舌剑的游戏，对众人来说是精彩刺激的，非常好看的。但对竞选者本人而言，却是险象环生，丝毫不能放松。当竞选者遭遇那些不怀好意的人恶意攻击的时候，他就可以用幽默来保护自己，使自己反败为胜。在这个案例中，其实，亚当斯遭遇如此平庸无聊的造谣中伤，完全可以装作听不见，或许根本不理睬。不过，假如这样的消息流传出去，多少还是会损伤自己的个人形象，这就需要认真对待了。从表面上看，似乎亚当斯处于不利的一面，大家都在看他如何证明自己的清白，出人意料的是，亚当斯竟以幽默的方式作答，不仅有效给予了对方一击，而且赢得了选举的胜利。

林肯当选总统的那一刻，整个参议院的议员都感到十分尴尬，因为当时美国的参议员大部分都出身望族，他们自以为是上流优越的人，从没想过所面对的总统竟然是一个出身卑微的人，因为林肯的父亲是一个鞋匠。

当林肯站在讲台的时候，一位态度傲慢的参议员站起来说："林肯先生，在你开始演讲之前，我希望你记住，你是一个鞋匠的儿子。"顿时，所有的参议员都笑了起来，而那个傲慢的议员为自己可以羞辱林肯而开怀大笑。这时，林肯不卑不亢地说："我非常感激你能使我想起我的父亲，他已经过世了，我一定会永远记住你的忠告，我永远是鞋匠的儿子。我知道我做总统永远无法像我父亲做鞋匠做得那么好。"所有的议员都陷入了沉默，这时，林肯对那位傲慢的参议员说："据我所知，我父亲以前也曾经为你的家人做鞋子，如果你的鞋子不合脚，我可以帮你改正它，虽然我不是伟大的鞋匠，但是我从小就跟父亲学会了做鞋子这门手艺。"

然后，他再一次扫视全场的参议员，说道："对参议院里的任何人都一样，如果你们穿的那双鞋子是我父亲做的，而它们需要修理或改善，我一定尽可能地帮忙。但是有一件事是可以确定的，我无法像他那么伟大，他的手艺是无人能比的。”说到这里，他流下了眼泪，顿时，全场爆发出热烈的掌声。

林肯说：“据我所知，我父亲以前也曾经为你的家人做鞋子，如果你的鞋子不合脚，我可以帮你改正它，虽然我不是伟大的鞋匠，但是我从小就跟父亲学会了做鞋子这门手艺。”从这段话中，我们可以看出，林肯以自己含蓄的风趣反击了对方无礼的蔑视，从而赢得了在座议员的好感。大量事实证明，在很多时候，幽默真的可以让我们反败为胜。

小心踏入幽默的“禁区”

对于善用幽默的人而言，幽默的元素随手拈来，不过，这样的本事并不是每个人都有的。我们要想在日常交际中有效地使用幽默，那就需要具备一定的智慧，比如，一个才疏学浅、举止轻浮、孤陋寡闻的人是难以生出幽默感来的。幽默应该具备这样一些能力：渊博的知识和深刻的社会经验，敏锐的洞察力和丰富的想象力，积极乐观的心态，良好的文化素养，良好的语言表达能力。即便具备了这些能力，幽默也不是你想用就能用的。幽默是人际交往的润滑剂，对此，我们更应该恰当地运用幽默，这样才会让彼此之间的沟通更加顺利。

萧伯纳在青年时已经学会了使用幽默，不过，因为他总是滥用幽默，出语尖酸，大家一听他说话，便有一种难受的感觉。

有一次，一位朋友在散步时对萧伯纳说：“你现在常常出语幽默，不错，非常风趣可乐。但是大家常常认为，如果你不在场，他们会更快乐，因为他们都感到自己比不上你。有你在，大家便都不敢开口了，你的才干确实比他们略胜一筹，但这么一来，朋友们将逐渐离开你，这对你又有什么益处呢？”听了朋友的话，萧伯纳醒悟了，他慢慢地改掉了滥用幽默的习惯，从而使得他成了更受欢迎的人。

幽默也是有“禁区”的，那就是不得滥用幽默。幽默是我们生活中的

调味剂，它可以让我们的生活更加有滋有味。不过，即便再好的调味剂也不可滥用，就好像我们生活中经常用到的盐，适当放可以让菜更加美味，若是放得太多则会令人难以下咽。在日常交际中，我们要恰当运用幽默，这样才可以最大限度地发挥它的功效。

有一次，小王看见女同事穿着一身漂亮的新衣服来上班，就开玩笑说："今天准备出嫁吗？"其实这是一句赞美之词，只是这话说得委婉了一点，调侃了一点。

令小王没有想到的是，这位女同事有点神经质。当他听到这句话时，怒不可遏道："你骂人！难道我离婚了，难道我丈夫不在了？"接着又是谩骂一通。

小王万万没有想到，自己颇为得意的幽默竟然被人家当成不堪入耳的污言秽语，导致出现如此难堪的结局。小王百口莫辩，只好道歉了事，后来每当小王说到这件事情都会苦笑不已，因为那位女同事还到处说小王是一个"二百五"。

看了这个故事，你应该明白：幽默不是对谁都可以用，幽默不是随处都可以用。没有幽默感的人是可悲的，而幽默错了对象，同样是可悲的，甚至更加可悲。幽默不是随处随时都可以用的，否则它会变得一文不值。

当我们想幽默一把的时候，首先选择内容健康、格调高雅的话题，不仅给对方启迪和精神的享受，而且也可以塑造自己美好的形象。其次，我们还应该保持友善的态度，开玩笑的过程，其实就是互相交流感情的过程，假如借着开玩笑对别人冷嘲热讽，即便你表面上占了上风，但也会给别人造成一种不被尊重的感觉。最后，我们开玩笑的时候，还需要注意区别对象，同样一个玩笑，你可以对这个人开，但不一定适合对那个人开，因为一个人的身份、性格、情绪不一样，他们对玩笑的承受能力也不尽相同。

通常情况下，作为后辈不应该与前辈开玩笑，下级不宜与上级开玩笑，男性不宜与女性开玩笑。假如我们只是同辈开玩笑，那就需要掌握对方的性格特征与情绪。假如对方性格外向，善于容忍，即便玩笑开过了也可以得到对方的谅解；假如对方性格内向，开玩笑就需要慎重。总而言之，我们需要恰当运用幽默，这样才能尽情绽放幽默的魅力。

用幽默代替握手

与人见面时用幽默代替握手可以获得意想不到的效果，特别是初次见面，恰当的幽默可以使自己更加有趣、机智、平易近人。幽默还能给双方带来许多话题，使得双方在没有任何拘谨的环境中谈天说地，交流思想。

法国前总统戴高乐在会见某国总统时，还没有握手就说：“啊，原来我的个子还没有你高，怎么样，当总统滋味如何？”“不错，像吃了火药一样，总想放炮。”这段对话使两位总统间的猜疑、戒备之心立刻消失了。也有人一见面就说：“嗯，我一定在哪儿见过你。一定见过，好面熟。”“是吗？这不可能。”“不，肯定的。即使在梦里，也可能见过你。”

两国总统的会面用幽默开场，气氛一下子就融洽了起来。这种妙趣横生的开场白无疑缩短了两个人心与心之间的距离，为进一步交谈奠定了良好的基础。特别是“我一定在哪儿见过你”和“即使在梦里，也可能见过你”两句非常幽默的话语，将两个人联系在一起，也为两国将来交往创造了基础。

一位曾在酒店工作过多年的先生讲过这样一个真实的故事：一位华侨下榻国内某星级饭店，当他前往客房时，要经过酒店的大堂。大堂值班的实习生问候道：“您好。”过了一会儿，他出去办事路过大堂时，那位实习生又对他说：“您好。”当他办完事回来，实习生仍在值班，看到客人回来，便招呼道：“您好。”这位华侨向酒店投诉，抱怨这位实习生的态度不够真诚，自己已经三次经过大堂了，而服务人员依然机械地向他打招呼，并未找到酒店所承诺的宾至如归的感觉。

也许这位华侨的要求太苛刻了，但是从这件事我们可以反思，在人际关系的建立方面，礼貌固然不可缺少，但绝不是最有效的手段。

李先生和张先生楼上楼下而居，因为两对夫妻都是工薪族，平日上下班时间不一，偶尔乘电梯相遇时仅仅点个头，连交谈的机会都没有，充

其量知道有这么个邻居存在而已，并没有什么特别的交情。其实双方也都深知“远亲不如近邻”的道理，但是习惯了寒冷的街道，所以有些无可奈何。然而自从某个机缘让这对邻居大笑之后，情况就完全改变了。那阵子刚好出现垃圾处理问题，由于公共垃圾场的租约已到期，原业主因为私人因素坚持不肯续约，一时间大小马路边垃圾堆积如山，臭气熏天。这天刚好是假日，李先生和妻子乘电梯下楼碰到了张先生和他的妻子。张先生勉强挤出一丝笑容以“垃圾问题严重”为题跟李先生寒暄了一下，李先生也趁机打开了话匣子。他故作神秘地说：“我家从来没有垃圾的困扰！”张先生夫妇听了十分诧异，并且询问其原因。李先生回答说：“很简单啊，只要每天早上刻意地将垃圾包装得整整齐齐地放在大楼门口摩托车的后座上，一会儿垃圾包自然消失。”张先生和妻子听了不禁大笑出来，笑让他们之间的距离拉近了，从此以后两家就熟络了起来。

邻里之间，幽默是必不可少的。平日里抬头不见低头见，总是板着脸说话，会让生活变得凝重，根本无法促进彼此间的感情。所以用幽默代替握手，用幽默的话语与邻里交谈，无疑可以产生微妙的效果。

幽默这门艺术同其他严肃、庞大的学科相比，也许是微不足道的。但是正如学生要有老师来培养一样，我们的生活需要用幽默来滋养。如果没有笑，这世界会毫无生气，没有人愿意生活在寂静和恐怖的世界里，因为那里没有快乐。把你的耳朵叫醒，让你的慧眼开始闪光，寻找幽默，让世界充满快乐。

托马斯卡莱尔曾说：“你的幽默是你以愉悦表达自己的方式。它表达的是你的真诚、善意和爱心。”会心地一笑，可以迅速缩短人与人之间的距离，可以说，幽默是比握手更文明的一大行为。原始人见面握手，是表示他们手上不带武器。现代人见面握手，是表示我欢迎你，并尊重你。以幽默来打招呼，则是有力地表示我喜欢你，我们之间有着可以共享的乐趣。心理学家凯瑟琳也说过：“如果你能使一个人对你有好感，那么也就可能使你周围的每一个人，甚至是全世界的人，都对你有好感。只要你不是到处与人握手，而是以你的友善、机智、风趣去传播你的信息，那么时空距离就会消失。”

第05章　赢得他人好感：幽默语言话里话外讨人欢心

幽默是一种艺术，因为它的存在，让世界充满了欢乐。虽然，幽默的力量不会让你变得漂亮或英俊，也不会为你付清账单，不过，它确实可以帮助你解决人际关系问题，协调人与人之间的关系，你千万不能忽视这股神奇的力量，当你成为一个备受他人喜欢和信任的人时，你应该感谢幽默带来的力量。

幽默使你万众瞩目

幽默的语言通常能给听众带来快乐，在日常交际中，我们可以融入自己的幽默，这样一方面可以调节听者的情绪，另一方面还可以展现自己的语言魅力，不仅如此，幽默还可以使我们万众瞩目。或许只是短短的几句话，就可以令人对你刮目相看，印象深刻。试想，在一个大的舞台上，你说几句风趣的话，惹得台下观众笑声连连，掌声、欢呼声不断，这岂不是万众瞩目？在日常交际中，我们都希望自己一出声就可以引得人们的关注，一现身就可以受大家的喜欢，其实，我们是可以做到的，所具备的条件之一就是幽默。假如你能恰当地表达自己的幽默风趣，那你绝对是最受欢迎的人。

在2000年 8 月举行的南部非洲发展共同体首脑会议上，曼德拉一连串妙语连珠的幽默话语征服了上千名与会者。曼德拉作为南非前总统出席了开幕式，主要是为接受南共体授予他的“卡马勋章”而来。他走到讲台前说：“这个讲台是为总统们设立的。我这位退休老人今天上台讲话，抢了总统的镜头。我们的总统姆贝基一定很不高兴。”话音刚落，笑声四起。这时，主持人为他搬来一把椅子，请他坐下演讲。他在谢过主持人后说：“我今年82岁，站着讲话不会双手颤抖得无法捧读讲稿，等到我百岁讲话时你再给我把椅子搬来。”会场上又是一阵笑声。曼德拉在笑声过后开始正式发言。

讲到一半，他把讲稿的页次弄乱了，不得不来回翻看。他脱口而出：“我把讲稿页次弄乱了，你们要原谅一位老人。不过，我知道在座的一位总统，在一次发言时也把讲稿页次弄乱了，而他自己却不知道，照样往下念。”这时，整个会场哄堂大笑。“其实，讲稿不是我弄乱的，秘书是不应该犯这样一个错误的。”结束讲话前，他说：“感谢你们把用一位博茨瓦纳老人名字命名的勋章授予我这位老人。我现在退休在家，如果哪一天没钱花了，我就把这个勋章拿到大街上去卖。我肯定在座的一个人会出高价收购的，他就是我们的总统姆贝基。”这时，姆贝基情不自禁地笑出声来，连连鼓掌，会场里掌声雷动。

曼德拉幽默的语言调动了人们的情绪，在那种场合都是极为严肃的，所以在场的人们也不会过多地关注某个人。但是幽默的语言可以给大家带来欢乐，也可以调动他们倾听的积极性。在这个故事中，曼德拉就是舞台上那个受万众瞩目的人，自然，他也是最受欢迎的人。

有个人才30多岁，可是却一根头发也没有了。

一天，他来到一家生发水专卖店，让营业员给他推荐一款生发水。

营业员拿出一瓶生发水，对他说：“这是我们刚到的新货，一天卖好几瓶呢！”

他拿过来，边看边问道：“效果怎么样？”

营业员说：“这样跟你说吧！前几天，有个妇女来买生发水，我给她

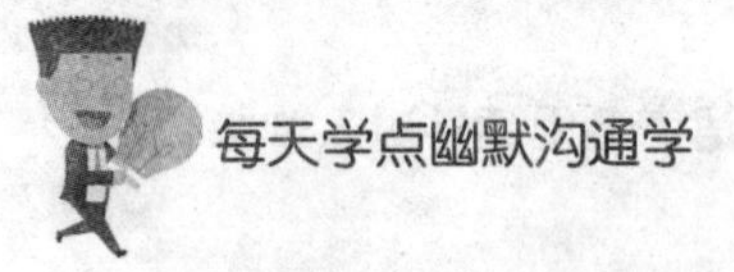

推荐了这款。她没法打开瓶盖，就用嘴咬，液体不小心沾到了嘴上。三天过后，你猜怎么着？她居然长出了胡子。”

营业员显然夸大了事实，但是却收到了宣传产品的效果，可见她的聪明和幽默。夸张是为了强调事物的某种特征而故意言过其实，或者夸大事实，或缩小事实，让听者对所表达的内容有一个更深刻的认识和理解。

心理学家凯瑟说：“如果你能使一个人对你有好感，那么，也就可能使你周围的每一个人，甚至是全世界的人，都对你有好感。只要你不是到处和人握手，而是以你的友善、机智、风趣去传播你的信息，那么空间距离就会消失。”在现代社会，社交已经具有越来越重要的作用，人与人之间的互相交往，社交的成功也就是彼此喜欢，彼此信任，愿意相互帮助、相互支持。虽然，要想赢得社交成功的方法有很多，不过，幽默的作用却是其他任何方法都无法取代的。幽默，可以让你成为当之无愧的万人迷。

幽默是一种宽容

幽默是一种宽容，一种对人对己的宽容。幽默大师林语堂曾说：“幽默的人生观是积极向上超脱练达的人生观，幽默的胸怀是宽如大海容纳百川的胸怀，幽默的气度是高瞻远瞩俯瞰众生的气度，幽默的智慧则是一种众人皆醉我独醒的智慧。”在日常交际中，我们经常都会陷入沟通绝境，若这时用幽默一笑置之，不仅是对自己的一种宽容，也是对他人的一种宽容。宽容自己，不再纠结于那些不愉快的事情；宽容别人，即便对方说了攻击自己的话，也要以幽默待之，给予谅解。

有一天，甘罗看到做宰相的爷爷在后花园里走来走去，还不停地唉声叹气，于是，甘罗便问爷爷：“爷爷，您遇到了什么事情吗？”爷爷回答说：“大王不知听了谁的挑唆，硬要吃公鸡下的蛋，命令满朝文武去找，要是三天内找不到，大家都要受处罚。”听了爷爷的话，甘罗生气地说：

“秦王太不讲理了。”不过，聪明的甘罗眼睛一眨便想出来了一个主意。

第二天早上，甘罗替爷爷去上朝，向秦王行礼。秦王很不高兴地说：“小孩子到这里搞什么鬼？你爷爷呢？”甘罗回答说：“我爷爷在家里生孩子呢。”秦王听了哈哈大笑，说道：“你这孩子，怎么乱说话，男人怎么能生孩子呢？”甘罗说：“既然大王知道男人不能生孩子，那公鸡怎么能下蛋呢？”秦王听了之后，一时之间无话回答，于是，公鸡下蛋的事情就这样在笑声中戛然而止了。

当我们被人故意刁难的时候，应该怎么办呢？生气吗？生气只会导致双方关系更加恶劣，但若乖乖就范，那吃亏的只能是自己。这时唯有幽默待之，在幽默中解决难题，同时表达了自己的谅解。在故事中，秦王让甘罗的爷爷去找公鸡下的蛋，完全是想刁难他。不过，聪明的甘罗却想出了这样一个法子，在没有与大王发生争执的情况下以幽默说服了对方，这就是一种对人对己的宽容。

辛亥革命胜利后，孙中山当了临时大总统。有一次，他身穿便服，到参议院出席一个重要会议。然而，大门前执勤的卫兵，见来者衣着简单，便拦住他，并厉声叫道：“今天有重要会议，只有大总统和议员们才能进去，你这个大胆的人要进去干什么？快走！快走！否则，大总统看见了会动怒，一定会惩罚你的！”孙中山听罢，不禁笑了，反问道：“你怎么知道大总统会生气的？”一边说，一边出示了自己的证件。卫兵一看证件，才知道这个普通着装的人竟是大总统。惊恐之下，卫兵扑倒在地，连连请罪。孙中山急忙扶卫兵起身，并幽默地说：“你不要害怕，我不会打你的。”

在这里，孙中山的幽默是一种宽容，这其中既有批评的含义，更有谅解的意思。这样幽默式的批评，可以很好地缓解被批评者的紧张情绪，也可以使双方处于一种愉快的氛围，启发被批评者自己思考，从而增进相互间的情感上的交流，不但能够达到教育对方的目的，还可以营造一种轻松的气氛，使对方更容易接受。

既然幽默是一种宽容，那幽默的人一定胸怀宽广，海纳百川。一个心

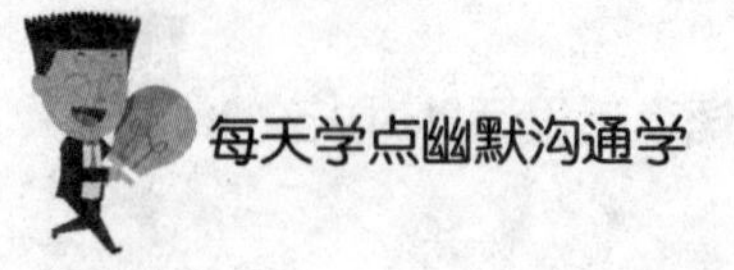

胸狭窄，不懂宽容的人是不会懂幽默的。当他们遭遇攻击的时候，他们只会恶语相向，进行无礼的攻击，结果导致人际关系关系相当恶劣。在生活中，谁能避免难堪呢？当自己或他人遭遇难堪的时候，不妨幽默一下，将快乐传递出去，将怒气发泄出来，我们所能做的就是以幽默谅解对方，以幽默传达自己友善的态度，这样我们才能不断地拓展自己的人际圈子。

 幽默的人更容易亲近

谈吐幽默的人，有着睿智的大脑，说出来的话让人感到轻松亲切，能够发出真诚的笑声，从而使对方的欢乐中很容易地去接受你所要表达的思想。因此，我们可以说，幽默的人更容易亲近。幽默风趣的话语重点不是在于形式，而是用生动活泼的话来进行表达和交流，能够让人在轻松的环境之中去倾听和接受。即使分歧比较大的问题也能够因为幽默的语言而让压力减少一些，人们能够在欢笑声中努力地寻找出共同点。

某大学中文系举办一次讲座，请一位著名老教授谈治学的方法。讲座开始前，主持人用赞誉之词把教授介绍了一番，然后说：“下面我们以热烈的掌声欢迎王教授谈治学经验。”老教授走上讲台，马上更正说：“我不是谈治学，而是谈‘自学’。”老教授说完，台下响起一片掌声。

“治学”本就是对教授的褒奖，因为只有成就卓著的人才有能力对大学生大谈“治学经验”。而老教授只改了其中一个字，只用了一句“我不是谈治学，而是谈‘自学’”就赢得了一片掌声，引发了大学生们的敬佩之情。足以见得，幽默的语言多是令人惊叹的语言，更是一种强大的吸引力。

19世纪，在奥地利的维也纳，妇女们喜欢戴一种高高耸起的帽子。她们进剧场看戏也不愿将帽子脱下，以致后排的观众被挡住了视线。这些后排的观众纷纷去找剧场经理提意见，于是，经理上台请在座的女观众脱

帽，然而说了半天妇女们也不予以理睬。最后经理又补充了一句：“那么，这样吧，年纪大一点的女士可以照顾，不必脱帽。”此话一出，全剧场的女士竟齐刷刷地把帽子脱了下来。

剧场经理幽默地说“年纪大一点的女士可以照顾，不必脱帽”，暗示出“如果你觉得自己年纪比较大，那就别脱帽吧”的意思，使得妇女们纷纷脱下了自己的帽子，因为谁也不想承认自己年纪大。试想，若剧场经理直接说“你们把帽子脱下”，那就会得罪这些贵妇人。但剧场经理如此幽默一说，就显得很诙谐，他的话也更容易被接受，自然也更容易亲近了。

有一次，九十多岁的民谣学家钟敬文和朋友们一起参加一个宴会。酒菜上来之后，他站起来说：“你们吃吧，我是个无‘齿’之徒，对付不了这些东西。”大家听后，都发出了善意的笑声，随后少了一些拘谨，多了一些随意。过了一会儿，老先生特地要了一份汤面，他自嘲道：“我是欺软怕硬，你们千万别学我啊！”老先生说这句话既对自己“搞特殊”作了一个比较好的解释，同时又避免了给别人带来的不便，打破了窘迫尴尬的局面，从而让整个宴会充满了和谐的气氛。

或许，在宴会中，许多人对这样一位年事已高的老人多少有一点敬畏，少一份亲近。而老人如此幽默表达，自然令自己变得和蔼可亲起来，甚至成为一个风趣的老头，一时之间，大家的心理距离被拉近了。

在生活中，我们都愿意和谈吐幽默的人打交道。因为幽默的人有一种很自然的亲切感，他们的语言能够给我们带来欢乐和美的享受。一个具有幽默感的人，也是一个有风度、有素养、有魅力的人。谈吐幽默的人在交际圈中会产生磁场的作用，对别人有着很强的吸引力。要想给别人留下深刻的印象，仅仅依靠学识和修养远远不够，幽默风趣也是不可缺的重要组成部分。一句幽默的话能够迅速消除人与人之间的陌生感，可以很快地给对方留下好印象。

生活中展现幽默的风采

有一位研究幽默的学者曾经说过："人需要幽默，如同树木需要阳光、空气、水。幽默感是现代人应有的素质。"后来，有人对这句话作了补充和解释："对疲乏的人们，幽默就是休息；对烦恼的人们，幽默就是解药；对悲伤的人们，幽默就是安慰……"生活在这个世界中，我们如果想拥有一个愉快和轻松的环境，那就需要幽默来装饰和点缀，生活的闲聊需要幽默，平凡的日子需要幽默，在这里，幽默所体现的不仅仅是一种语言技巧，更是一种生活态度，一种乐观、豁达的态度。

老人八十大寿那天，子孙们为了表示孝心，就在家里为他设宴祝寿。全家人众星捧月般地围绕在老爷子的周围坐好，一边向他敬酒一边谈笑风生，祝他老人家福如东海，寿比南山。正在这个时候，突然传来"叭"的一声巨响，众人循声望去，原来是今年上高三的孙子把热水瓶踢倒在地爆炸了。

当地是很忌讳在生日宴会上打碎东西的。家人们都纷纷用责怪的目光看着孩子，这个孩子也手足无措地站在一边，等着爷爷发怒。但是爷爷并没有任何不高兴，反而哈哈一笑，安慰孙子说："这个热水瓶碎的正是时候啊，今年我的孙子要考大学了，自然不能停留在原来的'水平'上。今天他在这个喜庆的日子里，打破了旧水瓶，好比为我放了一挂鞭炮，不仅是孝心的表现，同时也是金榜题名的好兆头啊，你们说是不是这样啊?

众人听了都长吁一口气，对老人的机智和宽阔的心胸表示由衷的敬佩。接下来，生日的喜庆气氛就更加热闹了，摆脱了窘迫处境的孩子此时也挠挠头，不好意思地笑了。

在平凡的生活中，几句闲聊，幽默的语言能够将生活中的各种烦恼用轻松诙谐的语言化解，给人一种开朗和乐观的印象，同时也能够迅速消除人与人之间的陌生感，让别人对你很自然地产生一种亲近之情。

富有智慧的古希腊人，把幽默看成处事的法宝。他们认为幽默是人类

最高级的智慧，可以用快乐和笑声来表现深层的生活哲理。可惜，不少代人因为整日的忙碌而忽视了幽默的重要性。大街上步履匆匆的上班族总是流露出憔悴的神情，办公室里的白领们整日因为沉重的工作而难见一丝笑容，巨大的社会压力和日益加快的社会节奏让每一个人的脸色都变得十分凝重，思维上也陷入了麻木和停滞。其实，我们不妨把心态摆正，学着运用幽默的智慧为枯燥无味的生活加点料，用幽默来作为调节心情的得力工具。当我们用幽默的态度来看待一切的时候，那么，我们就能看到明媚的阳光，闻到阵阵的花香，生活也就变得富有意义。

幽默助你在社交中如鱼得水

幽默是思维敏捷的一种标志，也是才华和见识的重要象征。一个具有幽默感的人，他的身上会散发迷人的魅力，这种美丽是别人很难达到的。一个谈吐幽默的人，也会因为谈吐风趣而在交际场合如鱼得水、游刃有余，受到别人的欢迎和追捧。在日常交际中，我们不妨多尝试一下幽默的谈吐方式，它不仅可以弥补一个人口才上的不足，还能够成为与别人有效沟通的助推器，从而帮助一个人在交际场合提升人气，建立融洽的人际关系。

有一个刚刚大学毕业的小伙子来到一家大型民营企业打工，在较短的时间内，熟悉了各种工作流程，取得了可喜的工作成绩。老板对这位聪明能干的小伙子十分赏识，于是欣慰地对他说："小伙子，好好干，我是不会亏待你的。"

按照别人的思维，对这种场面话大多默不作声。不过这个小伙子却不这样认为，他觉得这是一次不可多得的机遇，应该将这种听多了的场面话当成老板对自己的承诺。于是，他轻松地一笑，对老板说："我想您一定会把这句话放到我的口袋里的。"老板一听，觉得这个小伙子非常有个

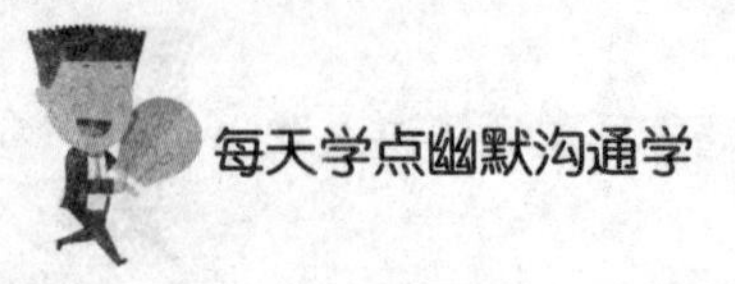

性，于是开怀大笑起来，爽快地应道："放心吧，一定会给你放到口袋里去的。"不久之后，他就获得了一个大大的红包和加薪的奖励。

这位年轻的小伙子是很聪明的，一句幽默的话就加深了在老板心目中的印象，同时也给自己的工作带来了丰厚的回报。如果在老板对他进行鼓励的时候，他只是表现出一副诚惶诚恐的表情，说些场面上的话，恐怕就不会在较短的时间内获得加薪和物质奖励。

当年，冯玉祥将军想通过报纸来寻找自己的人生伴侣。此消息一传出，很多名门闺秀和小家碧玉以及时髦女郎纷纷前来"面试"。冯玉祥将军问她们："你为什么要选择嫁给我呢？"

有人回答说："因为您是个大英雄，我爱慕英雄！"还有人回答说："因为您是大官儿，和您结婚就是官太太。"冯玉祥对他们的回答都表现得十分不满意。毕竟，他不太喜欢这些只看重他的地位和权势的女人。

在这个时候李德全出现了，她的回答让冯玉祥感到很意外："上帝怕你做坏事，所以就派我来监督你。"冯玉祥被这句机智俏皮的话征服了。于是两个人很快结下了百年之好。

"上帝怕你做坏事，派我来监督你！"这句话不仅表现了李德全的胆识和魄力，更显示了她的机智和幽默。在众多应聘的佳丽当中，李德全未必是最优秀的，但是她那幽默的谈吐为自己的形象增色不少，让冯玉祥将军感到眼前一亮，顿时对他产生了别样感觉。

在现代交际生活中，幽默起着润滑剂的作用。幽默能够熄灭怒火、消除悲伤、抚慰绝望、化解尴尬。幽默能够让呆板、凝滞的氛围变得轻松活跃，从而让别人发出欢快的笑声，产生愉快的心情。一个谈吐幽默的人能够在交际场合中如鱼得水，游刃有余，更能提高自己的魅力，获得超强的人气，无论走到哪里，都备受欢迎。

人生正是有了幽默的存在，才有了无穷的乐趣。因此，学会和善于运用幽默，就能够增加自己的人格魅力，从而达到拓展交际圈子的目的。谈吐幽默的人无论走到哪里，都能给别人带来轻松和笑声，更给自己带来喜悦和成功。

幽默是朋友间愉快的相处方式

林语堂先生说："幽默是一种人生态度。"幽默的语言能使紧张的气氛顿时显得轻松活泼，能让对方感到善意，这样表达出的观点更容易被对方所接受。在日常生活中，幽默的语言风格无处不在，它成了人际交往的调节剂。其实，幽默是无处不在的，同事之间、家人之间、朋友之间，因为每个人都希望朋友之间的相处是愉快的，而幽默恰恰有这样的特性。幽默本身就具有一种特性，一种令人愉悦的特性；幽默感更是一种能力，它能有效地影响他人心理，增进人与人之间的关系。所以，我们应该为自己的语言风格增添"幽默"这一元素，达到增进友谊的目的。

作家冯骥才访问美国，一对非常友好的华人夫妇带着他们的孩子来拜访，双方谈得投机之时，冯骥才突然发现那孩子穿着皮鞋跳到了床单上。这是一件令人很不愉快的事，而孩子的父母竟浑然不觉。此时，任何不满的言语或行为都可能导致双方的尴尬。怎样让孩子下床呢？冯骥才很轻松地解决了，凭着他的阅历和应变的能力，他幽默地对孩子的母亲说："请您把孩子带回到地球上来。"主客双方会心一笑，尴尬得以顺利消除。

冯骥才巧妙地把"地板"喻成了"地球"，这样所表达的意义就不一样了，诙谐幽默的语言风格使孩子的鞋子和洁白的床单之间的矛盾淡化了。幽默所带来的力量是巨大的，它可以帮助我们以新的眼光来看待身边的人和事，帮助我们恰当地处理那些尴尬的处境，而且，这样的语言风格更容易令对方接受。在生活中，我们与朋友相处时也经常会出现这样的情况，这就需要用幽默来淡化矛盾，从而达到巩固友谊的目的。

张大千是我国当代著名的画家，他的讲话风格非常诙谐幽默。

有一次，他和几个朋友在一块饮酒聊天，席间有几个人在谈论胡子的问题时，口吻中带有明显的讥讽和嘲弄。在座的人，只有张大千有着又密又长的胡子，因此，他听后感到十分不舒服。不过张大千的脸上并没有表现出丝毫的气愤，而是默默地听着。等别人讲完了，他就清了清嗓子，讲了一个和胡子有关的笑话：

三国时期，关羽的儿子关兴和张飞的儿子张苞随刘备率师讨伐吴国。关兴和张苞二人由于为父报仇心切，都争着做先锋，这让刘备感到十分为难。最后只好说：“你们两个的武艺是不相上下的，那么就比一比各自父亲生前的功绩吧，谁父亲的功劳最大就让谁当先锋。”张苞一听，不假思索地说道：“我父亲当年三战吕布，喝断坝桥，吓退曹军，夜战马超，鞭打督邮，义释严颜，为蜀汉江山立下了汗马功劳。”

轮到关兴说了，但是他天生笨嘴舌拙，加上紧张，半天才说了一句：“我父五缕长髯……”接着就没下文了。这时候，关羽显圣，立在云端上，正好听见了儿子的这一段话，顿时气得暴跳如雷，大声地骂道：“你这个不肖之子，老子生前诛颜良、杀文丑，过五关斩六将的事你不说，却偏偏在老子的胡子上做文章！”

张大千的故事还没讲完，在座的所有人都捧腹大笑，接下来再也不好意思拿胡子大做文章了。

张大千面对朋友的讽刺和嘲笑，不愠不火，用一个幽默的笑话进行了反驳和规劝，达到了良好的效果，一方面表达了自己的意见，同时还很好地维护了朋友的面子。如果当时，他勃然大怒，讲一些“自由平等、尊严神圣不可侵犯”之类的大道理，那种轻松愉悦的场面定会变得十分紧张和尴尬。

风趣地寒暄，令人印象深刻

游走在社交场合的我们虽然名片越来越多，但无话不谈的真正朋友却很少，似乎大多数朋友都是场面上的。与人见面，无非就是“您好”、“再见”，除此之外，似乎再也没有什么话可说了。对于交际场合中的朋友，即使打了招呼说“您好”，还需要巧妙周旋几句才能说“再见”。许多善于运用幽默的社交高手，风趣寒暄几句，就拉近了彼此的心理距离。

等到再次见面的时候，曾经场面上的朋友已经成了很好的朋友。在生活中，客套的“场面话”是不可或缺的，它犹如粘合剂，拉近了人与人之间的心灵距离。一旦缺少了适时的场面话就使整个交谈尴尬窘迫，甚至不知道接下来该说些什么。特别是对于那种还比较陌生的朋友，适时的场面话更不可缺少。所以，在日常交际中，我们需要适时风趣寒暄几句，给人留下深刻的印象。

新年就快到了，公司为了庆祝，特地举办了一次鸡尾酒会。销售部最年轻的经理小王也参加了，跟不同的客户寒暄了几句，小王就躲进了角落里喝橙汁，他不太擅长说场面话，所以，自己躲起来图个清静。没想到，一个商人模样的老外却走过来打招呼，小王赶紧放下冰橙汁，与他握手。那位老外笑着说：“为什么你的手冷冰冰的呀？”小王忙着解释，朝那杯冰橙汁指了指，老外马上摇头：“不不不，你只需要说‘但我的心是热的’就行了。”小王窘迫地笑了。

也许，老外并不关心小王的手为什么是冰冷的，而小王也没有必要解释为什么自己的手是冰冷的。当两个陌生人见面时，他们所需要的只不过是风趣地寒暄几句，这样可以在有限的时间内给人留下深刻的印象。一般情况下，那些诙谐幽默的场面话，定会对给对方留下深刻的印象，无形之中就拉近了彼此的心理距离。

雪后初晴的一天，作家盖达尔正在公园里兴致勃勃地堆雪人。忽然，在他身后响起了“咯吱咯吱”的踏步声，他回头一看，一位年轻姑娘正向他走来。姑娘彬彬有礼地向他伸出右手说：“我认识您，您是作家盖达尔，我读过您的全部著作。”盖达尔听了微笑着幽默地说了一句：“我也认识你，你或许是七年级或十年级的学生，我也读过你全部的书，代数、物理、三角。”这时候，姑娘笑着作了自我介绍，从此，他们便成了好朋友。

在日常交际中，寒暄的目的就是结识朋友，同时也是增进彼此的感情。我们所说的话，就表达了自己的情绪和情感，我们所要传递给对方的信息全在这句话里，因此，一定要增加幽默的元素，风趣的话，往往能起到意想不到的作用。

寒暄是人们在应对各种关系时的现象之一，这是日常交际的需要，但并不意味着你的寒暄说得越多越好，而在于越风趣越好。毕竟，在交际场中，人们所听到的寒暄并不少，他们只会记住那些特别的。而幽默是完全具备这个特质的，当许多人习惯性地说“您好”，你却风趣地说一句“这个世界太小了，竟然在这里遇到你了”，那肯定会给对方留下十分深刻的印象。

含蓄的幽默令你颇具魅力

古人云：“言有尽而意无穷，余意尽在不言中。”在日常交际中，我们把那些重要的、该说的部分故意隐藏起来，或者故意说得不明显，却让对方明白自己所表达的思想感情，在表达的同时又融入了幽默的元素，这就是含蓄幽默的表达方式。含蓄幽默的表达方式，极具语言吸引力和感染力，能够给人留下深刻的印象。说话含蓄幽默，不仅仅是一种语言表达艺术，而且是一种语言艺术，它直接体现了驾驭语言的高明技巧，这样的表达会让人感受到你的个人魅力。在日常生活中，有许多话语不便直说，或者不必直说，这时候就需要借助含蓄幽默的表达方式，比如批评的时候。直言直语的批评，相信没有谁能够接受，若是遇到心眼较小之人，他有可能会因为生气而为难你，那么，含蓄幽默的表达方式，既表达了自己的建议，又使对方愉快地接受。

传说汉武帝晚年时很希望自己长生不老。一天，他对侍臣说：“相书上说，一个人鼻子下面的人中越长，命就越长；人中长一寸，能活百岁。不知是真是假？”侍臣东方朔听后，知道皇上又在做长生不老梦了，皇上见东方朔似有讥讽之意，便面有不悦之色，喝道：“你怎么敢笑话我？”东方朔脱下帽子，恭恭敬敬地回答：“我怎么敢笑话皇上呢？我是在笑彭祖的脸太难看了。”汉武帝问：“你为什么笑彭祖呢？”东方朔说：“据说彭祖活了八百岁，如果真像皇上刚才所说的，人中就得有八寸长，那

么，他的脸不是有丈把长吧？”汉武帝听了，顿时哈哈大笑起来。

东方朔如此含蓄的幽默，令汉武帝愉快地接受了，最终没有为难他。有时候，我们需要向对方表达一些不好的意思，比如请求、批评等，这些话不容易说出口，而且，一旦说得不好，不仅会得罪人，还会为自己招惹麻烦。这时候，我们可以灵活运用语言的多样化特点，这样的语言表达即使被斤斤计较的人听见了，他也不会为难我们的。

有一位商人见到诗人海涅，对他说：“我最近去了塔希提岛，你知道在岛上最能引起我注意的是什么吗？”海涅说：“你说吧，是什么？”商人说：“在那个岛上呀，既没有犹太人，也没有驴子！”原来海涅是犹太人，他马上回答说：“那好办，要是我们一起去塔希提岛，就可以弥补这个缺陷了。”

本来把“犹太人”与“驴子”相提并论，暗骂“犹太人与驴子一样，无法到达那个岛”，海涅却以其人之道还治其人之身”，回答时含蓄幽默，暗示商人是个驴子，使商人自讨没趣，同时也展现了自我风采。

美国传奇式篮球教练佩迈尔所带领的迪尔大学篮球队曾获得39次国内比赛的冠军，使球迷们为之倾倒。可是有一年，他的球队在蝉联29次冠军后，遭到一次空前的惨败。比赛一结束，记者们蜂拥而至，把他围个水泄不通，问他这位败军之主此时此刻有何感想。他微笑着，不无幽默地说：“好极了，现在我们可以轻装上阵，全力以赴地去争夺冠军，背上再也没有冠军的包袱了。”听了这话，记者们纷纷竖起了大拇指。

也许，作为公众媒体的记者想从中挖掘到一些失败的“信息”，但佩迈尔幽默含蓄的表达方式改变了他在记者心中的形象，使记者感觉他并不是一个失败者，而是一个绝对的赢者。

在日常交际中，需要含蓄委婉的交谈。懂得含蓄，学会委婉地表达，可以达到理想的交际效果。说话很直接，这固然是一种好习惯，但有时难免遇到不便直说、不忍直说、不能直说的情景。假如自己有一种想表达的欲望，但又难以启齿，不妨使用含蓄幽默这种巧妙而又艺术的表达方式，它比口若悬河更能达到预期的目的。

第06章　缓解局促紧张：用幽默打造舒适的沟通氛围

可以说，幽默在沟通中的作用是不可小觑的。它可以让人感到轻松和愉悦，使人在轻松愉悦的同时敞开心扉，这样一来会让沟通更加顺利。因此，在日常交际中，我们须恰当制造幽默，营造轻松的气氛，使沟通的效果趋向完美。

以幽默缓和紧张气氛

幽默是人际关系的润滑剂，幽默可以使激化的矛盾变得缓和，从而避免出现令人难堪的场面，化解对方的敌意情绪，从而使问题得到更好地解决。在日常交际中，当交流的双方因一个问题争执起来，或者彼此沉默不语的时候，那就表示气氛变得紧张了。这时再不加以制止，就有可能剑拔弩张，甚至使关系更加恶劣。此时，我们就需要请“幽默大师”出场了。在紧张的气氛中，幽默可以说是最好的催化剂了，开几句玩笑，讲一个诙谐的笑话，都可以令紧张的气氛缓解，重新恢复愉快的交际氛围。

有一次，大连星海湾国际会议展览中心举行“大干50天，确保11月底封顶”的誓师大会，仪式正在进行，坐在主席台上的星海湾总指挥老

宋的座椅突然倒下，宋总指挥从上面摔下来，现状很窘。大连某市长说：“今天的誓师大会开得很好，大家决心都很大，摩拳擦掌，准备大干一场。你们看，你们的宋总指挥已经坐不住了。望大家团结一致，50天确保封顶。”

大伙儿都为这位市长随机应变、妙语解困，并顺势鼓舞士气的机智而喝彩。

这一语双关，既化解了尴尬，又使话语含蓄、幽默，富于风趣，还能加深语意，引人思考，给人以深刻的印象。所以，经常被人使用，受到大多数领导者的青睐。

一位青年来到编辑部，递上自己的作品要求发表。编辑看了他的作品后问：“是你自己写的小说吗？”

青年人回答：“是我自己写的，我构思了几个月，整整写了三天，才把它完成。”编辑站起来与他握手：“啊，伟大的契诃夫先生，您什么时候复活了啊？”青年脸一红，拿起作品稿不好意思地走了。

他的文章是抄袭契诃夫的，但编辑没有直接指出，而是以契诃夫复活了这种荒诞的感慨让青年自己知道作品不应发表。语藏机关，一件尴尬的事竟然说得如此风趣，瞬间那紧张的气氛就被化解了。

在外交场合，最令人不安的是紧张的气氛，因为有可能会关系到国家的利益。但是，只要我们善用幽默，就可以轻松地化解紧张的气氛，使双方都展露笑颜，自然，所谈论的话题也会有一个好的走向。

有时候，我们会使用同一个词语或同一句话，不过，在同一个语言环境中却有两层意思。由于中华语言的多义性，这使得说话含义不单单表现在某个词语或一句话的字面意义上，而隐含这个词语或这句话背后的含义才是真正的表达意图。简单地说，就是表面上说的是这层意思，实际上却指另外一件事。这对于提升语言的艺术色彩力有着非常重要的作用，可使讲话简单明了，又含蓄自然、幽默风趣。

以风趣的语言营造良好的气氛

风趣的语言通常会营造出一种轻松愉快的氛围，同时还可以帮助我们驱除沟通中的疲劳感。在日常交际中，当我们参加宴会的时间长了，就会感到精神疲惫，又比如在一些比较庄重、严肃的场合，或者等待某一些重大结果的时候，人们往往是疲惫的，我们就可以通过幽默的语言，进行适当宣泄，这样不但可以营造轻松的氛围，而且还可以让我们疲惫的神经获得短暂的休息。

以前，有一群印第安人被白人追赶，逃到了某个地方，他们的处境非常危险，族人们都着急了，不过，他们却没有勇气去问首领该怎么办？就在这时，首领把族人们都聚集了起来，他希望通过自己风趣的语言来安慰族人，希望能营造一个良好的谈话氛围。

于是，首领对族人说："有些事我一定要告诉大家，我们的处境看起来很不妙，我这里有一个好消息，也有一个坏消息。"顿时，族人们开始骚动起来。看见大家紧张的反应，首领说："首先，我要告诉你们坏消息。"所有人都紧张地站着，神色很惶恐，首领开始宣布了："除了水牛的饲料以外，我们已经没有什么东西可以吃了。"听完首领的话，族人们开始你一句我一句地议论起来"那怎么办呢，饿死吗"、"真是可怕"。议论了半天，终于有一个年轻人鼓起勇气问道："请问好消息是什么呢？"

首领笑着回答说："那就是我们还存有很多的水牛饲料。"听完首领的话，族人们又都笑了起来，原来他们的首领并不严肃，还是一个说话幽默的人。一时之间，族人们那种紧张不安的情绪烟消云散，取而代之的是轻松愉悦。

美国一位心理学家说过："幽默是一种最有趣、最有感染力、最具有普遍意义的传递艺术。"可以说，幽默可以使气氛轻松、融洽，有利于交流。在一些没有必要装严肃的场合，也可以幽默一下，这样可以制造愉悦

的气氛，让每个人都有一种很轻松的心情。

第二次世界大战胜利前夕的一次进攻战役期间，美军将领艾森豪威尔感到十分的紧张和疲惫，因此来到莱茵河畔散步，以放松紧张的身心。

这时有一个看上去很沮丧的小士兵迎面走来，他见是艾森豪威尔大将军，一时之间紧张得说不出话来。可是，艾森豪威尔却面带微笑说："你感觉怎么样，孩子？"士兵坦言道："将军，我十分紧张。"艾森豪威尔说："哦，那我们可是一对了，我也同样如此。"只是这样一句话，那位小士兵听了感到特别好笑，两人相视而笑，那位小士兵也不觉得气氛很严肃了。

艾森豪威尔的一句话，既缓和了小士兵内心的紧张情绪，同时有效地表达了自己此时的真实心情，从而使接下来的沟通变得很轻松、自然了。

1930年2月9日，蔡元培70岁生日这天，上海各界人士在国际饭店为他设宴祝寿，蔡校长在答谢时风趣地说："诸位来为我祝寿，总不外要我多做几年事。我活到了70岁，就觉得过去69年都做错了。要我再活几年，无非要我再做几年错事咯。"宾客一听，忍不住大笑起来，整个宴会现场顿时其乐融融。

我们假如蔡元培先生摆出一副严肃的样子，一本正经地致答谢辞，那肯定会营造一种非常沉闷的气氛，从而使整个宴会的基调变得十分沉重，宴会效果可想而知。

风趣诙谐的语言可以起到很好的营造气氛的作用，在交际场合，说几句风趣的语言是十分有必要且很重要的。特别是初次见面的朋友，假如见面后旁若无人大声说笑，就会显得十分唐突了。不过，在交流不畅的情况下，适当地风趣几句却是有效的润滑剂，这样可以缓和当时的尴尬气氛，从而使交流更加顺利。

对不熟悉的人切勿乱开玩笑

有的人喜欢开玩笑，以此来活跃气氛，消除双方之间的陌生感，这确实是一种与人建立融洽关系的有效方式。但是，也有不少人在初次见面时与对方开玩笑，试图消除陌生感，往往适得其反。其实，玩笑是不能随便开的，尤其是面对自己不了解、不熟悉的人，更不能随便与对方开玩笑。因为你稍有不慎，把握不当，不仅不能缓和气氛，还会给双方关系造成难以弥补的裂痕，从而导致人际关系的破裂。因此，你在不了解对方的时候，不要随意与对方开玩笑。

我们不可否认玩笑的重要作用，如果你把握得当，它在很多时候都能够活跃气氛，缓和初次见面的紧张感和生疏感。但要选择合适的时间、合适的地点、合适的环境以及合适的对象，它才会产生锦上添花的作用。相反，如果你与一个自己不了解的人随意地开玩笑，免不了会被误解，或者伤害到对方，严重者会给自己带来难以预想的后果。

刘备进入蜀地之后，曾与益州的刘璋在富乐山相会，当时正好碰到了刘璋的部下张裕。刘备见张裕面脸胡须，就开玩笑说：“我老家涿县，姓毛的人特别多，县城周围都住满了毛姓人家，县令感到奇怪，就说‘诸毛为何皆绕涿而居呢’？”在这里，刘备巧将“涿”借此为“啄”，意在取笑张裕那张被一脸黑毛遮住的嘴巴。

不料张裕回敬道：“从前有个人先是任上党郡潞县县长，后来又迁至涿县做县令。有人在他上任前准备回老家探亲，便给他写了一封信，可在称呼上却犯了难，一时不知称他为‘潞长’，还是‘涿令’，最后只好称他为‘潞涿君’。”在这里，张裕也巧妙借此取笑刘备脸上无毛，立即引得哄堂大笑。当时，他们二人不过是开个玩笑，张裕并不在意这件事，但刘备却因自己占了下风而一直耿耿于怀。

后来张裕投到刘备麾下，刘备竟找了个借口，要杀张裕。诸葛亮请刘备宣布张裕罪状，刘备竟说不出什么理由来，竟称：“芳兰当门而生，不

得不锄去也。”

由于张裕对刘备一点都不了解，就与其玩笑进行回敬。哪晓得刘备心眼小，一直因自己占了下风而耿耿于怀，于是张裕就因为一句玩笑话而掉了脑袋。

你与对方开玩笑也要选择合适的场合，不能随便在任何场合开玩笑。比如，在一些庄重的集会或重大的场合就不适宜与对方开玩笑，还有一些有着浓厚悲伤氛围的场合，也不应该与对方开玩笑。这样的场合下，如果你与对方随意开玩笑，只会增添对方的不悦情绪，进而对你没有任何好感。因此，开玩笑需要选择合适的场合，必须在双方都心情愉悦的情况下，你的玩笑才能够发挥作用。

当我们与陌生人交谈的时候，为了消除双方之间的陌生感，开适当的玩笑是可以的。但是，在互不了解的情况下，开玩笑更需要慎重，既要选择合适的场合、合适的坏境，还需要考虑到对方的性格特征、对方当时的情绪，除此之外，我们还需要把握好玩笑的内容，确保是内容健康，情调高雅的。当你把这些因素都考虑周全了，与对方开适度的玩笑，会为你的印象加分不少。

每个人都有各自不同的性格，有的人活泼开朗，有的人爽快豁达，有的人比较内向，有的人则比较敏感。我们在开玩笑时要因人而异。如果对方的个性比较开朗，则可以适当地开玩笑，活跃气氛；如果对方比较敏感，则不宜开玩笑，有可能会伤害到对方。另外，对女性来说，开玩笑要适度；而对于老人来说，更要慎之要慎。总之，开玩笑要在不伤害对方自尊心的前提下，开玩笑的目的是营造轻松愉快的谈话氛围。

一般而言，玩笑是人际交往中的润滑剂，能够缩短交往双方的心理距离，能够活跃气氛，能够化解尴尬的窘境。如果你能够在交际中恰当地运用这一技巧，就会使自己成为交际中的高手。但是，你一定要记住：开玩笑也要选择合适的场合、合适的环境、合适的对象，这样玩笑才能发挥出应有的作用，进而使人际关系融洽。

以幽默的语言打破僵局

在日常交际中，人们常常因固执己见而争论不休，因为一句不适当的话而冷场，或者因为突发状况而形成难堪局面，等等，各种原因都会使场面变得僵持，难以缓和的气氛横亘在交流双方之间，整个场面就如同冰山一般。这时候，作为当事人或者局外人，需要适时地说几句话来打破僵局，化解尴尬的气氛，使交流得以正常顺利地进行下去。其实，生活中难免发生一些猝不及防的外事情，这会让当事人遭遇尴尬或不快，甚至引发不必要的麻烦，轻则令人恼心，重则在心里结下疙瘩。这时，如果利用突发事件与语言之间的玄妙之处作出机智的解答，就会使当事人转忧为喜，紧张气氛也会得以缓解。其实，有时候只需要两三句幽默语言就加以打破僵局，从而为大家营造愉快的气氛。

有一次小娜和几个同事一起参加省里的业务考试，当她们走进考场时，只见阿梅的桌子上钉有三枚大钉子，且凸出不少。不难想象，这不仅会刮破衣服，同时也会影响答题的速度。阿梅一脸的怒气要求监考老师换桌子，可监考老师说："现在不能换，别违反考场纪律！"阿梅气得柳眉倒竖，连说："真倒霉，不考了。"小娜见了连忙说："有几枚钉子算什么！"阿梅说："你说得轻松，这可是三枚钉子，躲都躲不过去呢！"小娜说："你太幸运了，我还求之不得呢！"阿梅说："你别拿我开心了，这么倒霉的事要让你碰上，你还能说幸运？"小娜说："你知道这三枚钉子说明了什么吗？这叫板上钉钉！说明你今天的三科考试铁定都能过关。"阿梅听后马上转怒为喜："借你吉言，我要是三科都及格了就请你吃饭。"结果一个月后发布成绩，阿梅果然三科都顺利过关。

本来桌子上有三枚大钉子是令人生气的，更何况还要坐在这里考试？小娜为了打破僵局，在阿梅气恼成怒的时候，将"板上钉钉"的俗语与考试联系了起来，积极地联想，"三科铁定都能过关"的吉言正好说到了阿梅的心里。于是，僵局被化打破了，阿梅借小娜的吉言获得了好成绩。

在交际场合，过于严肃和紧张的气氛往往不被人们所接受，这时候就需要用幽默的语言把它变得灵活些、有趣些。有时候，一个敏感的问题就使整个场面变僵，甚至妨碍了交际的正常进行，这时候就可以通过幽默的解说将问题诙谐化，打破僵局，使交际得以顺利进行。

巧妙打圆场，为他人夺回面子

中国人素来爱“面子”，尤其在人际交往中，更是处处怕失“面子”，这也是中国人的普遍心理。但人们在处理人际关系的时候，也会因经验或能力不足而面临尴尬的局面，或与客户争吵，或被上司批评，或被同级嘲笑等，此时，他们都希望保住“面子”，保持尊严。此时，如果我们能巧妙地打圆场，给对方找到一个台阶下，从而使他打破难堪的局面。那么，对方一定会由衷地感激我们。

假如在一个比较严肃、敏感的问题导致交流双方都比较对立，甚至阻碍交谈正常进行的时候，我们可以通过转移话题，用诙谐有趣的话题来营造气氛，转移大家的注意力，也可以用有趣的话题来淡化问题的敏感性，打破原本僵持的局面。比如，朋友之间为了某个问题争得面红耳赤，僵持不下，可以适时说一句“要把这个问题争得明白，比国家足球队赢球还难”；或者说一个笑话，让双方的情绪平缓下来，在轻松的气氛中化尴尬于无形，使交际活动得以顺利进行。

老诗人严阵和一位青年女作家访问美国，在一所博物馆广场散步时，恰巧有两位美国老人在一旁休息，看见有中国人来，他们很热情地与之交谈。其中一位老人为表达对中国人的感情，热烈地拥抱那位女作家，并亲吻了一下，女作家十分尴尬，不知所措。另一位老人也抱怨说，中国人不习惯这样，那拥抱过女作家的老人像犯了错误似地呆立一旁。老诗人严阵赶快上前微笑着说：“呵，尊敬的老先生，你刚才吻的不是这位女士，而是中国，对吗？”那老人马上笑道：“对，对！我吻的是中国！”尴尬气氛在笑声中烟消云散了。

老诗人严阵的及时打圆场，消除了因错误亲吻而带来的尴尬。而对于这个犯“错”的外国老人而言，他一定也从心里感激严阵给他的这个台阶。而所谓打圆场，是指交际人双方争吵或处于尴尬处境时，由第三者出面进行调解的一场方法。打圆场运用得好，有利于打破僵局，解决问题，还可以融洽气氛、消除误会、缓和矛盾、平息争端、联络感情。

有一次，齐白石在看护伍德萱的陪伴下参加新凤霞的“敬老”宴会，在场有很多文艺界名流。齐白石很早就听过新凤霞甜美的唱段，见到她本人后，激动地紧紧握住新凤霞的手，从上到下，仔细地端详、凝视着新凤霞，使对方陷入了尴尬。他的看护提醒他：“你总盯着人家看什么呀？”此举惹得齐白石颇不高兴，反驳道：“我这么大年纪了，为什么不能看她，她生得好看。”见齐老脸都气红了，伍德萱也一时不知所措，这时新凤霞笑着说：“齐老，您看吧，我是唱戏的，不怕看。”旁边的人也打趣道：“老师喜欢凤霞，就收她做干女儿吧！”几句趣话真的促成了一段佳话。

可见，交际中若遇到的尴尬场面，审时度势，准确把握双方的心理，然后运用说话技巧，借助幽默风趣的话语及时打圆场，化解尴尬，保证交际活动的正常进行，就显得十分重要和宝贵，也确实是十分必要和值得重视的。

在生活中，有时候人们会因为某个问题争论，其实，造成如此难堪的局面并不是双方的意见，而是各自的好胜心和较劲心理。其实，别说不同的人，即便同一个人对某一个问题的看法随着环境的改变，以及看问题的角度不同也是不同的，当然，也有可能是合理的。在打圆场的时候，我们需要注意这个关键的问题，帮助正在争论的双方达到一个争执点，灵活地分析问题，这样就可以让他们停止无谓的争论。

总之，打圆场是一种语言艺术，必须从善意的角度出发，以风趣的话语去缓和紧张气氛，调节人际关系。而从我们自身来说，掌握交际双方的心理，运用说话技巧，帮人夺回“面子”，也可以使我们在交际场合左右逢源。

幽默拒绝法

现实生活中，每一个人都不希望被别人拒绝，也不愿意说拒绝的话，但是对于一些有悖于做人或者做事原则的事情，我们必须要学会拒绝。假如用满怀敌意的态度，生硬冰冷的腔调来拒绝别人，破坏对方的心情事小，更重要的会破坏个人的形象。那么，在关键时刻该怎样把拒绝的话说出口呢？我们可以使用幽默的方式去应对别人的好意请求或者恶意刁难，这样既能表达出个人的观点，又不失风度，更让别人在无话可说的情况下对你产生敬佩之情。

清朝，李鸿章有一个远房亲戚，胸无点墨却热衷科举，一心想借李鸿章的关系捞个一官半职。在考场上打开试卷的时候，他竟然发现题目中有很多字都不认识，更不用提如何作答了。就在临近收卷的关键时刻，他想了一个办法，在试卷上写下了“我乃李鸿章中堂大人的亲妻（戚）”几个字，希望主考官看到后能够通融一下。后来，主考官在批阅这份试卷的时候，发现他竟将“戚”错写成“妻”，顿笑，提起笔来批道：“所以我不敢娶你。”从而巧妙地拒绝了这位纨绔子弟的非分之想。

双关是文学和说话中常见的一种修辞方式。它是指利用语音或者是语义上的联系，有意识地让某一个词语牵涉到其他事物中去，从而让这个词语具有双重的意义，造成一种言在此而意在彼的效果，最终营造出一种活跃的语境，用轻松的语言化解对方的非难。这种双关的错批，既有强烈的讽刺意味，又富有情趣。

春运期间，一个汽车站的售票厅里，许多旅客都在排队购买车票。突然有一个西装革履、头戴大礼帽、手持文明棍的男人挤到了队伍的最前面，大声地指责售票员的效率太慢，耽误了他的时间。无礼地要求先让他买票，并且十分傲慢地说：“你知道我是谁吗？耽误了我的时间你可赔偿不起，赶紧把我的车票先办理了！”售票员平静地抬起头，通过话筒对后面排队的顾客们说：“旅客朋友们，这位先生需要我们的帮助，他现在已

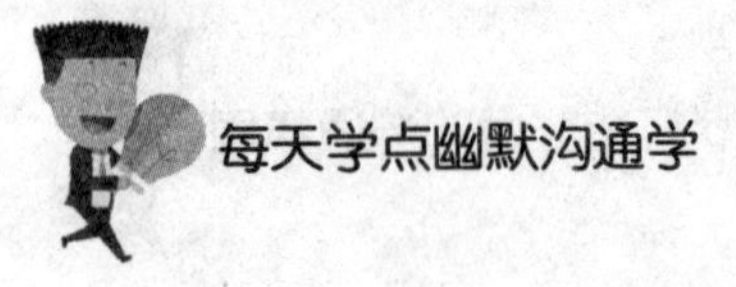

经不知道他是谁了，请咱们帮他想想……”旅客们听了都不禁开怀大笑起来，对售票员机智幽默的拒绝纷纷竖起了大拇指。那位自高自大的旅客顿时羞愧得满脸通红，只好悻悻地退到后面，依次排队。

这位无理取闹的旅客无疑是在炫耀着他的社会地位，但是售票员却没有反唇相讥，而是从他的话语里寻找破绽，用诙谐幽默的回答拒绝了他插队买票的无理要求。这样的方式通常适用于去应对一些自高自大者的故意刁难，在他们发出狂傲的声音的时候，可以不作出正面的回答，而是利用聪明才智从对方的话语中寻找破绽，然后用十分幽默的语言反击，从而达到拒绝的目的。

幽默是营造良好氛围的“空气清新剂”

几个人聊天，或者很多人开一个圆桌会议都需要一个良好的、和谐的氛围。互相之间因为矛盾斗嘴、争论不休，或者某个人的低落情绪感染了身边的人，于是大家都开始低落，这些都不能算良好的氛围。这样只能加深互相之间的矛盾，问题若想得不到解决，就需要坐在一起谈，坐在一起谈的前提就是需要一种良好的氛围。如果气氛很紧张，可以尝试讲一段幽默的开场白，因为幽默是营造良好氛围的“空气清新剂”。

古代有个制刀的铁匠，他锻造的大刀非常锋利、坚韧，而且耐用，此人姓关，所以人送绰号“关大刀”。关铁匠有个小徒弟，年龄不大，却十分聪明，尤其是反应很迅速，别人问各种关于刀的问题，他都能对答如流。师徒二人每天潜心研究刀的锻造方法，或者到锻造室里叮叮当当锻造宝刀。但是由于知名度有限，所以刀没有卖出多少，于是师徒二人决定去其他的地方现场表演来扩大知名度。

一天，二人来到北边的一个城市，选了一条非常热闹的街道摆开了摊子，关铁匠几句洪亮有力的吆喝使得一会儿就聚满了前来围观的人。他让

徒弟把备好的大石块放到中间的空地上，自己拿着一把刚刚锻造好的大刀对围观的人说："今天给众位表演一下宝刀劈石，看看咱这刀合不合您的心意，还望各位回去多和亲朋好友说一说咱的刀，多谢了。"说罢一刀下去砍到了石块上。众人定睛一瞧，石头纹丝没动，刀刃却缺了一块。关铁匠见状慌了，这时围观的人开始议论纷纷。尴尬的关铁匠心急如焚，汗珠一颗颗从脸上滑落，面对此时的窘境，他不知所措。然而，关铁匠的徒弟抡起另一把大刀对准石块就劈下去，"咣"的一声，石块被劈开了。徒弟笑着对围观的人说道："各位，这把才是我家的刀，我师父那把是路上捡的。这一刀就劈开了石块多没意思，为了让各位尽兴，我们预演了一下，让各位见笑啦。"这时人群中响起了掌声，关铁匠也长出了一口气。

徒弟的玩笑使得师父摆脱了窘境，并且博得了观众的掌声。这掌声不仅赞刀，而且赞徒弟的机灵，赞其用一个小幽默化解了尴尬的氛围。关铁匠很可能是失误，但是面对这么多人的见证，他越解释反而让众人更加怀疑刀的质量。所以此时最好的办法就是将计就计，徒弟很好地做到了这一点，非常机智巧妙。

小郑是一名在校大学生，学习成绩非常好，而且刚刚获得了省数学建模大赛的一等奖。大家约好去搞一个庆功聚会。但是有喜必有忧，刚刚取得一等奖的小郑却被女友甩了。失恋的小郑来参加聚会，糟糕的心情马上感染了正处于兴奋状态的其他同学。大家都很同情小郑，为他的遭遇感到难过，于是大家的心情也突然变得压抑了。庆功聚会，本应快快乐乐的，可没有人能缓解这样的悲伤氛围。这时，小郑的好朋友小刘从兜里掏出两张彩票，对大家说："马上就到开奖的时间了，谁愿意与我分享五百万的大奖？"还没等大家说话，小刘把其中一张彩票交给小郑，并说："中了大家分，不中算我的。"这时电视机里正在播放开奖结果，大家都把注意力集中到了电视开奖上。最后一位公布完了，小郑失望地说："我没有中。"但是小刘双目圆睁，一副不敢相信的表情，大家都把目光聚集到了小刘身上。这时小刘突然大喊："中了，中了，我中了！"大家立刻兴奋起来，小郑也来了精神，并不停地问小刘："是真的吗，是真的吗？"小刘疯疯癫癫地在屋里乱窜了一阵后，很快平静地说："我也没中。"大家拿过彩票一看，果然没中，是小刘在蒙人，于是大家不约而同发出"切"的鄙视声。但是，大家转而都回到了兴奋的状态，小郑也没有那么萎靡了，于是庆功聚会在一片欢笑声中顺利进行。

小刘的"假中奖"很迷惑人，但是却对调节气氛起到了至关重要的作用。小刘的幽默很夸张，但是很实用，算得上是个掌控气氛的高手。如果不是小刘恰当地幽默一下，庆功聚会难免不欢而散。

幽默是自然的，也是最实用和朴实的，它总是那么默默无闻，却在无形中带个人们轻松愉快。良好的氛围离不开人们主动的调节，然而最好的办法就是幽默一把，难怪人们将幽默称为营造良好氛围的"空气清新剂"。

"幽"得开心，"默"得可乐

日常生活中，幽默无处不在。工作中，幽默可以缓解紧张的工作压力，提高工作效率；学习中，幽默可以使思考更加灵活，时常闪烁智慧的火花；生活中，幽默可以增添情趣，驱走乏味和平淡。不要吝啬自己的幽默，把握一切机会展现自己的幽默，还自己一个多姿多彩的人生。

一架飞机即将降落北京，落地前乘务员要做好签封工作，刚签封完就有旅客要可乐，乘务员说："我们都封了。"结果客人很不理解："我就要个可乐，你们就疯啦？"周围的人都笑了起来。飞机落地了，但还在滑行，旅客们都站起来拿行李，为了安全，要广播"女士们，先生们，我们的飞机还在滑行，请您坐好，并关闭头顶上方的行李架"。结果乘务员一着急，播成了"女士们，先生们，我们的飞机滑得还行"。这时候，"叮咚"内话响了，机长说："谁夸我呢？"机舱内又笑成一片。呼唤铃响，空姐走过来问："您好，请问有什么可以帮您的吗？"旅客："能要

一杯水吗？”空姐：“当然可以，矿泉水吗？”旅客：“有果汁吗？”空姐：“有，橙汁和桃汁请问需要哪一种？”旅客：“有可乐吗？”空姐：“有，需要加冰吗？”旅客：“那给我一杯茶吧！”

客人的误解非常有幽默效果，工作人员的一些无碍大局的小失误也很幽默，这些小幽默无疑使旅途充满了欢乐。当旅途比较漫长时，难免使人感到疲惫。一些小幽默可以调节氛围，营造良好的旅途环境，使人们的旅途倍感轻松愉快。尤其是旅客的幽默，往往能使人与人之间的关系更为融洽，还可以通过这段旅程交到朋友。

有一个人非常有幽默感。有一天，他开着车在一个狭窄的小巷与另一辆轿车相遇。两辆车都停了下来，但都未给对方先让路。不一会儿，对面车的司机竟拿出一本厚厚的小说看了起来，还悠哉地哼着流行歌曲。另一司机见状，从车窗探出头高声喊道：“喂，老兄，看完后借我看看啊！”就这一句幽默的话，逗得对面的司机哈哈大笑，主动倒车让路。后来让车的司机主动提出交个朋友，就这样两个交换了名片，联系久了便成了好朋友。幽默不但化解了矛盾，而且让两个人成了朋友，皆大欢喜，真是“幽”得开心，“默”得可乐。

很多人在开车时都会遇到案例中的情况，这种情况下必须有一方作出让步才能使交通恢复畅通，但是并不是所有的人都愿意让路，这就造成了双方发生口角，甚至肢体冲突。这样的结果是人们都不愿意看到的，因为它不会让人们感到快乐，不会让人们看到生活的美好。所以在遇到这种情况时，不妨向案例里的司机学习，用幽默轻松巧妙地化解。这样做不但使得人们之间的关系更加融洽，而且能让幽默为生活添彩。

法国寓言家拉封丹每天早晨习惯食用一个马铃薯。有一天，他把一个太烫的马铃薯放在饭厅的壁炉上凉一凉，随后就离开了房间。可是，等他回来时，那个马铃薯不见了。有个佣人曾经在饭厅里走过，拉封丹猜到发生了什么事。于是，他叫喊起来：“啊！我的上帝，谁吃了我放在壁炉上的那个马铃薯？”“不是我。”那个佣人回答说。“那再好不过了。”“为什么这样说？”“因为我在马铃薯里放了一点砒霜，是为了毒死老鼠的！”“啊，我的上帝！砒霜，我中毒了！”“放心吧，孩子，这是我略施小计，为的是想知道事情的真相。”

拉封丹在发现自己的马铃薯不见了时并没有到处询问，而是非常巧妙地运用幽默逼偷吃马铃薯者自己招了。拉封丹的幽默很有意思，他抓住了人性的弱点，顺口编了一句谎话，佣人信以为真，吓得开始呼唤上帝，拉封丹也由此发现了事情的真相，让人忍俊不禁。

可见，无论是生活、工作中，还是学习上都是需要幽默的。生活中，幽默可以使人保持良好的心情；工作中，幽默可以缓解工作的压力；学习上，幽默可以增添学习的动力。“幽”得开心，“默得可乐”，“幽默之花”可以使人生更加绚丽多彩。

学会与人同笑

幽默可以拉近你我的距离，因为它不但使自己的心情变得愉快，而且可以使自己与人同笑，让别人一起分享你的快乐。很多人都觉得只有自己快乐了，那么整个世界都会是明亮的，但事实不是这样的。因为我们生活在一个大家庭中，我们会接触到不一样的人和事物，我们会觉得只有自己快乐是如此自私，只有与人同乐，才是更大的财富。

一次，丘吉尔同意美国一家影片公司拍一部有关他生平的电影。这部影片中要出现丘吉尔65岁和86岁时的镜头，这一角色由一位名叫查理斯·罗福顿的电影演员扮演。当丘吉尔知道罗福顿由于扮演这一角色，将获得相当可观的一大笔报酬时，他声称：“第一，这个演员太胖；第二，他太年轻。与其让他去扮演可以得一大笔钱，倒不如由我自己来扮演更合适。这笔钱应该由我来赚。”

丘吉尔的幽默是情感的自然流露，显然他并不是真去抢这个角色，赚这笔钱，而是用这笔可观的报酬来调侃，让大家一起来分享自己的事迹被

拍成电影的快乐。丘吉尔用幽默使人们获得快乐，同时自己也很快乐，这是真正的与人同乐。

在《基度山伯爵》一书中，大仲马把法国的伊夫堡安排为囚禁爱德蒙·邓蒂斯和他的难友法利亚长老的监狱。1844年该书出版后，无数好奇的读者纷纷来到这座阴凄的古堡参观。古堡的看守人也煞有介事地向每个来访者介绍当年邓蒂斯和法利亚的那两间囚室。人们的好奇心得到了满足，而看守人则因此拿到了一点小费。一天，一位衣着体面的绅士来到伊夫堡。看守人照例把他带到囚室参观。当听完了一番有声有色的独白之后，来访者问道："那么说，你是认识爱德蒙·邓蒂斯的喽？""是的，先生，这孩子真够可怜的，您也知道，世道对他太不公正了，所以，有时候，我就多给他一点食品，或者偷偷地给他一小杯酒。""您真是一位好人。"绅士微笑着说，然后把一枚金币连同一张名片放进看守人手里，"请收下吧，这是你对我儿子的好心所应得的报酬。"绅士走了，看守人拿出名片一看，上面用漂亮的字体印着来访者的姓名：大仲马。

大仲马明知那个监狱的看守在编故事，但还是面带微笑津津有味地与其聊着有关邓蒂斯和他的难友法利亚长老的事。最后留下的那张名片让那个看守人恍然大悟，同时也为大仲马的幽默所折服。大仲马的幽默就像他的作品，充满了悬念，同时他非常愿意与读者分享自己的快乐。

美国的节日里总有幽默的内容。4月1日的愚人节是大众幽默的日子。愚人节那天，上下级之间，同事之间，朋友之间，家人之间，甚至在公共场所，都可以搞点恶作剧。给老板发个电子邮件，模仿老板娘的口气让他回家一趟；给同事打个电话，让他到地铁站等一位往日的情人；向父母谎报军情，告诉他们考试得了个A。还有人在马路上扔一个钱包，系上一根小绳子，自己在不远处拉住绳子的另一端，谁要是捡钱包，就突然往回拉。有人用破帽子包住一块砖头放在马路中间，看谁用脚去踢。还有小孩给动物园打电话，点名要和某位动物通话。新闻媒体也不甘示弱，《国会山报》曾在报道中称，众议院电子表决显示屏发生故障，众议员暂停开会，居然有一位议员真的相信了，成为一条不大不小的新闻。

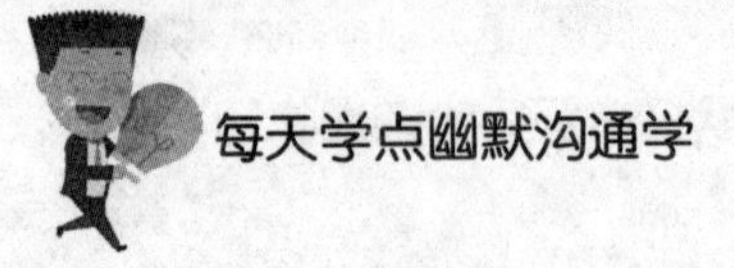

这样的幽默是大家一起分享的，是纯粹的与人同笑，看着每个人脸上都洋溢着欢笑，生活无疑是美好的。

幽默的人大都善良，而且很敦厚，因为懂得幽默的人都会与生活缔结善缘。幽默不能通过教科书去学习和掌握，因为它的实践性很强。即使它非常高深莫测，不容易学会和掌握，但是不断地练习，它终究会被你掌握。幽默是一种福音，就像一首柔美舒缓的田园曲。幽默是一种气质的自然流露，是幽默主体气度和气质的外化和延伸。幽默可以使人永远对生活充满信心，只有具备幽默品质并且能够与人同笑的人，才算得上是有品位的上乘之人。

第07章　巧妙救场解围：几句“笑语”化解他人尴尬

在社交场合中，一个人幽默的谈话方式不仅能够增添乐趣，活跃气氛，还能在了解的基础之上进一步增进双方的友谊。幽默是自信者使用的一门语言艺术，可以化解紧张，在尴尬之中寻找台阶，维持个人的面子。适度的幽默，会让一个人变得轻松洒脱，表现出个人良好的修养和迷人的人格魅力。拥有幽默的谈吐，既能扫除苦恼，又能感动别人，获得别人的尊敬和喜爱。

以幽默化解尴尬

在日常生活中，人们不免要参加一些社会交际活动。而在交际场合中，难免会遇到一些让人感到窘迫和尴尬的事情，在这种情况下，急中生智的幽默是化解尴尬的最佳方式。幽默是生活中的必需品，也是社交场合中最佳的调味剂。它反映了一个人的冷静豁达和乐观的心态，这种心态会通过幽默的方式来感染身边的每一个人。当发生一些尴尬的事情时，往往一句幽默的话能够轻轻抹去些许不快，让人们的心情和处境得到有效的改善，在善意的微笑之中摆脱不愉快的气氛和心情。

第二次世界大战期间，为了对抗日益嚣张的德意日轴心国法西斯集团，美国总统罗斯福和英国首相丘吉尔会面了。两个人在太平洋的一座小岛上进行了多次的接触和会谈，就如何组成统一战线、各国所承担的责任、战后的利益分配等问题进行磋商。由于两个人所代表的国家利益不同，出发点不同，短时间内无法达成一致。为了能够尽快消除两国间的分歧，尽早地形成统一战线，两个人都极为大伤脑筋。

有一天，丘吉尔在晚饭后想到了一个主意，于是就快步来到了罗斯福的房前。为了尽快说出这个建议，性格急躁的丘吉尔没等工作人员转告"972"就直接推开虚掩的门进了罗斯福的房间。目睹了意外的一幕布：罗斯福刚刚从浴室里出来，正好一丝不挂地面对着丘吉尔。此时此刻，两个人都感到非常尴尬。丘吉尔为自己的失礼而后悔，罗斯福因为光着身子而感觉狼狈不堪。罗斯福很快地反应过来，他没有找东西为自己遮掩，而是夸张地举起了双臂，做出一个拥抱的动作，大笑着对罗斯福说："尊敬的首相阁下，我罗斯福可是毫无保留地向您的大英帝国全面开放啊！"

丘吉尔听了大笑起来。就这样，一场非常尴尬被化解了，两个人还因为这次的意外走得更近了，从而建立了非常深厚的私人友谊，为接下来的沟通奠定了良好的基础。在此后的日子里，两个人少了一些争执和牢骚，多了一份尊重和谅解，他们从当前国际局势和英美两国的共同利益出发，很快地达成了协议。罗斯福答应尽快向欧洲和日本派兵，丘吉尔则承诺打败希特勒之后德国领地由反法西斯同盟共同占领，这项协议为加速反法西斯战争的胜利奠定了基础。

很多人一旦陷入尴尬的境地，往往会为了维护面子而做出一些过激的行为，这种社交方式是不成熟的，也是我们所不提倡的。不妨设想一下，假如罗斯福当时因为尴尬而指责丘吉尔的失礼，恐怕反法西斯同盟的建立还需要向后拖延一段时间，"二战"的历史说不定会被改写。

有一个名叫阿丽莎的姑娘用了将近一年的时间来筹备自己的婚礼。在结婚的当天，她和丈夫邀请了300多个人来参加他们的婚礼。经过精心准备的结婚大礼是十分豪华而又隆重的，亲朋好友相聚在这个非常漂亮的宴会厅里，不约而同地祝福着这对走进婚姻殿堂的新人。

婚礼进行得非常顺利，这与阿丽莎的精心准备是分不开的。她在一年的时间里将这一天所有的事情都做了精密的安排，包括客人们喝的鸡尾酒和用的餐巾这样的小细节都是阿丽莎亲自把关。谁知，婚礼上还是发生了一件十分意外的事情：那块非常昂贵的结婚蛋糕掉在了地上，大厅里各个角落都被溅上了巧克力奶油。客人们面面相觑，不知如何是好。有些人甚至断定阿丽莎一定会失声痛哭。但是，美丽而又聪明的阿丽莎小姐并没有任何沮丧的表情，她低头看了看满地破碎的蛋糕，笑了起来，众人感到不解，只听她说道：“嗨，我原来是想订一个可占这么大地方的香草兰蛋糕的！她的话刚音落，客人们的脸上都露出了会心的微笑，对阿丽莎小姐的大度和智慧暗暗竖起了大拇指。

很多时候，一些事情让人无法预料。在与人交往的过程中，也可能出现这样或者那样的尴尬，那么你没有必要为了这些尴尬而暴跳如雷或者暗自垂泪。不妨在淡定从容中开一个轻松的玩笑，那么就会消除紧张的气氛，同时还会因为自己幽默的谈吐备受朋友们的欢迎。在别人的眼里，你必定也是一个处事镇静，胸怀宽广的人。从而被你的人格魅力所深深吸引，那些暂时的尴尬和窘迫反而会起到锦上添花的作用。

以幽默为他人解围

林语堂先生说：“幽默是一种人生态度。”幽默的语言能使紧张的气氛顿时显得轻松活泼，化解交际中的尴尬情境。在日常工作，幽默的语言风格无处不在，它成了我们与上司、同事交际的调节剂。其实，幽默本身就具有一种特性，一种令人愉悦的特性；幽默感更是一种能力，它能有效地影响他人心理，增进人与人之间的关系。有时候，身边的朋友或同事会陷入某种尴尬中，我们就需要运用幽默的语言来为他人解围了。当面对一些充满恶意的语言或尴尬的场面，我们不需要硬对硬，而是换个角度看问

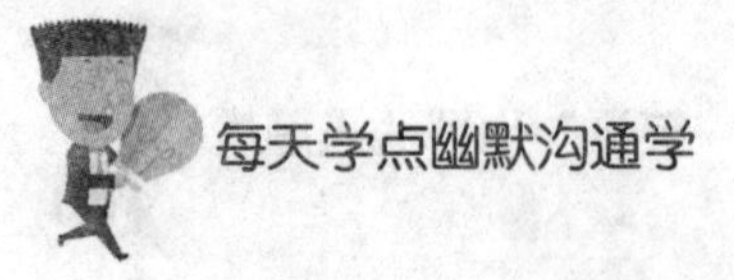

题，用幽默的语言来应对，这样就能够帮助他人摆脱尴尬处境，使整个气氛变得轻松愉快。

在日常生活中，幽默是化解尴尬的良方，幽默的语言往往能够令人化怨为喜，开怀大笑，从而达到为他人解围的目的。当然，幽默的语言并不是油滑、浅薄的耍嘴皮子，而是一种智慧，它在传达信息的同时，还可以随机应变，往往能够帮助他人在瞬息之间摆脱窘境。或许，我们身边的人不善于言辞，常常令自己陷入了难堪的境地，这时，身为朋友的你就要发挥幽默的天赋了，说上几句妙语，就能够令难堪的人缓过神来，摆脱尴尬的境地，所谓“帮人即是帮己”，你若是仗义帮他人解围，定能够赢得他人更多的信任。

有位老师应邀到北京某大学中文系作家班举办学术讲座。在谈到自己喜好的诗作，准备朗诵一段时，发现诗稿放在一个学员的课桌上，老师便走下讲台去拿。教室是阶梯式的，老师上台阶时，一不留神栽倒在第二级台阶上，不少学员偷笑起来。那位老师脸红了，这时，与老师一同前来的同事接过了话筒，指着台阶说：“你们看，上一个台阶多么不容易啊，老师想告诉我们这样一个道理：生活不容易，作诗也不容易。”那位同事的话语顿时赢得了台下学生的掌声。

那位同事接着说：“一次不成功不要紧，再努力!”在他说话的同时，那位老师已经恢复了平静，微笑着走上了讲台，继续开始自己的讲座。

那位同事通过此时此景，巧言化解了老师的尴尬，当然，在这个过程中，相信那位幽默的同事也给下面的学员留下了深刻的印象。幽默是一种说话的艺术，需要我们注意在特定的场合中察言观色，适时幽默几句，这样就能有效地帮助他人摆脱尴尬和窘迫了。事实上，生活中的任何事情都包含着两面性，其中的对与错、利与弊都是相对的。因此，在帮助他人解围的时候，我们需要辩证地看待问题，扬长避短，这才是幽默打圆场的技巧。

理发店里新来了一个学徒，三个月后，他正式上岗了。他给第一位顾客理完发，顾客照照镜子说：“头发留得太长。”学徒有些不好意思，头

很低，一言不发。站在旁边的同事小王笑着解释说：“头发长使您显得含蓄，这叫藏而不露，很符合您的身份。”顾客听了，高兴而去。

学徒给第二位顾客理完发，顾客照照镜子说：“头发留得太短。”学徒脸红了，没想到顾客还是不满意。这时，同事小王笑着解释：“头发短使您显得精神、朴实、厚道，让人感到亲切。”顾客听了，欣喜而去。

学徒给第三位顾客理完发，顾客边交钱边嘟囔：“剪个头花这么长的时间。”学徒手足无措，同事小王马上解释道：“为‘首脑’多花点时间很有必要，您没听说：进门苍头秀士，出门白面书生！”顾客听了，大笑而去。

学徒给第四位顾客理完发，顾客边付款边埋怨：“用的时间太短了，20分钟就完事了。”学徒又是不知所措。同事小王马上笑着抢答：“如今，时间就是金钱，‘顶上功夫’速战速决，为您赢得了时间，何乐而不为？”顾客听了，欢笑告辞。

在这个故事中，小王真是能说会道，机智灵活，每次都能用幽默的语言为身边的同事解围，巧妙地打圆场。而且，每次幽默的解释都使那位学徒摆脱了尴尬，同时，也让顾客转怨为喜，高兴而去。以幽默的方式帮助他人解围，这需要我们从善意的角度出发，以幽默的话语缓和紧张气氛、调节彼此之间的人际关系。这对于我们增进与他人之间的关系大有裨益。

灵巧思维，摆脱窘境

在日常交际中，我们常常会遭遇一些出乎意料的事情，或是自己说错了话，或是交流的对方反应没有我们想象中那么好，或者是交际的环境比我们想象的要复杂，等等。总而言之，许多的窘境都是我们措手不及的，稍有不慎就会让我们狼狈不堪。在这个时候，我们就需要运用灵巧的思维，以幽默来摆脱窘境。转角的一句话，就可以令我们轻松摆脱窘境，对

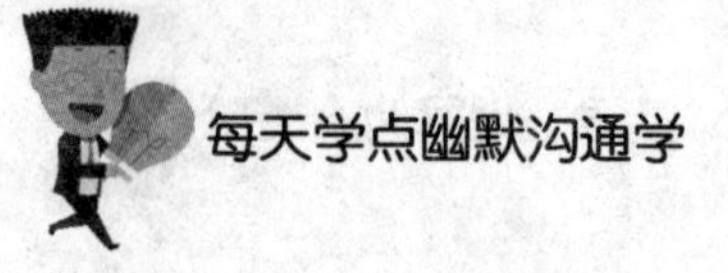

我们而言，那是极为幸运的。

有一个人在市场里买了6只来自异国的麻雀，打算进献给本国的国王。不过，按照这个国家的习俗，他们所认为的吉祥数字是“7”，假如只把这6只麻雀献给国王，他担心国王会生气，于是，这个人打算买1只普通的麻雀混在这6只麻雀里，凑足7只献给国王。

等到他把这7只麻雀献给国王的时候，国王十分高兴。不过，当国王认真地察看这7只麻雀的时候，却忽然发现其中1只是本国的普通麻雀，这不是鱼目混珠吗？国王很生气，说道：“这是怎么回事？是不是你故意把这只麻雀混进里面来欺瞒我的，你以为我分不清楚吗？”那个人吓了一跳，不过，聪明机智的他马上解释说：“陛下的眼睛果然厉害，但是陛下你有所不知，这只麻雀是其他6只麻雀的随行翻译啊！”国王尽管觉得这个人说的话十分荒谬，但他所说的还蛮讨人喜欢，最后还是把奖品给了他。

在一些我们所不能掌控的情境之中，比如面对上司的时候，因为上司的心思是难以琢磨的，稍有不慎就会因一句话得罪上司，导致自己的职位和薪金处于不保的地位。而且，在这样的情境之中，那些随意的玩笑话要比随机应变能给人带来更多的精神乐趣。随意的玩笑类幽默可以用做调节气氛，但当我们面对具体的环境时，就需要发挥灵巧的思维了，以随机应变去摆脱窘境。

有一天，德国诗人歌德在公园散步，在一条只能通过一个人的小路上，歌德遇到了一个曾对他的作品提出过十分尖锐批评的评论家。这位评论家对歌德高声说道：“我是从来不给傻子让路的！”听到这样的话，任何人都会生气的，但歌德急中生智，微笑着说：“而我则恰恰相反，先生！”说完，满面笑容地让在一旁。

在日常交际中，当我们遭遇别人恶意攻击的时候，需要迅速变换思维，善于用幽默去应对，这样既达到了回应对方攻击的目的，同时，也有效地维护了自己的风度。假如当我们遭遇别人恶意攻击的时候，也给予无礼的回应，那只会损失我们的风度，同时给了别人可乘之机。

顾客小王到一家饭店吃饭，点了一只龙虾。结果菜上来之后，他发现

盘中的龙虾少了一只虾螯，于是询问服务员：“这是怎么回事？”服务员没办法解释，只好找来了老板。

见小王有点生气，老板抱歉地说：“真对不起先生，龙虾是一种残忍的动物。您点的龙虾可能是在和同伴打架时被咬掉了一只螯。”听了老板的荒诞解释，小王笑了，说道：“那么，就请给我调换一只打胜的龙虾吧。”

在上面这个案例中，老板和小王都采用了诙谐有趣的语言，委婉地指出了双方意见上的不同。当我们需要指出对方的某些问题时，若是采用这种风趣诙谐的方式，不讥笑，不批评，不伤害他人的自尊，那自然皆大欢喜。

幽默本身就与智力有关系，一个反应速度较慢的人是无法幽默的，同时他可能需要花一些时间去理解别人的幽默。相反，一个思维敏捷、头脑反应快的人是善于运用幽默的，他不仅仅能将自己的风趣发挥得淋漓尽致，同时可以很好地理解别人的幽默，自然，他们在人际关系中更容易成功。

幽默的言辞，因善于联想

言语幽默的产生，离不开人脑对语音、词汇以及语境的联想。人脑在接受外部语言信息时，往往要与头脑中本有的信息词库建立种种联系，这就是联想，也就是说，所有的外部信息都要经过大脑的加工才能进行理解和创新。在这个过程中，我们不妨多多利用自己的发散性思维，以接收到的信息为中心，从不同的角度，沿着不同方向在头脑中先发酵一番，再开口，往往能产生幽默的效果。

古时候有一个石学士，一次在大街上骑着驴转悠，一不留神，“咚”的一声从驴身上摔了下来。街上的人都纷纷回头看笑话，可这位石学士从

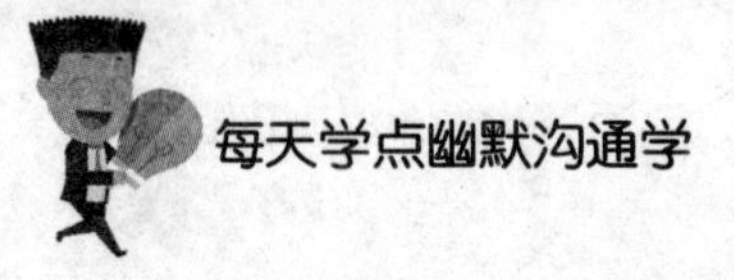

容不迫地爬起来自嘲道："亏我是石学士，这要是瓦的，还不摔成了碎片？"一句妙语，惹得围观者哈哈大笑，石学士也因此化解了尴尬。

有时候，我们可以由结果联想到原因。当别人不满意结果时，不妨用一个有趣的原因来化解恶果带来的不满情绪，往往能够使紧张的气氛变得轻松，使问题得以更好解决。

马克·吐温某次坐火车外出，他嫌车开得太慢了，于是在查票员查票时递给对方一张儿童票，查票员调侃他："看不出您还是个孩子呢！"马克·吐温一本正经地答道："我现在不是孩子了，但上车买票的时候还真的是个孩子呢！"

充满趣味的过程或原因可以和坏的结果形成对比，产生幽默的效果，使事件本身充满趣味性。当自己或他人对某些事情不满时，不妨联想一个充满趣味性的原因或过程，可以消解这种不满的程度。

安徒生生活简朴，常戴着破帽子在街上行走，有个路人笑他"你脑袋上边的那个玩意儿是什么？能算是帽子吗？"安徒生回敬道："你帽子下边的那个玩意儿是什么？能算是脑袋吗？"

有时候，把两件对比性强烈的事情一起讲出来往往能够达到惊人的幽默效果。对比性联想讲究的是对某个词或某件事情进行反面或逆方向的联想，经常用于回敬别人，比如"在某些场合当爷的人，一定会在另一些场合当孙子。"或者"我如果像你这样胖，早就上吊了"。"我想要上吊的时候，会拿你当绳子的。"这种有对比性质的联想往往能够因其强烈的反差产生幽默的效果，不妨常常使用。

马克·吐温有一次到某地投宿，有人曾告诉他此地蚊子特别厉害。他在服务台登记房间时，一只蚊子正好飞来。于是他对服务员说："早听说贵地蚊子十分聪明，果不其然，它竟会预先来看我登记的房间号码，以便晚上对号光临，饱餐一顿。"服务员听后不禁大笑，然后做好灭蚊工作，马克·吐温当晚睡得极好。

就某种情境联想到某种有趣的行为方式，比如由蚊子吸血，联想到打针；由两车追尾，联想到亲吻；由柳枝映在水面上联想到顾影自怜等都可

以达到幽默的效果。

平时也可以用某些“发名词”或“歧义词”来代替正常的情形，产生幽默效果。比如，“人家都说君子不夺人所好，您可不能横刀夺爱啊！”把自己喜欢的东西上升到了“爱侣”的地步，更加风趣。

巧装糊涂，幽默应难堪

在生活中，一个人太明白，精明过人，这并不一定是一件好事。我们应该明白，太精明，在别人看来就是犯傻，忍耐有时候就是装糊涂，凡事不能表现得太聪明，这样反而对事情很有利。古人曰：“水至清则无鱼，人至察则无徒。”确实是这样，一个人若是过分表现出精明强干的一面，可以说是一件坏事。不管是做事还是做人，假装迟钝一点，傻一点，糊涂一点，往往会比太聪明的人活得更智慧。在平时的交往中，我们最好在该明白时装糊涂，哪怕是面对他人的攻击，我们也需要适时装糊涂，避重就轻，轻轻松松消除彼此之间的尴尬。装糊涂是忍耐的一门大学问，也就是自己心里明白，却假装糊涂，这是因为装糊涂是忍耐做人的技巧。

面对他人的攻击，揣着明白装糊涂，学会弯腰低头，是一种做人之道，更是一种生存之道。如果你的反应过于激烈，过于直接，那将造成大动干戈的局面，而这正是交际中的大忌。不管是他人的尖酸刻薄，还是不怀好意，我们需要忍耐，适时装糊涂，故意曲解对方的意思，或者幽默面对。巧妙地装糊涂才是一种真聪明，才能显示出真智慧，不但给双方的关系涂上了润滑剂，从而建立和谐友好的关系，还能使整个场面变得轻松愉快。相反，如果你太在意别人的言语，恶语相向，那必将使整个场面陷入僵局。

萧伯纳的名剧《武器与人》首演时，获得了极大的成功，他应观众的要求来到台前谢幕。这时候，有一个坐在前排的人高喊“糟透了”。对

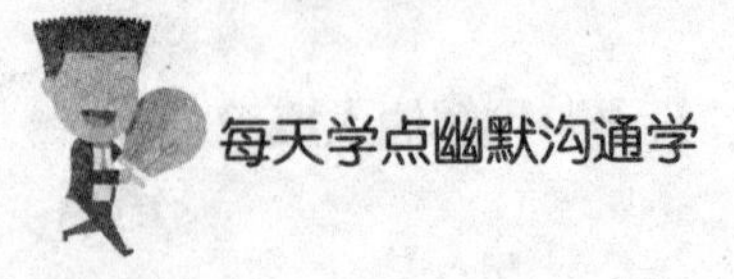

于这种无理的语言，萧伯纳并没有怒气冲冲，他微笑着对那人鞠了一躬，彬彬有礼地说道："我的朋友，我同意你的意见。"他耸了耸肩，又指向正在热烈喝彩的观众说道："但是，我们俩反对这么多观众又有什么用呢？"台下观众顿时爆发出更为热烈的掌声。

面对无礼者的言语攻击，萧伯纳并没有正面回应，而是巧装糊涂，忍受了对方的攻击。而且，在回答对方时无论是温文尔雅的举动，还是那半开玩笑的言辞，都显示出萧伯纳一种忍耐的修养和风度。

里根就任美国总统之后，有一次到加拿大访问。当时现场有反美示威的群众，致使里根的演讲不断被反美示威的声音打断，加拿大总理特鲁多显得很不自在，似乎自己在攻击美国总统。没想到，里根却笑着说："这种事情在美国经常发生，我想这些人一定是特意从美国赶到贵国的，他们想让我有一种宾至如归的感觉。"这句巧装糊涂的话，让特鲁多立即眉开眼笑了，原来美国总统并没有在意本国民众进行反美示威的行为，一时之间，对这位心胸宽广的美国总统更是敬佩。

巧装糊涂，不仅能使自己摆脱的尴尬处境，同时也能给对方以轻松，从而使气氛变得更加和谐，更有利于沟通。装糊涂的幽默和平和的人生态度是生活中不可或缺的元素。一个人是否懂得忍耐，也是对一个人的一种观念、一种素质、一种能力的检验。巧装糊涂，既可以给人们带来轻松的笑意和愉悦的心情，帮人化解危机，应付窘境，又使人们以更轻松、包容的心态看待人生。

木秀于林，风必摧之。当人们面对比自己优秀的人时，他们总会感到危险，也就是说如果我们的能力太强，别人就会减少或失去表现的机会。在这情况下，他难免会对你说几句刺耳的话语，对你保持戒心，倘若我们巧装糊涂，随口搪塞几句，那肯定会化解对方心中的敌意。如果我们表现得过于强势和直接，对方有可能对我们产生敌意。在这种情况下，我们唯有装傻充愣，主要是为了保护自己，避免让自己处于危险的人际关系之中。

 偶尔来点冷幽默

冷幽默是那种听完后需要思索一番才能明白其中诙谐之处的幽默，是在不经意间流露出来的让人发愣、不解、深思继而大悟的幽默。大多数冷幽默内容比较奇怪，实际意义不大，而且比较无聊，是那种高深、深沉的哲人才玩得起的幽默。热幽默是相对于冷幽默而言，一听就明白，使人大笑不已的幽默方式。简单地说，冷幽默是“卓别林”，热幽默则是“憨豆先生”。

对于我们来说，前者失之“费解”“枯燥”，后者失之粗俗傻气，都不是很好的幽默方式。恰当的幽默必须让人既能看得懂，又透露出智慧的闪光点，是含蓄婉转的，但绝不晦涩难解，就像几米的漫画或经典语录，简单温馨的话语中透露出智慧和彻悟，诙谐中饱有内涵丰富的调侃打趣。

一个女律师在和男朋友亲密后讲了一个笑话：“接吻是行为人与相对行为人之间以行为做出的意思表示，但具有很高的不确定性，需要进一步的解释。”结果这个专业的冷笑话男朋友消化了很长时间也没反应过来。

幽默的方式如果过于直白，就变成了喜剧加闹剧，固然能让人爆笑，却缺乏了一点让人冷静思考的智慧。如果自己的幽默不能让人会心一笑，没有回味的余地，这种直白的爆笑式，无厘头式的幽默最好不要表现出来，否则会显得自己涵养不够，太浅白粗俗。幽默的形式最好含蓄一点，生动有趣的语言和曲折的说法，能够产生足够的幽默效果，如果学会“把简单的事说复杂或把重要的事轻描淡写”而不过度则更能体现一个人特有的俏皮。

有一个小笑话是这样的，荷兰人和比利时人共同驾车出游，荷兰人突然问“我送你一样东西好吗？”比利时人答道：“那当然好，多谢”于是荷兰人把车门玻璃摇下来对着比利时人用力扇了扇说道：“给你，很新鲜的。”听了这个笑话，你肯定摸不着头脑，这个笑话其实是讽刺荷兰人有多吝啬。

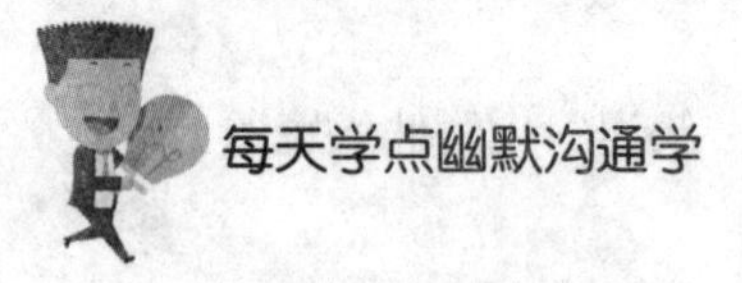

我们可以用自己的专业术语或者文言文、半文言文、书面语来开玩笑，往往因为过于晦涩费解，而成为冷笑话。在冷幽默的时候，尽量用通俗的语言，便于受众能够听得懂接受得了，才会产生幽默的效果，否则就容易冷场。

在冷幽默中，可以打趣，可以调侃，可以讥诮，可以戏谑，可以讽刺，但最好不要刻薄和嘲笑。情调要温馨，要平和，无论是批评还是讥诮，都要有度，要顾及别人的自尊心，不要过于挫伤别人，别人才可能接受你的幽默。比如一个人眼白较多，朋友戏称“白眼狼”，虽然你有“戏谑”之意，但在对方看来，是一种“挖伤疤”，自然不能欣赏你的幽默，还可能因此而产生反感。

幽默也要适度，不但冷热温度要适中，还要注意不要过多、过滥、不顾场合、不顾对象，没大没小，没有分寸。一定要把握好尺度和温度，巧妙的风趣语言才称得上真正的幽默。

幽默是交际场上的“催化剂”

汪国真曾说：“富有智慧的人，不一定幽默；而具有幽默感的人，一定富有智慧。”可以说，幽默是交际场上的“催化剂”。在犹太民族语言希伯来语中，“幽默”和“智慧”有着同一个发音“赫夫玛”，可见，在智者眼中，幽默是自信、智慧的标志，是丰富日常生活的重要手段。在如今的社交圈子当中，幽默已被公认为一种潇洒、优雅和高深的表现。

幽默可以缓解人际关系的紧张，使过于严肃的氛围得到缓和；可以使局促的场面变得轻松、和谐，使人立即消除拘谨或不安；可以让你从尴尬、困境中解脱出来，几乎是解决社交场合各种难题的灵丹妙药。交往中若灵活掌握这一手段，会让自己变得更加优雅自如，充满灵性，在妙语连珠的幽默中会心一笑，所有的难题都迎刃而解。

伏尔泰的小仆人非常懒惰。一次，仆人把沾有泥泞的鞋子递给了哲学家，并告诉他“路上还是布满泥泞，两小时后一样会把鞋弄脏。”伏尔泰笑着走了出去，不久，仆人追上来要橱柜的钥匙，因为他还没吃午饭，伏尔泰笑着说：“吃什么午饭呢，两个小时后你还是一样饿啊！”伏尔泰没有大发雷霆教训自己的小仆人，而是用开玩笑的方式让他受到了教育。

在大庭广众之下，不要发脾气，如果遭遇了让你不满的事情，不妨用玩笑、幽默微笑着解决，更能显示自己的风度。

交往中说几个小笑话娱乐一下，调侃调侃自己和老朋友，就能够使周围的气氛轻松愉悦起来，众人也会更加喜欢和你交往。恰如其分地运用幽默，主动热情地与周围的人交往，它同良好的仪态举止一样，能够使你顺利、迅速地熟悉和了解同事，为自己的事业大开方便之门。几句轻松的调侃，几句俏皮话，能让陌生人迅速卸下心理防备，赢得别人的信任和喜欢，事业也将获得更好的发展。

女人也不妨开开自己的玩笑，“幸亏我还有一点笨，否则像我这么漂亮又好脾气的女人，哪还有人敢要？”“不是有句歌词叫‘我很丑，但我很温柔’嘛，大家一看就知道我肯定是个倍儿温柔的女人。”对自己的缺陷表现得越不在乎，越坦然不讳，越能得到别人的尊重，这样的自嘲往往能让别人对你多几分好感和佩服。

与人交往难免遇到尴尬的场面，这时自嘲一下，或者开个小玩笑，让气氛在哄笑中和谐起来，不失为一种避免难堪的好方法。人们普遍喜欢幽默的人，因为善幽默者必然善谈笑，我们如果能在谈笑间让一切都变得和谐美好，把事情办成，让人们也得到愉悦，就拥有了大智慧和大气度。

自嘲，使自己摆脱尴尬

在平时的交际中，我们难免会遇到预料之外的事情，进而让我们无法

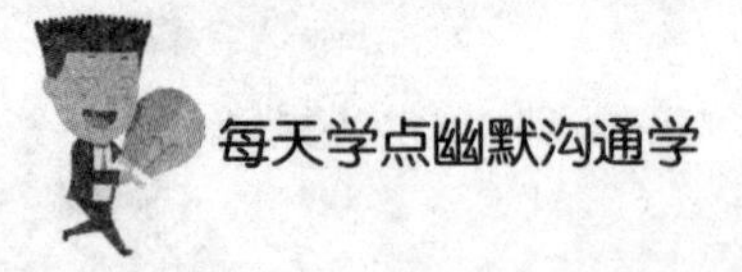

掌控发展，稍有不慎就会陷入极端尴尬的境地。当你认为对方喜欢喝茶就邀约一起去茶楼，却在谈话间偶然得知他是喜欢喝咖啡的；当你在公众面前正准备好好表现一番的时候，却不料诸如此类出了件糗事；当大家聊得正有兴致的时候，你突然说错了一句话，使整个热闹的场面冷了下来。当诸如此类的情况出现的时候，你原来准备好的应对措施完全忘记了，也许一下子就会陷入难堪的窘境，恨不得找个地缝钻进去。而会说话的人就会妙用自嘲，化尴尬为融洽。

自嘲就是自己开自己的玩笑，嘲笑自己并不会贬低自己，更不是看轻自己，这并不是自取其辱。实际上，自嘲的人往往是谦虚的，他用了一种另类的夸张来显示自己的谦虚，自曝缺点，这其实是一种自我调节。林肯曾风趣地说："一个妇女说我长得丑，我申辩说不能怪自己，那位妇女反驳说，原来不怪你，但是你出门就怪你了"。当我们听完林肯这番自嘲，谁会觉得林肯丑，而只会觉得他很可爱，非常平易近人。自嘲是一门艺术，它不仅仅为大家带来了快乐，同时也愉悦了自己。聪明的人懂得自嘲，因此他们在与人相处时常常能建立极为融洽的关系，使自己更加受欢迎。

在罗勃特·欧尔本的一次演讲中，一位听众无理地指责他，说他对某个问题的见解很愚笨。罗勃特·欧尔本是这样回答的："给你们讲个故事：有一次我上街，一辆汽车尖叫一声，然后在我面前刹住，开车的那位先生甜甜一笑，对我说：'我是为了保护动物而刹车的——你这笨驴！'"全场听众捧腹大笑，不能不为他的睿智所折服。

罗勃特·欧尔本妙用自嘲的方式成功地转移了听众的注意力，化解了自己的尴尬，并且以退为进，这样就会让听众更加欣赏他的率直和幽默，获得了演讲的成功。

当然，妙用自嘲的人必定热爱生活，并且拥有一定生活情趣。如果你没有对生活的那种热情，就不会发现自己的可笑之处，也不会觉得自己身上有什么可笑之处，更不会通过自嘲的方式来挖掘出自己的可笑之处。因此，那些不热爱生活的人，他们不会找快乐，更不会在自己身上找乐，他

只会通过取笑他人来获得快乐，而这样的人是不受欢迎的。自嘲的基础其实就是自信，不自信的人是没有办法拿自己开涮的，有了满满的自信，才敢自曝家丑。

在某次宴会上，一个胖子遇到了萧伯纳，于是挖苦道：“如果是外国人看见你，还以为英国人都在饿肚皮呢！”对方看了他一眼，谦和一笑道：“是呀，但如果外国看见你，就会找到饥饿的根源了。”一句话引来了一片笑声，那个嘲笑他的人，很是尴尬。

俗话说：“人生不满百，逆境常八九。”当出现这种情况的时候，聪明人要学会面对现实，及时调整好自己的心态，需要“拿得起，放得下，想得开”，在尴尬气氛充斥身边的时候，不妨自嘲一下，化解矛盾，平衡自己的心理，把自己从窘境中解脱出来，使自己获得身心健康。自嘲，是聪明人的惯用技巧，会说话的聪明人更懂得以自己为对象来取笑自己，以此来消除误会，化解尴尬，愉悦他人，并获得自尊自爱。在很多交际场合，妙用自嘲可以增添情趣，融洽气氛，拉近彼此的距离。

幽默地反驳

面对自己不愿回答的追问、具有挑衅意味的攻击，或者是莫名其妙的不公平待遇，很多人会恼火，因为这些来势汹汹的指责根本是无稽之谈。当面翻脸很可能会使自己的名声扫地，而且不一定能顺利地解决问题，但是充耳不闻，难免会为外界猜测，所以最好的办法就是当面澄清，此时幽默地进行反驳，无疑是最好的方式。

幽默具有弹性，它能将那些攻过来的言谈话语弹回去，就是我们所说的“以子之矛，攻子之盾”。在被别人攻击时用幽默的方式来回击，能起到很好的效果。众所周知，著名作家马克·吐温是这方面的高手。他在一次酒会上指控美国的一些国会议员太虚伪，是“狗娘养”的。结果这些国

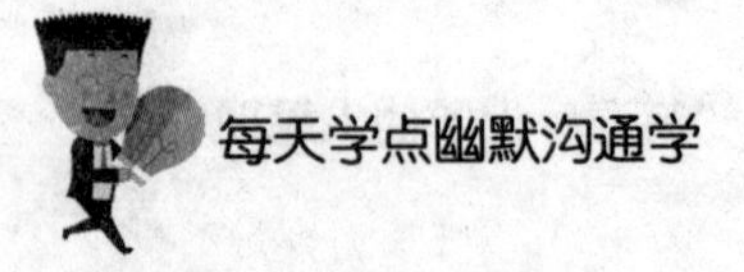

会议员义愤难平，强烈要求他道歉。马克·吐温两天后即登报道歉：“前日鄙人在酒会上说‘美国的一些国会议员是狗娘养的’，这话是说错了，对此我深表歉意，并郑重声明，美国国会中一些议员不是狗娘养的！”

马克·吐温如此幽默而有深意的回击，让对手只能哑巴吃黄连，有苦说不出了。在日常生活中，多运用这些幽默的反驳方式，不但能使反驳的效果更加明显，而且避免自己因为愤怒而失去颜面。

美国前财政部长罗伯特从小就是一个学习优异的学生，不过，在他求学过程也不是一帆风顺。高中毕业时，他先申请普林斯顿大学，结果遭到拒绝。不过，之后他运气还不错，申请到了哈佛这所一流的大学。四年后他毕业了，得到了优等生及最优学生的奖励。“君子报仇”，四年不晚。他故意写了一封信给曾拒绝他的普林斯顿大学学务长：“我想您或许有兴趣知道您当年拒绝的人后来的情形，我只是想告诉您，我是以最优等的成绩从哈佛大学毕业的。”普林斯顿大学学务长也是一个厉害角色，他回信说：“谢谢您的来信，普林斯顿每年都有责任拒绝一些资质很高的学生，好让哈佛大学也能有一些好学生。”

这名学务长的回击是非常有力度的，他没有否定罗伯特的才能，但却说普林斯顿大学每年都会担心哈佛招不到好学生而不得不拒绝一些学生的申请。这样的幽默非常辛辣，不但回击了罗伯特，而且使普林斯顿的地位瞬间被抬高了，不得不让人佩服。

莉莉的上司过于严厉，由于工作压力之大已经使其无法承受，她决定辞职。她在辞职信中将老板的过于严厉暗讽为“亲民”，信中写道：“您每天除了管我们上班干什么之外，连我们想什么您都想管，估计您要是能分身，甚至愿意跟着我们上厕所，您如此平易近人让我实在受宠若惊，所以只能辞职以报！”作为对领导的“回报”，信上表示“除了报发票之外，还以之前数十个月的无偿加班作为实质的感谢，在此就不鞠躬感谢了。”“这几年，多亏了各位经理的培养，使得我学到了很多东西。不过这也是我离开的一个原因，因为除了学到东西，我似乎不能获得其他的东西。我记得亲爱的妈妈曾说过‘中秋不发月饼的单位，不能自封为人性化的单位。’”可见，莉莉将对领导的不满一股脑发泄了出来，幽默而犀利。

幽默作为一种特殊的心理活动，一向是西方学者关注的焦点。英、美、法等国都有专门的协会和杂志来研究幽默，许多大学的心理系、艺术系、文学系和医学院还有幽默专业的硕士生和博士生。之所以西方人将幽默看得这么重，主要是因为西方人，特别是美国人一向将幽默视作创新能力与国民素质的核心部分，其中包含大智慧。

幽默的作用十分广泛，就拿反驳别人一点来说，使用这种幽默的人往往善于自嘲，化被动为主动，任何尴尬的局面都能轻松化解。所以我们要学会利用幽默，而不只局限于搞笑、寻开心、耍嘴皮子打发时间，因为这样做，到头来只会使人一笑了之，没有任何实际的意义。所以在这一点上，我们应该变自己的想法，让幽默为我们所用，发挥它的威力和作用。

沉稳应对别人的故意刁难

对方故意刁难自己怎么办？很棘手的问题，因为你不可能随便破口大骂或者挥拳相向，再者说这样的行为其实是在示弱，使自己明显处于下风。所以不要急，要沉稳，用幽默处理。幽默而沉稳地应对别人的故意刁难效果非常明显，而且非常理想。

著名作家萧伯纳和首相丘吉尔都是19世纪英国很有影响力的人物。二人交往较深，又都有几分傲气，因而见面后免不了打嘴仗，即便通信也是如此。萧伯纳的幽默以尖刻著称，对丘吉尔就更不藏其锋芒了。有一次，萧伯纳派人送两张戏票给丘吉尔，并附上短笺：“亲爱的温斯顿爵士，奉上戏票两张，希望阁下能带一位朋友前来观看拙作《卖花女》的首场演出，假如阁下这样的人也有朋友的话。”萧伯纳的来信，嘲笑的意味要多于邀请的意思，尤其是“这样的人”包含了奚落之意。“假如阁下这样的

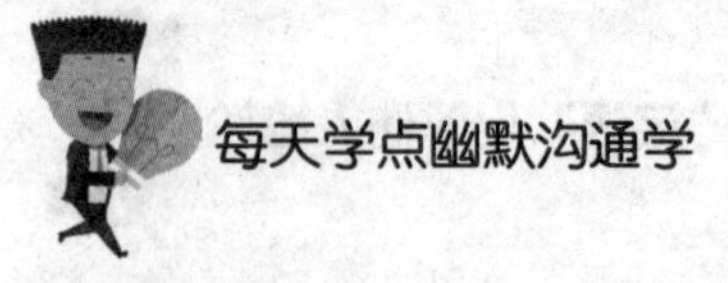

人也有朋友的话”的实际意思是“你这样的人，怎么会有朋友呢？”萧伯纳的嘲讽非常刻薄，让人无法接受。但是丘吉尔看过信后，不慌不忙，马上写回条予以反击：“亲爱的萧伯纳先生，蒙赐戏票两张，谢谢！我和我的朋友因有约在先，不便分身前来观看《卖花女》的首场演出，但是我们一定会赶来观赏第二场演出，假如你的戏也会有第二场的话。”

丘吉尔的回信套用萧伯纳来信的语言形式，使用假设“假如你的戏也会有第二场的话”，实在是高明。这句话是丘吉尔复信的真实目的，意思是你这样低档次的演出，是不会有第二场的。丘吉尔用机智幽默的语言，还以颜色，巧妙地回击了萧伯纳，为后人留下了一段经典的幽默。用幽默不失风度地回击，非常含蓄和诙谐，且正中对方要害，瞬间化被动为主动，丘吉尔的幽默不得不让人竖大拇指。

乔治·库特林是法国知名的剧作家和幽默作家。有一次，一位自命不凡的年轻作者想一鸣惊人，便写信给库特林，借三个微不足道的理由向他提出决斗，但这封信实在上不了桌面，因为其字迹潦草，甚至有许多字拼写错误。库特林很快给他写了回信：“亲爱的先生，因为我是伤害你的一方，该由我来选择决斗武器。我要用‘正字法’来决斗。在接到这封信之前你就已经失败了。”

面对刁难，不要急于发火，因为易怒不但会显得自己的气量小，发火时风度也会尽失，更重要的是发火往往解决不了问题。冷静地思考，作出正确的判断才是王道。不要把刁难看成是绝对的攻击，相反，它正是对自己的考验，是为自己得到锻炼，能力得以提升提供的难得的机会。所以要用幽默沉着应对刁难，用最巧妙的办法解决难题，充分把握机会，尽情展现自己。

Part 3

恣意交际，用幽默展示魅力

第08章　获得他人认可：言语交锋幽默展现内心智慧

日常交际中，幽默常常隐藏在一问一答中。通常情况下，所谓的沟通就是一问一答，这需要配合，如果只有一个人在说话，那根本不叫沟通，而是演讲。因此，在言语交流过程中，我们要善于从对方的言语中找到切入点，如此才能机智地将自己的幽默展露无遗。在问答之间，幽默所闪现的是智慧之光。

避开锋芒，谨慎应答

在交际过程中，我们免不了被别人问一些问题。而有的问题没有必要回答，这时候就需要拒绝回答。但是很多人都有这样的体会，别人对你提出了某个尖锐问题，出于理智的考虑应该拒绝，但是出于某种交际的缘故，直接拒绝又会破坏彼此之间的愉快气氛，而且也有损我们的形象。不可否认，我们不希望因为拒绝回答问题而使交谈陷入困境，使对方感到不快。但是，在很多时候，直截了当地拒绝对方的问题，效果不佳。因此，我们有必要避开对方问题的锋芒，谨慎应答，既达到避免回答问题的目的，又不使对方感到难堪。

罗斯福当美国总统前，曾在海军担任要职。一天，一位朋友问起海军

在加勒比海一个小岛建立潜艇基地的计划。

罗斯福向四周看了看，压低声音问：“你能保密吗？”

“当然能。”

罗斯福笑着说：“你能我也能。”

有时候，面对一些你不想回答的问题，你可以顺势诱导，巧妙地拒绝对方。罗斯福先是顺势诱导，再巧妙地拒绝，他明确地表明了不想回答这个问题，不想把秘密告诉那位朋友。

有时候，对方所提的问题异常尖锐，而你又不可能当面拒绝回答。为了显示自己的气度，你可以答非所问，避其锋芒，从问题本身入手，巧妙地抛出答案。

有时候对方所提出的问题有一定的合理性，但由于某些原因又无法予以回答。此时你可以用肯否并用的方法，先肯定对方问题的合理性，然后再拒绝其提出的问题。这种语言表达形式经常是转折关系的复句或句群。李主任先肯定了下属的能力，赞扬了下属的工作成绩，然后在有效地拒绝，不正面回答“是否胜任助手”这个问题。

《世说新语》里有这样一个故事：大将军钟会慕名去拜访名士嵇康，嵇康自顾打铁，不理睬钟会。钟会站在一旁看了一会准备离去。见钟会要走，嵇康就问：“何所闻而来，何所见而去？”钟会答曰：“闻所闻而来，见所见而去。”

有时候，我们面对别人的提高，你不想回答，就可以采用重复已知信息的方法拒绝。钟会的回答重复了嵇康问题中隐含的信息，这就是一种有礼貌的、委婉的拒绝。比如有的领导者被别人问道：“昨天你到市长家里干什么？”你可以顺势回答：“我去办点事。”

有时候，我们在面对一些不必回答的问题时，可以适时地沉默拒绝，但是千万不要板着一张冷冰冰的脸，而是微笑地看着对方。用你的无声语言告诉对方，这个问题不想回答，也没有必要回答。但是哪些问题是需要回答的呢？大致来说，就是那些关系企业内部机密的问题；那些无关紧要的小问题；我们的私人问题。假如被他人问一些不需要回答的问题，你可

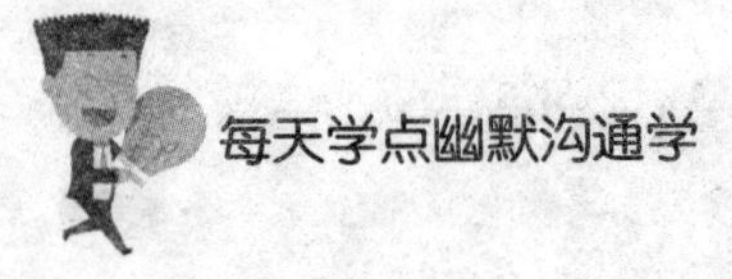

以用幽默地方法拒绝。

谬趣横生，以谬制谬

“以谬制谬”，简单地说，就是当对方说出错误的言论时，不要去纠正他，而是顺着对方的错误言论，推出错误的结果。一旦结果呈现在对方面前时，对方的错误言论也就不攻自破了。这种方法的巧妙之处在于，相当于对方主动开口承认自己的言语是错误的，对论敌来说，无疑是自己打自己的耳光。当然，正因为如此巧妙，这种方式通常会在辩论中发挥强有力的作用，让对方没有办法还击，只能哑口无言。

楚庄王钟爱一匹马，这匹马穿的是华丽锦缎，住的是华丽房屋，睡是床铺，吃的是切好的干枣。后来这匹马死了，楚庄王决定用棺椁装殓它，以大夫的礼仪来厚葬它。大臣们议论纷纷，都认为楚庄王的做法很不妥。楚庄王不听众人的劝解，说谁敢再为葬马的事情劝说他，就要杀头，群臣都不敢再劝了。

这时，楚国田的乐官优孟大哭着走了进来。楚庄王问他为什么哭，优孟回答说：“这匹马是大王最喜欢的，就凭楚国这样大的国家，有什么事情办不到？大王却只用大夫的礼仪来安葬宝马，太不够档次了，大王应该改用人君的礼仪来葬马。”楚庄王问：“怎么样用人君的礼仪葬马呢？”优孟说：“臣请求大王用雕饰过的玉做棺材，派甲士挖穴，让老人和孩子背土。齐、赵两国陪侍在前面，韩、魏两国护卫在后面。庙堂祭祀用太牢为祭品，封给万户大的地方作为它的奉邑。”

听到这里，楚庄王觉得这种方式好像太过分了，优孟见时机已经成熟，便下结论说：“诸侯听到了这件事，都知道大王您轻视人而重视马。“楚庄王一听，马上说：“寡人的过错竟到了这种地步吗？太不可思议了，我该怎么办呢？”优孟笑着说：“请大王将这匹马当做一匹普通的牲

畜来埋葬吧，在地上挖个土灶，用铜铸的大鼎作为棺材，赏赐它姜枣，再用木兰树的皮铺在棺材里，用粳米做祭品，用大火炖煮，将它埋葬在人的肠胃里。”楚庄王觉得优孟说得在理，于是叫人把马交给了宫里主管膳食的官员。

楚庄王要给马办丧事，这本来就很荒唐，而将马的葬礼办得跟大夫的葬礼一样简直就是胡闹。但在楚庄王自己看来却不觉得有什么过错，因为他太爱那匹马了，面对楚庄王如此的决定，大臣们如何反驳呢？这时优孟先不指出楚庄王的错误，而是顺着他的想法，推出一系列结论，让楚庄王意识到自己的想法是荒谬的，而优孟则达到了“以谬制谬”的目的。

我们在使用“以谬制谬”这个论辩方式时，应注意哪些问题呢？以谬制谬的方式只针对对方的言论是谬的，假如你明明知道对方的言论是正确的，还使用这个方法，那无疑给自己难堪，因为你所推出来的结论会证明你的言论是错误的。

即便发现对方的言论是极其荒谬的，也不需要说破，而是先假设对方观点是合理的，然后将对方貌似合理的论点加以引申，推出一个明显错误的谬论。以其人之道还治其人之身，有力驳倒对方的观点，这样的反击才是大快人心的。

出其不意，一招制胜

《孙子·计篇》：“攻其不备，出其不意。”意思是趁对方没有意料到就采取行动，也就是出乎别人的意料。在实际沟通中，我们也可以利用这一招计谋，以出乎对方意料的言语制服对方。“出其不意”也就是不按照正常的逻辑出牌，有可能借题发挥，有可能顺势引导，从而说出一些超出对方预想的言辞，令对方无法招架，这样所产生的效果是顺利地摆脱了对方的言语限制。通常在言语交流中，如果按照正常的逻辑思维，当自己

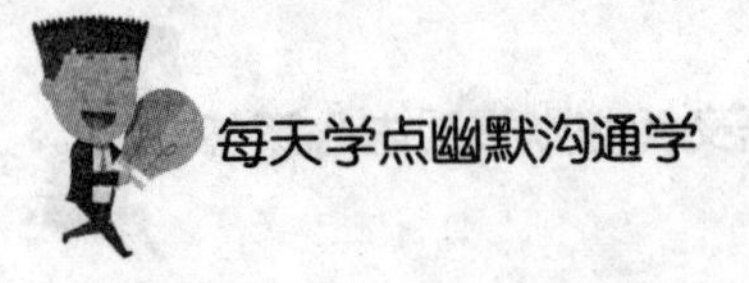

论述了一个观点，我们可以预想对方有可能会出现什么样的言辞。而出其不意则完全跳出了这个圈子，那些话语完全是对方所想不到的，正因为如此，来他个措手不及，最终我们将成功地占据上风。

在演讲结束时，台下有一名学生突然连珠炮似地向演讲家发问：

学生：先生，您今天是第一次演讲失败吗？

演讲家：那当然是第一次啦。噢，你们当学生的怎么总爱问这个问题？

学生：演讲时，您觉得什么样的字音最容易说错？

演讲家：错。

学生：您演讲开始时，从来不说的是什么？

演讲家：结尾。

回答了学生的问题后，演讲家也来个出其不意，反戈一击：

演讲家：我方才讲的冷缩热胀的道理你懂了吗？

学生：懂了，先生。冬天白天短——冷缩；夏天白天长——热胀。

这时，台下一阵哄堂大笑，这位发问的学生才知道说错和失败的是自己，不禁羞红了脸。

有时面对对方攻击性的语言，你可以顺势引导，先回答对方的提问，然后反戈一击，出其不意地打倒对方的气焰。在案例中，演讲家面对学生的发难并没有生气，而是思路清晰地回答了他的恶意提问。但是当他回答完了，他也来个出其不意，反戈一击，使学生意识到说错和失败的原来是自己。

有一位埃及妇女看到自己在尼罗河畔玩耍的孩子被鳄鱼抓住，就请求鳄鱼把孩子归还给她。鳄鱼当着众人说：“如果你猜对我的心思，我就把孩子归还给你。”妇女说：“我猜你不想把孩子还给我。”鳄鱼说：“如果你猜得对，则根据你说话的内容，我不把孩子归还给你。如果你猜得不对，则根据约定的条件，我不把孩子归还给你。你或者猜得对，或者猜不对，所以我都不会把孩子归还给你。”

听了这样的话，妇女灵机一动，说：“如果我猜得对，则根据约定的条件，你应把孩子归还于我。如果我猜得不对，则根据我说话的内容，你

应把孩子归还于我。我或者猜得对，或猜得不对。所以你都应把孩子归还给我。”

鳄鱼本来想用一个不符合逻辑的推理来为难妇女，可没想到妇女也用了一个同样不符合逻辑的推理来反驳鳄鱼，出其不意，这样的反驳方式实在是太巧妙了。

在实际沟通中，当我们受到对方的攻击时，可以不直接从正面答辩，而是借助对方的话题还击，出其不意，从而改变问答的局势。使用这种方式最重要的在于“借”，能否借对方的话题为己所用，当然，这也取决于我们的辩论经验和思辨能力。

在交流中一旦发现对方岔开话题，不需要打断，应让他继续说下去。如果对方是一时不小心而为之，那估计对方说不了多久，就会发觉而显露窘态；如果对方想到了另外一件事，那他一旦察觉也会回到原来的话题之上；如果对方有意岔开话题，那可能会就这个话题说下去。

观察对方是出于哪种情况，如果前两种情况，那你应适时顺应对方，让对方将话题越扯越远，给对方出其不意地一击；如果是后者，则需要及时地回到原来的话题，出其不意地反驳其有意岔开话题的居心。

柔中带刚，以示气势

在生活中，我们谁也无法避免和别人发生一些摩擦和冲突。有时候，可能是因为别人对我们不了解或者是其他原因而说出一些带有攻击性的话语，那么，此时如果我们选择沉默，就很可能造成屈服的假象，别人就会从内心里瞧不起我们；如果我们以牙还牙，用比较粗鲁的话谩骂和反驳对方，难免有失风度。不妨用柔中带刚的幽默语言来化解对方的攻击，这样做，不仅能够让自己摆脱尴尬，同时还能提升个人的人格魅力，更重要的是能把摩擦降到低最低，给交谈的双方都带来宽松愉悦。

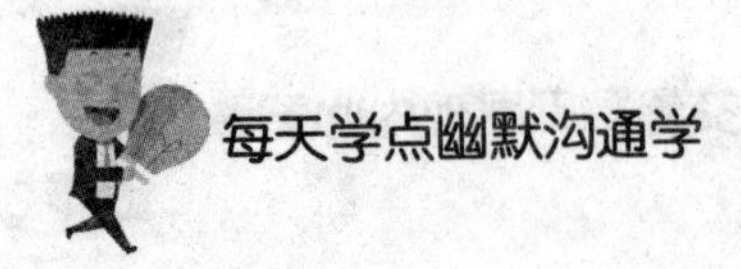

英国大文豪萧伯纳的剧本《武器与人》首次公演就获得了巨大的成功，热情的观众要求萧伯纳上台接受群众的祝贺。萧伯纳不好拒绝观众们的热情，就从座位上起身，向舞台中央走去。当他走到舞台上准备向观众们致意的时候，突然一个人在下面大声地喊："萧伯纳，你的剧本实在是太烂了，没有人稀罕你的作品，还是自己拿回家看去吧，别在这里丢人现眼啦！"观众们听了都对这位口出狂言的无理取闹者表示抗议，同时认为萧伯纳会被气得浑身发抖。但是有着深厚修养的萧伯纳并没有表现出任何异常，反而客气地向那位出言不逊者深深地鞠了一躬，彬彬有礼地说："这位朋友，你说的实在是太好了，我完全同意你的意见。"接着他的话锋一转，面朝观众说："不过非常遗憾的是，在场的人中只有我们两个人提出了反对意见，我们两个人的反对能够对这么多的观众起到什么作用呢？我们两个人能制止这个剧本的演出吗？"萧伯纳的话一说完，全场笑声不断，接着给予萧伯纳热烈的掌声。那位挑衅者见势不妙，只好灰溜溜地从剧场逃跑了。

面对善意的责难，我们应该保持一个平静的心态，万万不可表现出愤怒。怒火中烧，烧坏的只是自己的大脑，很可能会让自己下不了台。在这个时候，最好运用幽默的回答或者反问来应对这些尴尬的问题，既给自己一个台阶下，也可以缓解一下紧张的情绪，同时免得祸及不相干的人。

作家欧希金在他的《夫人》一书中写到了美容界知名人士卢宾丝坦女士。有很多人对这件事感到不满意，在一次聚会中，有一个人不断地攻击他，说他写这种女人是对法兰西民族感情的侮辱，因为她的祖先是烧死圣女贞德的执行者。别人听后都对欧希金捏了一把汗。欧西金苦笑着说道："烧死贞德的事情总该有个人做，但是你现在差不多就快把我给烧死了。"那位客人听了，便识趣地离开了，聚会又恢复了原来的热闹和融洽。

当人与人之间发生矛盾的时候，应该多用一下幽默的"润滑剂"，而不要把事情搞得越来越僵。幽默的人往往通过几句轻松俏皮的话语产生神奇的效果，使严肃的气氛变得轻松、活泼起来，不仅让自己摆脱了窘迫的

处境，同时还传递了一份宽厚和善意，让那些对你有偏见的人迅速改变他们的看法。幽默说出的是语言，而表达的却是一个人的机智和心胸。

莎士比亚曾经说过："幽默是智慧的闪现。"一个人幽默的谈吐绝不是说话技巧的体现，而是和他的智慧有着很大的联系。面对别人的攻击，每个人都渴望用幽默的话语进行巧妙的反驳和化解。但是，幽默技巧的形成，绝不是一朝一夕的，也绝不是背上几个滑稽的段子就能熟练掌握的，而是有着深厚的文化底蕴和丰富的社会经验。因此，要想在别人的攻击中达到处乱不惊巧妙化解的境界，还需要我们不断地去积累书本知识和社会阅历。

模糊作答，混淆目标

在日常沟通中，模糊作答是一种应变的说话方式，当我们无法明确别人问话的时候，就需要用到这个方法。模糊回答问题的时候，应该把自己的想法隐藏在里面，但在别人听来，却是混淆目标，听不懂你在说什么。不过，只要对方认真思索，定会领悟其中真意。在实际交流中，我们经常会用到这样的方式，比如当我们被问到一些不愿意回答的问题，又或者当被问到一些机密问题的时候，出于某种原因我们是不能说的，这时候，我们就需要采用这种方法。假装听不懂对方的问题，从而把对方的问题当成另外一个问题，即是模糊作答。

南齐王僧虔是晋代大书法家王羲之的四世族孙，可以说，他的书法得到了真传，造诣很深。有一天，齐太祖萧道成提出要与王僧虔比试书法，于是，君臣二人各写了一副楷书。写好之后，齐太祖当即问道："你说说，你我二人，谁是第一？谁是第二？"王僧虔既不愿意贬低自己，又不敢得罪皇帝。急中生智，他从容回答说："臣的书法，人臣中第一；陛下的书法，皇帝中第一。"听了王僧虔的话，齐太祖哈哈大笑。

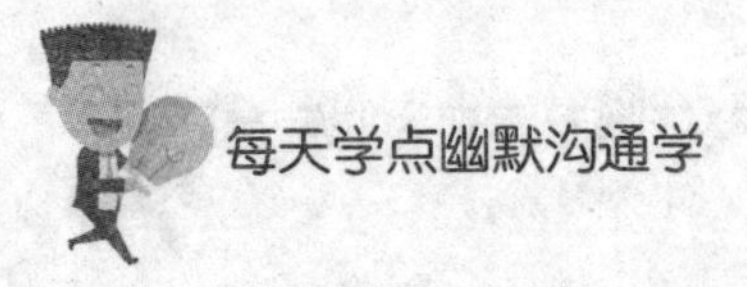

在这个小故事中，王僧虔显得十分聪明。齐太祖问题的原意是“在你我之间，你说谁是第一，谁是第二？”聪明的王僧虔岂能听不出这个问题的真实意图，假如他回答皇帝第一，虽然拍了马屁，但贬低了自己，这对于王僧虔本人是不情愿的；假如回答自己第一，那无疑得罪了皇帝，自己铁定吃不了兜着走。于是，聪明的他把君臣之比模糊成臣与臣之比，君与君之比，说自己是臣子中的第一，而齐太祖是皇帝中的第一，这样的回答蕴含着你我之间无法可比的含义。

清军入关之前，清太祖努尔哈赤当政，他十分宠爱自己的弟弟恭王。

有一天，努尔哈赤突然听说弟弟恭王病死了，十分悲伤，也很生气，随机传令把恭王府的总管和长史叫来，责问他们：“为什么恭王病危不来报我？”

总管和长史面露沉痛，回答说：“这是恭王吩咐的，他不让我们告诉陛下。他说，假如陛下知道他病了，陛下一定会亲自去探望他，从而增加陛下的悲痛，他会死不瞑目的。”清太祖听了之后，显得更加悲伤。

第二天，沉浸在悲痛之中的清太祖越想越伤心，越伤心就越生气。一气之下，他将内府郎中丁皂宝叫来，生气地说：“恭王府的这两个奴才，口口声声说他们忠于恭王，那么现在恭王死了，他们为什么不一同去死呢？你叫他们快快去死！”

听了清太祖的话，丁皂宝出门后就为难了，总管和长史受命于恭王，哪里有错呢？不过，皇命难违。他随即心生一计，急忙赶到恭王府，对着总管和长史一顿拳打脚踢，直打得两个人鲜血直流，昏死过去。

回到宫里，清太祖问道：“死了吗？”丁皂宝回答说：“活不成了。”清太祖不放心，又派了人去查看，只见两人满脸是血，地上也是血糊糊的一大片。清太祖听了查看人员的汇报，心中的气顿时消了大半，最后，两人的性命总算保住了。

在这个故事中，丁皂宝的模糊回答就显得十分绝妙，当清太祖问道：“死了吗？”他回答说：“活不成了。”这句话里的含义是很丰富的，说他们死了，可他们还活着；如果说他们还没有死，可他们活不成了。正是

这一句话，救了主管和长史两个人的性命。

妙语双关，化解难堪

中国文字文化可以说博大精深，一个词语往往具有多义性。假如在说话中巧妙地运用词语的多义性，这样可以达到出其不意的效果。这也就是所谓的一语双关，也就是故意使用同一个词语或者同一句话，在同一个言语环境中兼有两层意思，利用语言的多义性，使得言语不仅仅包含表面意思，还存有深层的含义，而这个词语背后才是说话者的真实意图。通俗地讲，就是表面上说的是这件事，实际上是指另一件事。这对于提升语言的艺术色彩有着非常重要的作用，可使讲话简单明了，又含蓄自然、幽默风趣。

清朝乾隆年间，有位科场失意而又自命不凡的秀才，在雁荡山麓开了一间私塾。正值阳春三月，雁荡山的水看起来清澈见底，秀才兴致盎然地去游山玩水。在去雁荡山的路途中，巧遇一个美丽的村姑，心动不已，想上前打趣一番，便作了个上联："竹茂林深，叫樵夫如何下手？"村姑一听，知道这位秀才心怀不轨，便出了下联，云："水清石见，叹渔夫自作多情！"听了村姑的话，秀才不知好歹，挖苦讽刺，又出了上联："桃杏李梨，看琼芳如何结果？"听到这样的讽刺，村姑岂能退让，马上对出："稻麦薯椒，问杂种什么先生？"听了这样的话，秀才自讨没趣，马上溜走了。

在这里，秀才与村姑的对联均是一语双关，所谓言在此，意在彼。虽然，外人听不出其中的真意，但对于他们本人而言，却是十分明白。中国的汉语自古就有许多"修辞"，又由于汉语语音一音多词以及语法缺乏形态变化的特点等，一语双关的辞格一直是修辞中的"老大"，有层出不穷的趣谈。

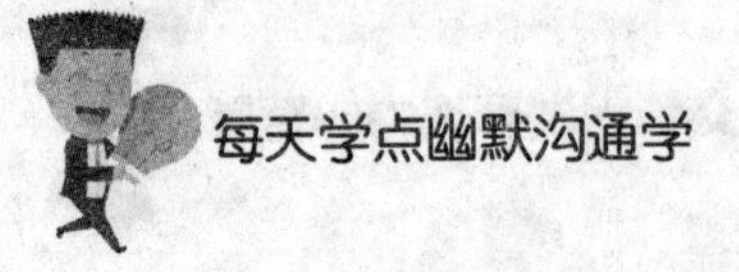

乾隆皇帝70大寿的时候，纪晓岚还是侍郎，和珅是尚书，两人都是寿宴中的头面人物。在迎接乾隆的队列中，和珅与纪晓岚走在一起，列于诸位大臣之间。忽然，队伍行进中有一侍卫牵一条狗从旁边经过。和珅看见了，笑了，看着纪晓岚，然后指着那条狗说："是狼？是狗？"大臣刚开始不明白这话的意思，后来看到和珅笑得极其狡黠，马上领悟了其中的含义，然后都随之大笑起来。

纪晓岚是何等聪明的人，他自然明白其中的意思，于是，很谦恭地说："回和大人，尾巴下垂的是狼，上竖的是狗！"听了纪晓岚的话，和珅黯然无语，悄然离去。而诸位大臣转而冲着和珅的背影笑个不停。

在这个小故事中，和珅的那句话"是狼？是狗？"一语双关，其真实意思是"侍郎是狗"。这就是利用谐音双关暗中转换语意，这样说来明显是在骂兵部侍郎纪晓岚。对这样的攻击，纪晓岚急中生智，先是称呼"和大人"，然后再回答"尾巴下垂的是狼，上竖的是狗"，可以说以其人之道还治其人之身，表面上看是一个陈述句，但其实却是一个感叹句"尚书是狗"。在生活中，类似的一语双关还有很多，除了寓意含蓄之外，还可以带给我们不一样的乐趣。

以子之矛，攻子之盾

有时候，虽然我们在交流之前做好了一切准备工作，可还是免不了在实际过程中出现各种各样的问题。如果你没有预想到这些可能出现的问题及对策，就会使自己陷入极端尴尬的境地，使你在交流中进退两难，严重影响你的说话效果。总的来说，在沟通过程中出现的无外乎两种情况：一是来自对方的故意刁难，二是由于自身的失误。而这样的两种情况就有可能引发一些各种各样的问题，如果在你毫无准备的情况下是相当棘手的。假如我们在实际沟通中遇到这样的问题，就要学会"以子之矛，攻子之盾"。

丘吉尔有一次正准备做即席演讲，一位媚态十足的女士对他说："丘吉尔，你有两点我不喜欢。""哪两点？"丘吉尔问。那女士说："你执行的新政策和你嘴上的胡须。"丘吉尔听后，彬彬有礼地答道："哎呀，真的，夫人，请不要在意，您没有机会接触到其中的任何一点。"

丘吉尔一向以幽默著称，他的幽默既巧妙地回答了那位女士的问题，也诙谐地取笑了那位女士对政治的愚钝。

在20世纪60年代，美国俄克拉荷马州地方高等法院受理了一桩十分棘手的刑事案件，有人被指控犯了杀人罪。法院经过了长时间的调查，掌握了许多重要的证据，可以证明他杀人成立。不过，犯人的辩护律师却不同意法院这样的指控，理由是：被害人的尸体一直没找到，法院根本没办法认定被害人已经死亡。

在法庭上，被告人的辩护律师说："法官先生，陪审团的女士们，先生们，有一件事会让你们大吃一惊。"说着，他举起手腕看了一下手表，然后把目光转向了法庭的入口处，继续说道："再过一分钟，本案中那位已经被认定的人将走进这扇门，来到我们的法庭。"什么？顿时，法官和所有陪审团的成员都惊呆了，他们一起把目光投入那扇门，紧张地等待着。

但是，过了一分钟，什么人也没走进来。这时，辩护律师说道："请原谅我开了一个小小的玩笑，这只是我虚拟的一个情节，那个人并没有像我说的那样走进来，不过，你们刚才的反应证明了一点，那就是：你们并不能完全确定那个人已经死亡，因此，基于这一点，你们对当事人的指控是不能够成立的。"

一下子，所有的法官和陪审团陷入了尴尬的境地，面面相觑，假如他们真的确定那个人已经死亡了，为什么大家听了律师的那句话会朝门口看呢？因为一个被认定死亡的人是不可能出现在那里的。

就在大家觉得尴尬的时候，主控方的律师笑了，他站起来风趣地说："没错，刚才大家都在看门口，这说明大家对被害人是否死亡还心存疑虑，这并不奇怪，因为任何推断都有可能发生意外，他们中没有一个是当事人，因此并不知道被害人是否死亡。但是，有一个人知道，那就是您的

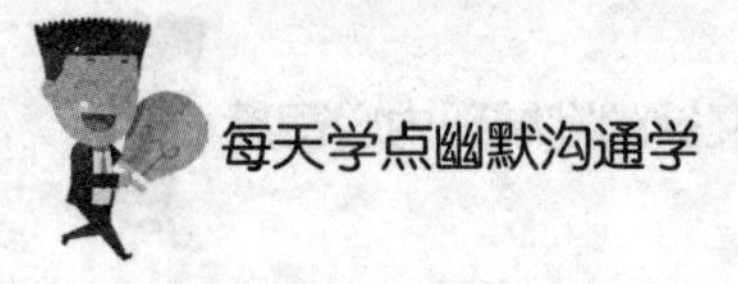

委托人，本案中被控杀人的当事人，我注意到了，他并没有朝门口看去，这说明了什么呢？说明他根本不相信被害人会从那扇门里走进来。”

这个案例就是有名的“以子之矛，攻子之盾”，也就是拿对方的观点、方法或言论来反驳对方。在很多时候，面对对方的攻击，我们可能是无言以对的，但是，事情往往没有绝密的缝隙。当我们以为没有言语进行反驳的时候，却不料可以顺着对方的观点推断，竟然可以得出一个伪结论，那正是我们想要的结果。

避实就虚，躲过攻击

在现实生活中，并不是处处都是阳光灿烂；交际场中，也不可能永远都是一团和气。我们每一个人都可能会在毫无准备的情况下遇到别人的指责或非难。当这些荒谬或者错误的意见袭向你的时候，你就会感到非常别扭，脸上无光，尊严也会受到伤害。面对别人侮辱性的语言或者荒谬的观点，我们不能采取沉默，而是要给予有力的反击。在反驳别人的时候，我们要避实就虚，躲过攻击，而幽默的方式往往是最有力的。

有一个倒卖香烟的人来到一个城市。有一天，他在这个城市的广场上大肆宣传抽烟的好处，市民们被他那天花乱坠的口才说得频频点头，纷纷准备掏钱购买他的香烟。这时候，有一位老人从听众之中走到台上，让这个商人大吃一惊。

老人在台上站定后，便大声地对台下的人说道：“女士们，先生们，关于抽烟的好处，除了这位先生讲的之外，还有三个最重要的好处呢。这位商人听了，喜上眉梢，连忙向这位老人表示感谢。他说：“谢谢你了，老先生。看您的相貌不凡，肯定是一位学识渊博的老人，就请您把抽烟的三大好处介绍给在场的朋友们吧。”

老人咳嗽了一声，清了清嗓子，说道：“第一，抽烟的人会让狗感到害怕，一见就逃。第二，抽烟的人会让小偷感到恐惧。第三，抽烟者永远

不老。”

台下的人听了，纷纷张大了嘴巴，发出惊讶的声音，都竖起耳朵等待这位老人的下文。这位商人更是喜不自胜，就不停地催促这位老人继续说下去。

老人摆了摆手，示意观众们安静下来，他说：“大家稍安勿燥，请听一下我的解释。”商人格外兴奋地说：“老先生，请您快讲。”

“第一，抽烟的人驼大部分都是驼背的，狗一见到就以为他在弯腰捡石头打它哩，能不害怕吗？”台下轰然大笑起来，商人顿时吓了一跳。

“第二，抽烟的人夜里睡不安稳，总爱咳嗽，小偷听见了，就以为他没睡着，所以不敢去偷他家的东西。”

观众们听了又是一阵放声大笑，商人大汗淋漓。“第三，抽烟的人没有几个长命的，所以没有机会衰老。”观众们终于听明白了老人的意思，给予了热烈的鼓掌。之后，大家发现商人不知道什么时候溜走了。

抽烟的危害是众所周知的，只不过人们早就厌倦了那些说明书式的解说。这位老人看不惯那个商人的荒谬理论，用比较幽默的话语进行了有力的反驳，既有一针见血之效，又躲过了商人言语中的攻击，而且让在场的观众们对抽烟的危害有了更加深刻的认识，可谓“一箭三雕”。

用幽默的语言进行反驳，可贵之处就是既能不露锋芒，又具有超常的杀伤力。当我们面对一些荒谬的意见或者是让我们无法再用平淡的心态去容纳的观点时，就有必要对他们进行有力的反驳。

收敛气势，含而不露

在幽默的修辞中，含而不露的幽默是颇具风采的。在语言沟通的过程中，含蓄是一种美妙的言语。含蓄是一种以坦诚开放的沟通来对待他人的方式，同时，也尊重了他人的感受。含蓄的表达是一种语言的艺术，委婉含蓄的表达比口无遮拦、直截了当更能体现一个人的语言修养。所以，无

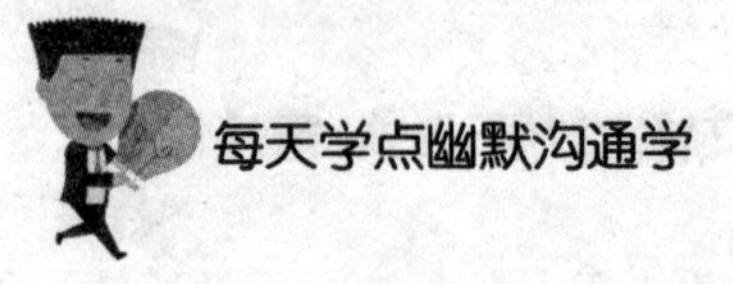

论什么时候，说话都要注意方式，多用含蓄的语言表达，让人与人之间变得满友好和谐。

有时候，幽默含蓄的语言还能够帮助我们避免尴尬，看似很简单的语言，却说出了关键问题。比如，丘吉尔曾经说“英国在许多战役中都是被注定要打败的，除了最后一仗”。足以见得，含蓄语言表现出来的力量。

当你不能确定自己的想法能否得到别人的支持，或者担心直接提出某些要求有失面子时，你可以借助含蓄幽默的语言来婉转表达，为你维护尊严，避免尴尬；当你发现上司决策失误，而当面指出又觉得失礼的时候，含蓄的语言可以起引导作用；当你心中有某种不满情绪，但又不便直抒胸臆的时候，含蓄语言可以帮助你讽刺时弊。含蓄是一种美妙的语言，虽说条条大路通罗马，但含蓄自有一番曲径通幽之美。

有一天，有个客人来喝酒，才喝了一口，便叫：“好酸！好酸！”老板听后大怒，不由分说，把客人绑起来，吊在屋梁上。这时又来了一位顾客，问老板为什么吊人，老板回答：“我店的酒明明香醇甜美，这家伙硬说是酸的，你说该不该吊人？”来客说：“可不可以让我尝尝？”老板殷勤地给他端了一杯酒，客人呷了一口，酸得皱眉眯眼，对老板说：“你放下这个人，把我吊起来吧！”

在日常交际中，为了避免不愉快的事情发生，说话应该讲究技巧性，比如，故意说一些与本意相似或相关的事物，含蓄地表达原来直说的话。含蓄的表达方式，很容易达到有效交流、沟通思想的目的；含蓄的语言，也更容易被别人所接受，更能表现出对别人的尊敬。这位客人含蓄的表达方式，既是一种强烈的讽刺，又缓和了气氛。

有时候，含蓄的表达方式显得很诙谐，比如，当你对卖鱼的小贩说“你的鱼儿告诉我，它已经离开大海很久了”时，这会让小贩在领悟之余多了微笑。如果你直接说“你卖的是什么鱼啊，都发臭了”，那肯定会引起一场争吵。

延伸本意，化解敌意

有时候，我们在说话的过程中，或是因为对方故意刁难，或是因为自己失误，免不了会使自己陷入困境中。而这时就需要延伸本意来化解敌意。延伸本意的特色是不进行正面抗衡，而是在迂回的交谈中，顺着对方的话说下去，借力胜敌，从而成功达到自己的目的。在自己处于尴尬的情况下，可用顺势牵引法使自己摆脱困境。

在日常生活中，当你遭受对方恶意的顶撞、攻击、讽刺挖苦或者出言不逊时，不要立即以牙还牙，针锋相对，而是把它作为前提，作为铺垫，作为条件，顺势把自己的态度表现出来。

美国曾有个政界要人叫凯升，20世纪40年代他首次在众议院里发表演讲时，打扮得土里土气，因为他刚从西部乡间赶来。

一个善于挖苦讽刺的议员在他演讲时插嘴说："这个伊利诺斯州来的人，口袋里一定装满了麦子吧？"这句话引起哄堂大笑。

凯升并没有因此怯场，他很坦然地回答说："是的，我不仅口袋里装满了麦子，而且头发里还藏着许多菜籽儿呢。我们住在西部的人，多数是土里土气的。不过，我们虽然藏的是麦子和菜籽儿，却能够长出很好的苗来!"

这句话立刻使凯升的大名传遍全国，大家给他一个外号："伊利诺斯州的菜籽儿议员。"这位菜籽儿议员采用的正是顺势牵引法。他深知顺势的妙用，把对方的冷嘲热讽当做可以利用的交通工具，顺路搭车，抵达了自己的目的地。

第09章　令人心悦诚服：幽默话语也可以很有说服力

在日常交际中，有时候我们需要为了说服对方而绞尽脑汁，如何才能让对方心悦诚服呢？幽默，当然是幽默，在说理中融入诙谐幽默的语言，让人听着舒服，同时也达到了说理的目的。

打好“太极”，以弱胜强

生活中有些人面对敏感的话题时，容易情绪激动，大动肝火，从而将事态扩大化，将言语的矛盾转化为肢体的冲突。这样既伤害了自己，又伤害了别人。这种做法是丧失理智的，同时也是一个人社交场合不成熟的表现。诚然，敏感的话题是每个人都非常忌讳的，但是，面对敏感话题时恼羞成怒和丧失理智必将授人以柄，成为别人疏远和嘲笑自己的证据。太极的特点是“以柔克刚，以静待动，以圆化直，以小胜大，以弱胜强”。太极的力量，在于绵柔当中藏着强大的内力，让接收者能感受到力量却无力反驳。无论是调解他人的争端还是保护自己，多用一下“太极术”，就能够达到很好的艺术效果。

提及“太极术”，很多人会想到“装腔作势”“装疯卖傻”“故弄玄虚”的成语来，事实上并非如此。“太极术”的应对形式，表现了一个人的

临危不惧和心平气和的良好修养，在谈话中能够用含而不露隐而不显的语气让对方觉察到你的真实用意，哪怕对你的回答感到不满意，也找不出破绽。

北魏孝文帝有两个心腹大臣，一个叫元志，一个叫李彪。元志在孝文帝迁都洛阳之后做了洛阳令。有一次，元志乘车出行，迎面撞上了御史中尉李彪的车子。按照北魏的礼仪，职位低的官吏遇到职位高的官吏应该站在路旁行长揖礼。但是，元志是一个十分好强的人，又自恃魏国宗亲，便不把李彪放在眼里，坚决不肯为他让道。于是两个人就在大街上吵了起来，最后又拉扯着来到孝文帝面前评理。

李彪对孝文帝说："御史中尉是皇帝重臣，朝廷大员，而元志只是一个小小的县令，不给御史中尉让道就是藐视朝廷。"元志却说："我是皇帝钦定的京城地方长官，凡是在洛阳居住的人，无论是谁，都在我主管的户籍簿里，李彪虽然是御史中尉，但更是我辖区里的一名子民，因此，我没有必要给他让路！"两个人在朝堂之上各执一词，吵得不可开交，明白其中原委的孝文帝啼笑皆非，觉得两个大臣因为让道而闹成这样实在没有必要。

为了调解两个人的矛盾，防止事态的扩大化，孝文帝没有偏袒任何一个人，也没有简单地选择各打五十大板的方式，而是和起了稀泥，说："既然两位爱卿都有理，那么你们两个就分道而行吧。这样，就谁也不会向谁行礼了。"两个人听罢，这才停止了吵闹。

元志和李彪两个人并没有任何的利益冲突，只不过是意气用事罢了。聪明的孝文帝没有被他们两个人的争吵而盲目判断孰是孰非，而是采用了"打太极"的形式，给他们一个"各自分路而行"的解决办法，这样就让他们两个挣足了面子，掉头也就有了充分的理由。同时，两个人的争执也在无形中得到了解决。

在面对敏感话题的时候，你不妨采用"打太极"的形式来化解那些带有刁难性质的提问。"太极术"的谈话方式就是将一些生硬的问题淡化处理，用故意曲解、避重就轻、答非所问、转移话题的方法去拒绝别人的提问，所达到的效果既能捍卫个人的尊严维护个人的原则，又能让对方听出弦外之音，同时还不会伤及对方的面子。

面对敏感的话题，义正严辞地去指责对方比礼貌固然能够表明一个人的原则，但是这种僵硬的方式却会给自己带来巨大的负面影响。如果使用太极式的语言表达方式，就能够使事情有一个回旋的余地，也不至于伤害彼此之间的感情。

大道理，小幽默

在和别人的交流之中，我们经常会遇到一些比较严肃的场合，谈论一些比较严肃的话题。在这种正式场合下，许多人的心都绷得紧紧的，用一本正经的方式进行信息表达和交流。这样就会因为大量空洞枯燥的话题和词汇而使交际场合变得十分沉闷，也会给听者造成心烦意乱、昏昏欲睡的感觉，最终必将导致交流的失败。那么，在这个时候，我们就可以尝试用幽默的方式来使那种严肃的气氛变得活跃一些。这种方式能够将大道理寄存于看似玩笑的幽默话语中，从而使交谈的气氛变得生动活泼，也能够使别人怀着愉快的心情接受你所表达的观点和理念。

在文学作品中，我们比较喜欢讽刺小说、喜剧剧本和寓言故事等题材，而对认识论、伦理学、美学等感到厌倦，这是因为前者具有趣味性，能够在轻松的话语中给我们带来人生的思考，而后者则充满了枯燥的长篇大论，读起来令人索然乏味，纵使里面蕴含着十分深刻的哲理，我们也不愿意过多地去接触。其实，人生又何尝不是如此呢？没有人愿意和一个枯燥呆板满口仁义道德的人打交道，而愿意和那些谈吐幽默，富有情趣的人做朋友。因此，在日常生活中，我们要多一些小幽默，少一些大道理，只有这样，我们的人生才会丰富多彩，我们的朋友才会日渐增多。

一个人的幽默谈吐是和他的聪明才智联系在一起的，那些轻松的话语充分体现了一个人良好的文化素养、丰富的文学知识和娴熟的语言驾驭能力。而那些张口闭口人生观价值观的人，看似懂得很多，实际上很可能是一个胸无点墨的人。他们所说出来的话语，看似十分高深，实际上既显得呆板枯燥，又显得

毫无生趣，在人际交往的场合，这样的人往往最容易被别人忽视。

玛丽亚是一名大学教授，在她55岁那年，她决定离开那个深爱着的三尺讲台，结束教学生涯。

在玛丽亚讲完最后一堂课的时候，窗外有一只鸟不停地欢叫着。玛丽亚深情地打量着这只小鸟，过了很久才转过身来面向她的学生们，说："亲爱的孩子们，从今天开始，我就不能陪伴大家了。因为我和春天有个约会，现在我要去赴约了。"说完她轻轻地向门口走去。这时候，礼堂里响起了学生们热烈的掌声，他们在给这位辛勤耕耘了几十年的园丁送行。

在人生的重要时刻，玛丽亚没有讲一句空洞的大道理，也没有用大量的篇幅去解释自己离开的理由，而是用十分富有诗意的幽默话语来和学生告别，从而使学生对她的选择给予支持和尊重。

古今中外不少名人，往往都是著名的幽默大师。他们在任何场合都能够用幽默风趣的话来表达自己的想法，让别人在十分轻松的场合中对他们所说的每一句话心领神会。他们的幽默绝不是矫揉造作，而是一个人性情和知识的自然流露。曾经有人说过："我本无心讲笑话，但是笑话却经常不自觉地从我口中说出来"，这句话正好说明了这个道理。

轻松劝慰，诙谐贴心

在我们身边有许多人渴望得到宽慰，有可能是失业的朋友，有可能是身患绝症的同事，有可能是正经历婚变的大学同学，有可能是患重病的亲人，等等。面对困境中的他们，我们能帮什么忙呢？对我们而言，目击他人的伤痛与不安，是一件异常痛苦的事情，我们经常会想办法解决它，或者采取某些行动。然而，有的人不懂得宽慰对方，或者为了避免说错话，选择什么都不说，错失了表达关心的机会。其实，当朋友需要支持，或者需要帮助的时候，我们应该尽可能地用言语去宽慰对方。可面对伤痛，太多的言语反而显得苍白无力，这时我们该怎么办呢？不如试着用诙谐的语

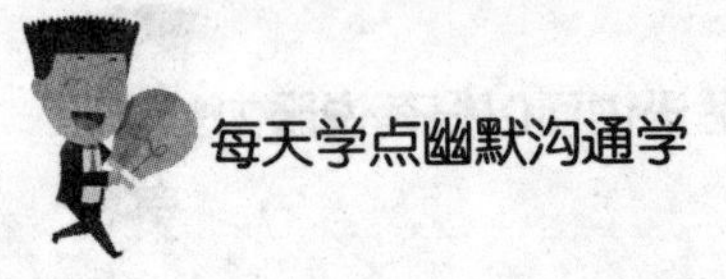

言劝慰对方。在笑声中忘记痛苦与烦恼。这不仅是一种友善的行为，也会令对方心存感激，继而使彼此之间的关系更为亲密。

有一天，四个商人忙里偷闲坐在公园的长凳上，边欣赏云淡风轻的秋色，边闲谈起来。一个说："我们四人是要好的朋友，干吗不趁此良机畅谈各自的缺点，好让我们彼此了解呢？"他这么一说，其他三人都点头同意。一个说："我好喝酒，常常见酒不要命，不醉不罢休。"其他三人听罢吃了一惊，心想，我一定要说得比他更惨些，要不他会为自己的缺点感到难过的。

接着，另一人说："既然老兄如此坦诚，我不妨也实话实说吧，我好赌，有时，甚至想偷钱去赌。"大家又是大吃一惊。第三个商人说："老兄们，我真是伤透脑筋了，知道吗，我越来越喜欢邻居家的一个女儿，一个有夫之妇。"

听了这话，商人们更加吃惊。轮着第四个商人了，他却默不作声，其他三人再三追问，他才开口说道："我真不知道如何启齿呀!""没关系，老兄，我们一定为你保密!""是这样的，我有一个改不了的毛病——好传闲话。"

在日常交际中，当几个朋友闲来无事坐在一起聊天的时候，就可以把幽默的语言作为一种增进感情、互相安慰的调味剂。假如朋友生病了，为了不提及对方的伤心事，我们不应该直接询问病情，而且即便算是一种安慰，也不会真正地消除朋友内心的阴影。这时我们应该想办法给朋友带来一份好心情。幽默的语言就派上用场了，比如，你可以说："你多么幸运啊，我也希望生点病，好让我安静地躺在床上休息几天。"这样幽默的语言往往是一种安慰病人的有效方法，而且还能够给对方带来欢乐。

一个因丧妻而患严重忧郁症的老年男子，对任何人的安慰都十分反感。一日，一个老朋友登门造访，全然不提病情、疗法之类，只是问："不知是否想过，假如你先去世，而尊夫人还活着，那会是怎样一种情形呢？"这位男子脱口便道："噢，那对她来说太可怕了，她该遭到多么巨大的痛苦呵！"那老朋友听罢便继续开导："你看，现在她却没有这个痛苦，那是因为您的安然无恙才使她免除了痛苦，所以，现在你必须尽一分

义务，付出一点代价，那就是以继续健康地活下去的决心，为你心爱的人免除痛苦，这代价是值得的！”

短短一番风趣的话，让那老人豁然开朗，同时，也令老友心中充满感激。人生在世，总会遭遇到诸多不幸，当我们健康幸福地活着的时候，也不要忽视了的身边的朋友、同事以及亲人的伤痛，适时为他们送上亲切的宽慰之语，令他们充满感激。若他日我们有了什么困难，他们也不会袖手旁观的，这就是人情所在了。

有时候，宽慰语言并不是一本正经地表达某种同情，它可以诙谐一点，这样所表达出来的效果会更贴切。比如，安慰失恋的朋友，可以这样说“你虽然失去了一棵大树，但换来了一片森林呀”。

言在此，而意在彼

语言最重要的价值是为了表达某种意思，传递某种信息。而口才的最大价值就是既要让自己的态度和感情准确地表达，又给听者的心里带来愉快和欢悦。在和别人交往的过程中，如何表达个人的意见和态度已经成了最重要的社交研究课题。有很多人，并不是薄情寡义，也不是心胸险恶，但是在和别人的交往中会经常落个处处碰壁的悲惨下场。这和说话方式是有着很大关系的。错误的表达方式，必然会导致令人不快的结果。在人际交往中，很多人都喜欢直接提出个人的思想和观点，而实际上，这种最直接的说话方式却是效果最差的。有时候不仅无法正确达到我们预期的目的，还会引起别人的误解和愤怒。这就要求我们在交际场合中，学会用心说话，讲究一下策略。直接提出个人的观点是行不通的，那么不妨绕个弯子，用委婉的方式来达到交谈的目的。

在日常生活中，总有一些不好直接提出的话题，而这时我们就需要暂时地抛开这些让人心里不舒服的话题，从另外的角度谈起，在交谈过程中，想办法一步步地向你表达的内容过渡。有了一个缓冲带之后，对方就比较容易接受比较敏感的话题了，从而和你进行愉快的交谈。

有一个妻子准备为丈夫买一件衣服，但是又怕丈夫不同意。于是对丈夫说：“咱们的女儿就快举行开学典礼了，可是孩子的衣服大部分都旧了，是不是应该去服装店里买上几件呀？”丈夫听后，觉得妻子的话很有道理，就很爽快地答应了，说：“开学典礼不是一件小事，咱们应该好好对待。孩子穿什么样的衣服由你决定好了。”

妻子又说：“你还是没有听明白我的意思，我说的不仅仅是孩子的问题。”

“不就是女儿参加开学典礼的衣服吗？这件事你自己决定不就行了吗？”

“我知道。但是，孩子的开学典礼我也必须参加，我总该为自己准备一件衣服吧？你还是帮我参考一下吧。”

丈夫显得有些不耐烦了：“你自己穿什么衣服还用问我吗，自己决定不就行了？”妻子解释说：“我整天在家里待着，都几乎忘记怎么样选择衣服了。你还是帮我去看看哪一件合身吧。”“哎，真拿你没办法，好吧！”丈夫不情愿地陪妻子来到衣橱前。

妻子一边挑选一边说：“哪一件好看呢？虽然衣服不少，但好像全都过时了，你不觉得这些衣服的样式都太老气了吗？”“是吗？我怎么不觉得？”丈夫敷衍着。

“你看嘛，这件虽然是去年才买的，而且颜色、式样都不错，但现在已没人穿这种衣服了。再说这一件吧，这是去年秋天买的，但现在已经不流行这种款式了！难道你没有发觉吗？”妻子问道。

“嗯，听你这么一说，我好像也觉得过时了。”

“那么，在给孩子买衣服的同时也该给我置办一件了，你说是么？”

“你说我再买一件好吗？再买一件……”

“真拿你没办法，你自己决定好了。”丈夫表示了同意。妻子乘胜追击，对丈夫说“其实你也该打扮打扮了，经常穿一件衣服，显得很没面子。这次我还是帮你买一件衬衫吧！”听到妻子的话，丈夫笑了，他知道

妻子为什么要绕那么大的圈子了。

有一个战略家在《战略术》一书说："无论是在政治、经济还是国际关系中，委婉有趣的说话方式都明显比直接攻击高出一筹。因为直接攻击只会激怒敌方，从而引起更加强大的反抗。委婉的说话方式则不同，它是以间接的，不知不觉的方法使形势转变到有利于自己的一方。在商业竞争中，讨价还价也比直接求购强得多。"在交际场合，我们同样需要用委婉有趣的表达方式来表达个人的建议，获得别人的认同。只有懂得绕弯子，才会在办事的过程中少碰钉子。

幽默说理，轻松劝诫

在交际中，当我们需要劝诫他人的时候，通常采取什么方法呢？苦口婆心，还是讲大道理？不管是前者还是后者，所带来的效果都是细微的，不显著的。假如我们希望自己所说的话能被别人听进去，而且达到了劝诫的目的，那肯定需要运用幽默说理。因为在很多时候，我们所劝诫的对象有可能是我们的上司或长辈，如果说话太过直接，那就可能驳了对方的面子，而我们想要劝诫的愿望注定会落空。因此，在这种情况下，我们要善于把诙谐风趣的语言融入其中，风趣说理，这样才容易被人接受。

纪晓岚是清代乾隆年间有名的大才子，无论是写作还是说话的功夫在朝廷之中无人能及。

有一天，乾隆皇帝为了检验一下他说话的本领，就把他召进宫来，对他说："昨天晚上贵妃生了一个孩子，你吟一首诗吧。"纪晓岚张口吟道："君王昨夜降金龙。"金龙两个字显然是在拍皇帝老儿的马屁，谁知乾隆皇帝并不买账，冷冷地说了一句："你错了，是个女孩！"才思敏捷的纪晓岚马上改口道："化作嫦娥下九重。"一个"化"字，将"金龙"变成了"嫦娥"男变女的事转接得天衣无缝，可是乾隆仍然不依不饶，说："生下来就死了！"这可是一个难题，不过并没有难道才高八斗的纪

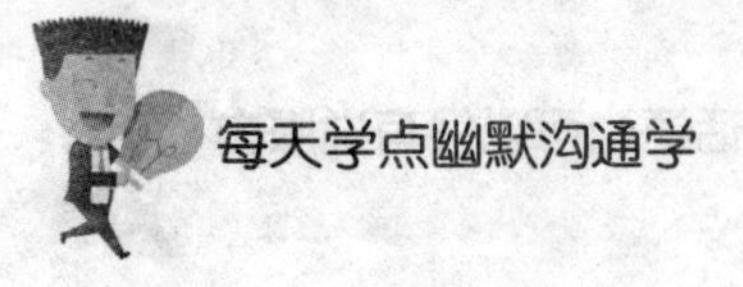

晓岚，他顺口说道：“料是人间养不住。”既表明了孩子的死，又显示了龙种和凡人的区别。

乾隆皇帝接着说：“已经把她扔到金水河里了。”话刚说完，纪晓岚就吟道：“翻身跃入水晶宫。”这句话再次把龙种升华。乾隆皇帝听了，不禁抚掌大笑，夸奖纪晓岚的聪明机智。

在这个故事中，我们当然看出纪晓岚的说话工夫了得，不过，在应对乾隆皇帝咄咄逼人的过程中，纪晓岚除了具备随机应变的能力之外，而且极具幽默的言辞。面对乾隆皇帝所说的“坏消息”，他可以用风趣诙谐的语言进行安慰，这样的口才技能实在无人能及。尤其是向上级劝诫的时候，我们更需要小心谨慎，以幽默应对，即便说出了自己的内心话，那也能以笑说服对方。

黄熙成为新科状元之后，有幸陪同乾隆皇帝来到苏州园林之一的狮子林游园。乾隆皇帝看到迷人的建筑风景，兴致勃勃，叫人拿过纸笔，乘兴写下了“真有趣”三个大字，之后让手下人拿去装裱，准备把这几个字作为园林的匾额。

黄熙觉得这样的题字太俗气，根本拿不出手。便想劝皇帝改一下，但是又怕自负刻薄的乾隆爷龙颜大怒，不仅不听劝，说不定连自己头上吃饭的家伙也保不住。只好暗自咽了口吐沫，准备等待时机再向皇帝进言。乾隆皇帝兴致勃勃，游兴不减，看样子是不会因为一点小事生气的，黄熙心里有了底，便跪下对乾隆皇帝说：“适才圣上题的字苍劲浑厚，意蕴高古，让学生十分佩服，恳请圣上将‘有’字赐予学生，让学生可以每日观摩临习。”

乾隆一听便明白了，心里想：“这个家伙明明是在告诉我这个字用得不好，但又怕伤了我的面子，即用这种方法来提意见，也算得上费尽一番苦心了。”于是，就赞许地点了点头，顺水推舟，对身边的太监说“就将‘有’字剪下来给他吧！”

从此之后，苍劲有力的御笔题名“真趣”二字就挂在了狮子林的大门口，后世的游客们来到这里，都从心里赞叹乾隆皇帝的书法和文思。

在古代，向皇帝提出建议和意见是每一个大臣的责任。但是，有些

人在进谏的时候方式上显得太过僵硬，认为向皇帝提意见就要和皇帝较真，非让皇帝在大怒之后去接受他的意见。因此，很多人在向皇帝提意见的时候，总喜欢唱反调，不懂得幽默说理，最终不仅没有让皇帝接受他的意见，还把自己的脑袋丢了。黄熙是很聪明的，他不像别人那样去“批龙鳞”，而是用一个比较幽默的方式委婉地向皇帝提出了意见，不仅让乾隆帝愉快地接受了他的建议，也保住了自己的脑袋，真不愧是说话的高手。

风趣批评，更易接受

幽默式的批评就是在批评的过程中，善于使用一些富有哲理的故事，或者是双关语，或者是形象的比喻，等等。这样幽默的批评方式，可以很好地缓解被批评者的紧张情绪，也可以使双方之间处于一种愉快的氛围，启发被批评者自己思考，从而增进相互间的情感交流，不但能够达到教育对方的目的，还可以营造出轻松的气氛，使对方更容易接受。

汉武帝是一个有着雄才大略的皇帝，在文治武功方面取得了很大的成就，但美中不足的是，他十分怕死，热衷于长生不老之类的学说，对相术之类的东西更是深信不疑。朝中的大臣十分反对他的做法，但又慑于他的权势而不敢言。

有一次，在朝会上，汉武帝对众大臣们说：“相书上说，人中如果长到一寸的话，就能活到一百岁，我觉得这个说法很有道理。”群臣们沉默不语，东方朔却不由得笑了起来。汉武帝认为他是在嘲讽自己，顿时龙颜大怒，问道：“东方朔，你是在嘲笑朕吗？难道朕说得不对？”

东方朔连忙从群臣之中走出来，跪在地上，对汉武帝说：“启奏陛下，微臣并不敢嘲笑您，只不过是笑彭祖脸长罢了。”

汉武帝不明白是怎么回事，就问到：“这与彭祖有什么关系？”

东方朔回答说：“彭祖是上古时期最长寿的人，活到了八百八十岁，按相书上所说，那么他至少要有八寸长的人中，这岂不是说他的脸至少有

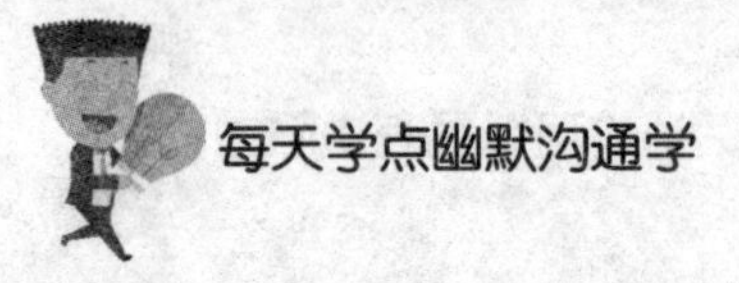

一丈长吗？微臣想到长寿之人竟是这般模样，就忍不住笑了起来。”

汉武帝听罢，默然不语。从此之后，再也不提相术之类的事了。

下属敢批评上司吗？然而，东方朔就敢于做这样的事情。在大臣们开来十分头痛的问题，而东方朔用一句话就解决了，充分证明了这位略显滑稽的大才子是一个不折不扣的口才专家。一句话击中要害，让汉武帝不再痴迷于相术，这种说话的方式比煞费口舌苦口婆心地劝说要强百倍。

关于苏联教育家有个故事：一次，他正在讲生物课，突然有个学生在下面学起鸡叫，课堂秩序大乱。格瓦列夫却镇定自若地看了看挂表说：“这只表误事了，没想到现在是凌晨。不过请同学们相信我的话，公鸡报晓只是低等动物的一种本能。”学生们在一笑之余，正襟端坐，教学秩序立刻恢复正常。

不管是作为老师还是领导者，假如你在批评别人时总板着面孔，严肃得看不见一丝笑容，那最终只会让彼此之间的矛盾激化，这就是呈现貌似平静实隐波澜的僵局，批评的效果并不好，同时也会让对方背上思想包袱，心理负担更严重。批评，并不是一定要把这个人训斥一顿，我们所需要达到的目的是希望他能够从中受到启发。而对批评而言，有时幽默的作用更加显著，在我们生活中经常会遇到这样的场景：当我们咬紧牙关、心急如焚地硬去拧瓶盖儿，却怎么也拧不开，但是，假如我们心平气和，只是轻轻一拨，那瓶盖儿就神奇地被打开了，其实，幽默的力量也是这样的。

有一个主妇因家中水管破裂，急告水电公司。可修理工因故迟到了几个小时，他非常抱歉，准备迎接一顿训斥。可那位主妇说：“没什么，等你的时候，我正好教孩子们学游泳。”

在这几句话中，有深深的责备，更有博大的宽容。试想听了这句话，修理工肯定会卖力地把水管修得又快又好。倘若主妇换成一副抱怨或斥责的腔调，虽然占理，但效果则要差得多。

美国哲学家帕克说：“幽默的目的是审美的沉思。”换句话说，幽默是以表面上的滑稽和形式上的玩笑，起到了实质上的庄重和内容上的

严肃效果，而这正是批评所需要达到的效果。幽默的批评，可以说是智慧的结晶，启迪的艺术，更是热情的开导，因为幽默批评是以“爱”为感情前提的。

暗示，曲径通幽

沟通是一种复杂的心理交往，而每个人的微妙心理、自尊心往往在里面起重要的控制作用，稍微触及它，就有可能产生不愉快。所以，对一些只可意会不可言传的事情、可能引起对方不快的事情，比如关于对方的不足之处，这时候不能直言相告，只能通过语言暗示来达到目的。在说话时，我们要真诚，但却不一定要真实，比如对方是一个长相欠佳的人，你一见面就说：“你长得真难看！”相信对方在自尊心受伤的同时也会恶语相向，和谐的人际关系就此破裂。基于每个人的微妙心理和自尊心，我们在说话时尽量利用语言来传达心理暗示，巧妙提出意见，不伤和气地令对方意识到自己的不足之处。

有一天，萧伯纳收到了著名舞蹈家邓肯的求爱信，她在情信中写道：“如果我们结合，有一个孩子，有着和你一样的脑袋，和我一样的身姿，那该多美妙啊！”萧伯纳看完信，很委婉又很幽默地回了一封信，他在信中说：“依我看那个孩子的命运不一定会那么好，假如他有我这样的身体，你那样的脑袋岂不糟糕了吗？”

邓肯收到信以后，明白了萧伯纳的拒绝之意，她失望地离开了，但她一点也不恨萧伯纳，反而成了他最忠实的读者和好朋友。

拒绝的话一向都不好说，说得不好很容易扫了对方面子，或者使自己陷入尴尬情境。所以，我们在拒绝他人时，需要讲究策略，最关键的一点就是用幽默含蓄的语言来传达“拒绝”的心理。

意大利音乐家罗西尼生于1972年2月29日，因为每4年才有一个闰年，所以等他过第18个生日的时候，他已经72岁了。在他过生日的前一天，一些朋友告诉他，他们凑集了两万法郎，要为他立一座纪念碑。他听了以后说：“浪费钱财！给我这笔钱，我自己站在那里就好了！”

罗西尼本来就不同意朋友的做法，但他并没有正面说出来，反而提出一个不合理的想法，含蓄地指出朋友的做法太奢侈了，点明了这种做法的不合理性。说话是需要讲究技巧的，暗示，也就是善用语言的含蓄，只有掌握了这些技巧，才会既不得罪人，又能让别人欣然接受。

有时候，面对他人的错误，我们最好也以双关影射之言来暗示他，迫使对方意识到自己的错误。比如，顾客发现汤里有一只苍蝇，巧妙暗示老板“对不起，请您告诉我，我该怎样对这只苍蝇的侵权行为进行起诉呢？”

顺水推舟，占据主动

在现实生活中，有时我们会受到一些不怀好意者的取笑、讽刺或侮辱。在这种情况下，假如暴跳如雷，破口大骂，不仅挽回不了事情，而且还会给自己增加烦恼。如果我们采用顺水推舟的幽默技巧，顺着对方的话说下去，然后占据主动位置，这样就可以快速摆脱窘境，还可以显示出我们的修养和人格魅力。在这里，所谓的顺水推舟，也就是抓住对方的话，顺着说下去，让话题向着有利于自己的方向发展，这样就可以产生强烈的幽默效果。

中文系大一新生的班会上，学员们轮流上台作自我介绍。轮到来自农村的牛力时，他走上讲台，刚刚说了一句：“我姓牛，来自农村……”却被一个不友好的声音打断了，只听有人说：“哎哟，乡下的小牛要进城喝咖啡了。”很多同学都放肆地笑了起来，牛力对这位同学无礼的耻笑感到十分气愤，但是又不愿意在第一天就给别人留下不好的印象，于是忍住火气，让自己镇定了一下说道：“是的，我是乡下的小牛，不过，我来到这里并不是为了喝咖啡，而是来‘啃知识’的，以便更好地回到农村去耕耘，我‘吃的是草，挤出来的是奶’我愿意永远做我们家乡的孺子牛”。

他的话刚说完，大家就热烈地鼓起掌来，为牛力精彩的自我介绍喝彩。

牛力用自己的机敏，顺着别人的玩笑话，用鲁迅先生的名言作了一个很好的解释，既让自己摆脱了尴尬的局面，又表明了个人的做人原则，赢得了全班同学的由衷敬佩。通常情况下，别人带有侮辱性的玩笑话并非故意的刁难，只不过是有口无心而已。在这个时候，你没有必要为此事而恼羞成怒，伤了双方的和气，而是要充分展现自己的口才，顺着别人的话借题发挥，将那些略带侮辱性的语言变成报将自己的话语。

在一次巡游江南的时候，雍正皇帝和刘墨林来到苏州看到了一尊弥勒佛。雍正皇帝突然指着佛像问："他为什么对着我笑呢？"这个问题有点难以回答，毕竟佛像见了谁都是一脸笑容可掬的样子，但是刘墨林又不能直说，否则就显得自己没水平。于是他就回答说皇帝是文殊菩萨转世，是当今活佛，佛见佛故笑。

刘墨林原以为雍正皇帝会为此开怀大笑的，不曾想，将话锋一转："那么，为什么佛见了你也笑呢？"刘墨林不愧为大才子，十分机敏地回答道："佛是在嘲笑臣成不了佛。"

刘墨林由于刚刚说了佛见佛笑，但是如果依然这样回答，他自己也成了佛，有和皇帝平起平坐的意思，说不好会惹上诛九族的大罪，因此就把弥勒佛的笑说成了是对他的嘲笑，既顺着皇帝的话，又巧妙地让自己开脱，还给皇帝戴了一顶大大的高帽。

幽默反问，令其诚服

在生活中，为了提醒、加重讲话内容，引起观众注意，增强语言表达效果，有时需要自问自答，巧妙运用反问，与对方形成互动，促使积极思考问题，并感染其激情、热情。反问是不需要回答的问题，答案就在问话之中，就是对问话的否定。反问可以表达出非常激烈的情绪，在热情奔放、情绪激昂的场合最适合运用。一连串设计巧妙的反问句，能使讲话具有非常大的气势，具有极大的震撼力与感染力，让听众听了之后情绪高涨，热血沸腾。不过，反问其实还有说服的功效，那就是幽默反问，当我们在幽默反问的时候，明知答案已经包含在内，那只会令其诚服。

在1988年美国总统大选的时候，民主党在选民中对布什进行了最大限度地挖苦和嘲笑，以便让他给选民们留下毫无主张的印象。民主党竞选大营的人嘲笑布什是“里根的影子”，他们在和共和党进行争辩的时候总是喜欢用挖苦的口气说：“布什在哪里？”这时候，布什的竞选顾问、老资格的政治公关专艾尔斯反唇相讥：“布什先生在家里，和他的夫人在一起，这有错吗？”顿时让那些嘲笑布什的民主党人士哑口无言，无地自容。

当被人问道：“布什在哪里呢？”这明显是一个挖苦的问句，面对这个问句，作为布什的竞选顾问、老资格的政治公关艾尔斯当然不让：“布什先生在家里，和他的夫人在一起，难道有错吗？”很显然是没有错的，而且，这一幽默的反问让那些嘲笑布什的人哑口无言，无地自容。而共和党是在忍无可忍的情况下才反戈一击的，既获得了选民们的同情和支持，又维护了个人的尊严，同时，更为布什增添了不少政治风度，给人们留下了深刻的印象。

卡耐基曾经说过，如果想说服别人，最好的办法就是举出例证反其问之，因为反面的例子比正面辩驳更具有说服力。所以，我们需要说服别人的时候，不妨采取幽默反问的手法，举出一个反面的例子进行有力的说服。

有一次，拿破仑对他的秘书说：“布里昂，你知道吗？你也将永垂不朽了。”

布里昂开始不理解拿破仑的意思，拿破仑解释说：“你不是我的秘书吗？”

布里昂明白后，笑了笑说：“请问，亚历山大的秘书是谁？”

拿破仑回答不上来，赞扬道：“问得好！”

布里昂明白了拿破仑的意思，虽并不寄予希望于拿破仑的名气扬名，但是他仍不忘作为秘书对主帅的尊重，所以采用表明请教，实际上采用了反问的方式："请问，亚历山大的秘书是谁？"证明了大前提的不可靠性，也使拿破仑的结论不攻自破。

美苏关于限制战略武器的四个协定刚刚签署，基辛格就在莫斯科一家旅馆里，向随行的美国记者团介绍了这方面会谈的情况，当时已经是5月27日凌晨1点，他毫无倦意。

"生产导弹的速度每年大约250枚，"基辛格微笑地透露道，"先生们，如果在这里把我当间谍抓起来，我们知道该怪谁啊？"

敏捷的记者们于是接过话头，开始探问美国的秘密。

"我们的情况呢？我们有多少潜艇导弹在配置分导弹头？有多少民兵导弹在配置分导式多弹头？"一个记者问道。

基辛格耸耸肩："我不确切知道正在配置分导式多弹头的民兵导弹有多少，至于潜艇，我的苦处是，数目我是知道的，但我不知道是不是保密的。"

记者说："不是保密的。"

基辛格反问道："不是保密的吗？那你说是多少呢？"

记者傻了，只好"嘿嘿"一笑，不再继续追问了。

其实，反问是用疑问的形式来表达所确定的内容。运用反问能够增强语势，把原来肯定的意思表达得更鲜明，不容置疑，所以，也更容易吸引听众的注意力，给听众留下深刻的印象，容易引发听众的想象和激情，这样的表达方式比正面更能产生力量。反问把答案寓于问句之中，而它所表达的思想内容与句子的表面意思相反：如果语句表面意思是肯定的，那么思想内容则是否定的；反之亦然。

第10章　自我魅力展示：幽默是一种优雅的人生态度

对于一个人而言，幽默是一种难得的品性，可以说，幽默所展现的是一种人格魅力。在日常生活中，那些具备幽默细胞的人，他的人生是成功的，或许，我们对这样的成功并不作任何的定义，但是，他们始终以乐观积极向上的态度生活，那就是一种成功的境界。

幽默，是一种绝世的睿智

一位智者说："智慧是幽默的父亲，乐观是幽默的母亲，幽默是智慧与乐观结合后生的儿子。"在现实生活中，人们承受的生存压力越来越大，虽然生活上富足了，奔上小康了，但我们所能感受到的快乐却越来越少。当然，这并不是因为我们减少了对快乐的追求，而是当我们对快乐越是渴求的时候，它却消失得不见踪影。这个世界需要幽默，这会让我们活得更开心一些，幽默不仅仅有逗人笑的本事，它所彰显出来的更是一种智慧。在一个人的身上会有许多的品质，比如善良、富有同情心、责任感等，这些品质都是可贵的。不过，在日常交际中，很多时候我们却没有太多的机会去展示自己的这些特质，如果我们刻意展示这些品质，反而会削弱自己本身的魅力。而幽默则不一样，因为幽默里所闪现的是智慧的光

芒，幽默的人往往思路敏捷、反应迅速，就算在复杂的环境里，他们也能妙语惊人，最后化险为夷。

有一天，拿破仑在野外打猎，忽然听到远处有人呼救，他循声走去，看见一个人落水了，正在大声呼救。于是拿破仑毫不犹豫地举起枪，大声叫道："喂！听好！你要是不爬上来，我就开枪打死你。"那个人听了，顿时忘记落水的危险，马上使出全力向岸边游去。上岸的第一句话就是："你不救我也就算了，为什么还要开枪打死我？"拿破仑从容不迫地回答说："假如刚才我不吓唬你，你就不会奋力游上岸，又怎么能脱险呢？"

有时候，幽默中所彰显的睿智并不仅仅体现在能言善道中，而是传递了一种积极乐观的生活态度，只要我们掌握了幽默的智慧，那就会感受到其中的快乐。在案例中，我们应该佩服拿破仑的幽默，在那个危急的时刻，他急中生智想出了救人的最好办法，他当然知道，当一个人在受逼迫的时候，所爆发出来的潜能是惊人的。

1944年3月25日，富兰克林·罗斯福第四次连任美国总统。《先锋论坛》报的一位记者采访他，就他连任总统之事问他有何感想。罗斯福笑而不答，请记者吃一片三明治。记者觉得这是一种殊荣，很快就吃下去了。罗斯福请他再吃一片，记者觉得这是总统的恩赐，也就把它吃了。罗斯福又请他吃第三片，记者受宠若惊，虽然肚子已不需要了，但他还是硬着头皮吃下去了。罗斯福微笑着说："现在已经不用回答您的提问了，因为您已经有了亲身的感受了。"

在这个案例中，仅仅一句简单的话以及有意味的行为，就可以看出幽默是一种智慧的体现。可以发现，罗斯福的学识是广博的，一个人只有广博的知识，深邃的见识，才能谈资丰富，妙语连珠。试想，假如面对记者的提问，罗斯福只是直接地告诉他，那根本无法产生幽默效果，而让记者接连吃三个三明治，然后再说自己连任总统的感觉就是相似的，这样一来，幽默感就产生了。

在第二次大战期间，许多美国士兵离乡背井，投入欧洲战场，只能借书信聊解思乡之情。

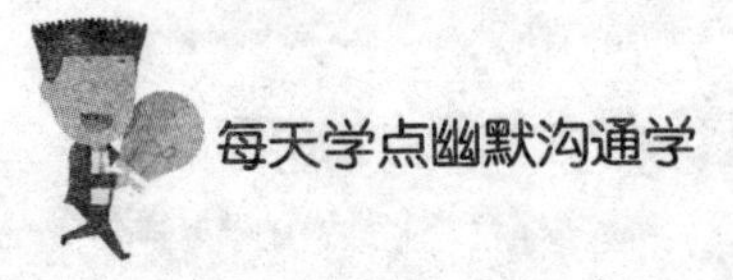

有个美国大兵接到家乡女友的来信，欣喜地拆开展读后，脸上的笑容顿时僵住了。

原来他日思夜念的女友在信中提到，她已经另有了新的男朋友，想借这封信结束彼此的来往，并请他将以前寄给他的相片寄还给她，以免日后徒生困扰。

美国大兵恼怒了几天，心情终于平定下来，他立即向随军护士及女性军官索取相片。他将索取的10余张相片全部寄回给女友，并附了一张短笺："这些都是我女友的相片，我忘了哪张是你的。请自行选取出你的相片，其余寄回。"

原来，幽默不仅仅是一种头脑的智慧，更是一种生活的智慧，这样的智慧可以让人忘记仇恨。有人曾说："幸福就是健康加上坏记性。"在现实生活中，每天我们都可能遇到一些不顺心的事情，假如把每件事都记在心里，那会累坏自己。而幽默，会让我们有一颗宽容、豁达的心。在上面这个案例中，面对女朋友的背叛，他选择了报复的方式，只是在这其中增加了幽默，这会让他那已经变心的女朋友产生啼笑皆非的反应。也或者，在他收集那些照片的过程中，已经结识了不错的新的女性朋友，也算是一件好事了。

本杰明·富兰克林曾经积极地参与了"独立宣言"的起草，为了争取黑人解放发表过演说，为建立美国的民主制度进行斗争。当时，他在指责一项有钱人才能有资格当选为议员的法律时说："要想当上议员，就得有30美元。这么说吧，我有一头驴它值30美元，那么我就可以被选为议员了。一年以后，我的驴死了，我这个议员就不能当下去了。请问究竟谁是议员呢？是我，还是驴呢？"

在这个案例中，本杰明最后所列举的比喻是很恰当的，有效地达到了讽刺的效果。假如驴也可以当选议员，那这个世界会成什么样呢？通过自己的假设，所得出的结果是荒唐的，以此取得了喜剧的效果。实际上，真正的幽默，是机智百变，妙趣横生，让人在嬉笑之余忍不住揣摩其中的滋味，然后有一种茅塞顿开的感觉。这比简单地说个笑话给人带来的启发性

大得多。

幽默，是一种难得的自信

幽默的人总是自信的，一个自卑的人是无法幽默的。因为在幽默的表达方式中，自嘲是幽默最高的境界，而敢拿自己开玩笑的人绝对是自信的，所以我们说幽默是一种难得的自信。当我们评价某人说“这个人很幽默”，可以认为是对这个人很高的赞赏，因为不仅展现了这个人个性随和、可亲，更显示了其高度的智慧、自信。比如，一位出版社编辑，当别人讥笑他聪明绝顶时，居然指着自己的光头笑着说：“不，早就绝顶了。”试想，假如他不具有相当的自信，怎么可能用别人的话来嘲笑自己呢？而假如他是一个自卑的人，听到别人的嘲讽早就翻脸了。大量事实证明，越是自信的人，越富有幽默感；越是自卑的人，就越难以容忍幽默的存在。那些不懂得幽默的人，是因为色厉内荏的自卑。

自信的人即便别人骂自己，他也会觉得没事，就好像衣服上沾了灰尘，随手抖抖就没事了。因为他知道，不管别人怎么说，自己永远是自己，自己身上的能力与才气不会因为别人的几句话而消失不见，这样的人是自信。当然，因为自信所以铸就了他们的幽默。在这个案例中，丘吉尔在同一个人身上感受到了两种感觉，从被人推崇到咒骂，这之间的落差是很大的。不过，自信的丘吉尔并没有生气，他反而心平气和地接受了对方的先扬后抑，而且自己也参与其中。

林肯的老婆也是著名的泼妇，喜欢破口骂人。有一天，一个十二三岁送报的小孩，因为送报太迟了，遭到林肯太太的百般辱骂。小孩去向报馆老板哭诉，说她不该骂人过甚，以后他不去那家送报了。这是一个小城，于是老板向林肯提起这件小事。

林肯说：“算了吧？我都忍受她十多年了，这小孩才偶然挨一次骂，算什么？”这是林肯的自我解嘲。

幽默的人是自信的，因此他们常常成为交际中的焦点。不管是被人揶揄，还是被人讽刺，他们都能够谈笑自如，假如没有足够的自信是做不到这一点的。在日常交际中，一个有自信的人，他们在交际场合中不会感到胆怯，而且在别人的打击下还能保持镇定的态度，这些都是幽默的前提条件，而且是必需的基础。当然，一个幽默的人肯定是一个自信的人，而一个自信的人却不一定是一个幽默的人，那是因为虽然自信是幽默的要素之一，但幽默并非自信的要素之一。

有一次，普希金宴请客人，在座的一位客人对他说：“亲爱的普希金，一望而知你的腰包装得满满的。”普希金十分幽默地回答说：“自然我会比你阔气些，你有时候闹穷，必须等家里寄钱给你，而我却有永久的进款，是从那32个俄文字母上来的。”

比如，爱迪生的儿子在竞选州长时，不想利用父亲的声誉来抬高自己。因此，他在作自我介绍时这样解释说：“我不想让人认为我是在利用爱迪生的名望，我宁愿让你们知道，我只不过是我父亲早期实验的结果之一。”

对于具备幽默细胞的人，生活随处都是幽默，自信的他们总是能将那些幽默的元素随手拈来，不矫揉造作。就好像爱迪生的儿子可以大声说：“我只不过是我父亲早期实验的结果之一。”这句话是事实，其中却透露出某些自信，他不介意这样说自己，那是源于他内心无比的自信。

只有无比自信的人，才能对他人的讥讽作谈笑自如的回击，他们当然相信自己，而从来不会怀疑自己。只有那些不够自信的人，在面对他人谩骂、讽刺的时候，才会像被说中一样窘迫、害怕，于是他们恼羞成怒，甚至以更恶劣的语言还击对方。其实，当对方故意对你进行言语攻击的时候，假如看到你的心境真的受了影响，那对方是会暗自窃喜的，因为他们的目的达到了。

虽然，自信的人并不一定是幽默的，但假如你想成为一个幽默的人，假设你现在还很自卑，还很胆小，那就先学会增强自己的自信心。只有当你有了足够的自信，才有勇气拿自己开涮，才会展现出幽默的效果来。当

然，在这个过程中，我们还需要凑足所有的幽默要素，诸如乐观、积极、敏锐的观察力和思考力，等等，这样才能真正地成为幽默达人。

幽默，是一种优雅的人生态度

在生活中，我们都知道那些心情不好、情绪很差的人，绝对是笑不起来的，因为他们心里总是充满烦恼。而那些心里充满质疑的人，他们的话里肯定感受不到春天的气息，因为他们句句带刺。那些整天闷闷不乐、牵肠挂肚的人，他的话里也是永远化不开的浓雾。而只有那些有着优雅人生态度的人才会笑口常开，只有心怀坦荡的人才会口出妙语，在他们话里总是带着含蓄的爱，话未出而意先到，还带有对自己不失尊严的戏谑。

一群艺术家聚会，先是炫耀各自最近得了多少版税、有多少约稿应付不过来。再谈到京城房价之高，并不失时机地表露出自己的房子有多大。这时，有人看到一个诗人一言不发，便问诗人住在哪里？

诗人回答："我没有家。"一个聚会者感叹说："唉，当今诗坛不景气，诗卖不到几文钱，成家很难啊！"另一个插嘴："诗人太浪漫了，到处去找灵感，怎么能有'家'呢？"诗人回答："在座都是小说家、音乐家、书法家，当然有家，没有人称呼诗人为'诗家'，所以诗人没有家是正常的。"

那些到处炫富的人内心是无比虚荣的，他们最希望听到的是别人多么多么羡慕自己的生活。生活富足的他们常常自以为是，他们总是喜欢吹嘘自己有多成功，家里的房子有多大，平时用的是什么国际牌子，开的车是进口的还是国产的。他们一方面在吹嘘自己的同时，还会假装对那些生活不怎么样的被他们归为不成功的一类人进行"嘘寒问暖"，假惺惺地为他们寻找一大堆客观理由，其实他们心里已经在偷笑了：我就是比你成功，像你这样落魄的人怎么可能成功呢？在这个案例中，正是出现了那些喜欢

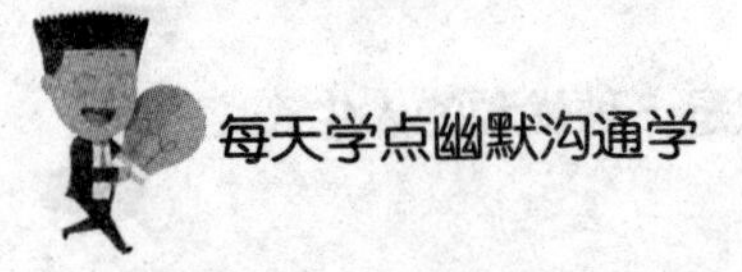

炫耀的人的嘴脸，当他们知道诗人没有家的时候，便会假装安慰，其实他们想听到诗人在承认自己确实失败的同时，对那些有钱人的敬佩。然而，最终他们的愿望落空了，因为诗人没有家的理由是出人意料的，因为“诗人”这种称谓里没有“家”。在这个充斥着铜钱味的社会里，许多人快承受不住了，他们早已失去了最初的宁静，面对各种诱惑，他们已经无法优雅了，而唯有诗人，他还以独有的幽默行走于世间。

一个美国人问一个中国人：“你对美国人的观感怎样？”

中国人说：“我觉得你们美国人好有趣喔！”美国人诧异地问：“怎么呢？”

中国人说：“你们先放一块糖在杯子里，让它喝起来甜，然后又放一片柠檬让它喝起来酸；你们还会倒些酒在杯子里，让它喝起来暖，再加几块冰块在里面，让它喝起来凉；最有趣的是你们举起杯子对客人说：‘来，这杯敬你！’但却将它倒入自己的口中，哈，你们美国人真是有趣极了！”

从这个案例中，我们不难发现，不同文化不同国家的人的性格差异。在不同文化之间存在着趣味性的落差，不过，说实在的，西方人确实比东方人幽默风趣。在几千年的传统文化中，中国人的幽默细胞都被牢牢地束缚了，无法放开。在现实生活中，我们需要严肃一点，认真地对待生活，即便生活再难，我们也咬牙坚持。但是，在严肃的同时我们还可以风趣，在备受生存重压的同时还可以活得优雅，这才是人生中的大境界。

美国前总统安德鲁·杰克逊曾经同本顿决斗过，本顿一枪击中了杰克逊的左臂，子弹一直留在里面近20年。

到医生取出子弹的时候，本顿已经成了杰克逊热情的支持者。杰克逊建议将子弹归还本顿，但本顿谢绝接受。说20年的保管期，已使产权发生了转移，子弹的所有权当属杰克逊了。而杰克逊说自从上次决斗到现在只有19年，产权关系没有发生变化。本顿回答说：“鉴于你对子弹的特别照管——始终随身携带——我可以放弃这一年。”

无为无欲的阳光普照了大地，但却造就了大地的生机勃勃。富于幽默

的人说的话虽然憨傻，但他内心却是无比透明的，因为豁然开朗，所以活得优雅。在交际中，假如我们仔细去揣摩别人生活中的幽默，那我们可以在自嘲或天真的话语中感受到幽默者敦厚的天性以及无比的智慧。幽默是一种人生优雅的姿态，这是人生最好的姿态。正如亚里士多德曾说："幽默发现正面人物在个别缺点掩饰下的真正本质。我们正是这样不断地克服缺点，发展优点，这也就是幽默对人的肯定的力量之所在。"

有小偷半夜去穷困潦倒的作家巴尔扎克家里偷东西，巴尔扎克被惊醒之后，对忙着到处找钱的小偷说："别浪费精力找钱了，我白天都找不到，你在晚上就更找不到了。"在这里，幽默所展现的就是一种优雅，一种宽阔胸怀的优雅。幽默的人并非超脱世外，而是积极豁达的人生观念，这样的人将以一种优雅的姿态活着。那些不具备幽默感的人是无法优雅的，他们更不会积极乐观地看待自己的生活。当我们学会乐观地看待自己的生活，那优雅的幽默就自然而生了。能成为一个优雅的幽默家，主要在于三个方面：平等的待人态度，从来不自认为高人一等，保持一颗平常心，学会尊重他人；有宽广的胸襟，虚怀若谷，闻过则喜；能够仁厚待人，容人之过。

幽默，是一种霸气的领导力

幽默，可以说是一种霸气的领导力。在很多时候，幽默不仅仅能给下属带来快乐和欢笑，还能够有效地提升领导者的威望。比如，在面对记者犀利的提问时，领导者如此机智而幽默的回答，不仅表现出了领导者的聪明才智，也为自己赢得了荣誉。在美国内战时期，官兵们误认为敌人的兵力是自己的三倍，顿时，士气低落，当问到敌方有多少兵力时，林肯毫不犹豫地说："120万。"接着，他解释说："每当我们的将领打败仗时，总认为敌人是我们三到四倍的兵力，现在我们的兵力是40万，那么，如此以

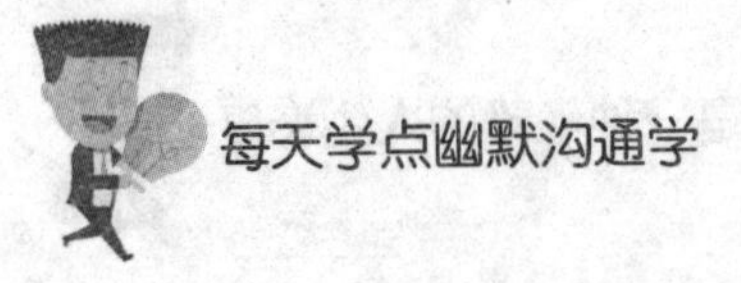

三倍计算，不就是120万了吗？”在这里，林肯委婉地批评了军官们盲目地埋怨和恐慌的情绪，以幽默的方式坚定了士兵们的信念，鼓舞了士气，使军官们消除了心中疑虑，重新振作起精神。

有一位年轻人新近当上了董事长，上任第一天，他便召集公司职员开会。他自我介绍说：“我是麦克，是你们的董事长。”然后打趣道：“我生来就是个领导人物，因为我是公司前董事长的儿子。”参加会议的人都笑了，他自己也笑了起来。

在美国历史上有许多重要的人物，比如林肯、罗斯福、威尔逊等，他们都是幽默感十足的人。或许，我们无法准确地说这些重要的人物是以什么样的理由被永久地刻在史册上，但我们却清楚地明白，幽默绝对可以说是理由之一。因为幽默感，会快速地提升一个人的领导力。在上面这个案例中，麦克以幽默来证明他能以公正的态度来看待自己的地位，并对之具有充满人情味的理解。实际上他委婉地表示了：正因为如此，我更要跟你们一起好好地干，让你们改变对我的看法。领导者们当然会明白幽默的价值就是让人开心，从而赢得他人的好感。像许多善于幽默的领导者一样，他们都善于以引人愉悦而著称于世，可以说幽默已经成了他们的领导力之一。

有一天，威尔逊为了推行其政策，在一个广场上举行公开演说。当时广场上聚集了数千人，突然从听众中扔来一个鸡蛋，正好打中他的脸。安全人员马上下去搜寻闹事者，结果发现扔鸡蛋的是一个小孩。威尔逊得知后，先指示员工放走小孩，后来又马上叫住了小孩，并当众叫助手记下小孩的名字、家里的电话与地址。

台下听众猜想，威尔逊是不是要处罚小孩子，于是开始骚乱起来。这时威尔逊要求会场安静，并对大家说：“我的人生哲学是要在对方的错误中，去发现我的责任。方才那位小朋友用鸡蛋打我，这种行为是很不礼貌的。虽然他的行为不对，但是身为首相，我有责任为国家储备人才。那位小朋友从下面那么远的地方，能够将鸡蛋扔得这么准，证明他可能是一个很好的人才，所以我要将他的名字记下来，以便让体育大臣注意栽培他，

使其将来成为我国的棒球选手，为国效力。”威尔逊的一席话，把听众都说乐了，演说的氛围也更加融洽。

看到故事的结尾，我们会说什么呢？或许有人会说，威尔逊根本小题大做，故作玄乎。不论怎样，风趣的威尔逊不仅善于从孩子的过错中发现其优点，同时积极地寻找有效的方法。这样不但让之前的不愉快变淡了，而且还将一件糟糕的事情变成了一件好事，他在帮助自己摆脱窘境的同时，还提高了自己的领导力。

当上下级之间发生了一些不愉快的事情，领导恰当的幽默技巧可以快速化解矛盾，使人际关系变得融洽而畅通。当然，幽默是一个人智慧的表现，是修养、学识、品格等方面的结晶。一个领导者只有平时善于学习，善于观察，善于积累，不断地充实和丰富自己，才能学会幽默这门艺术。

幽默，是一种绝妙的影响力

慕容雪村于2003年在网络上发表一篇1万多字的长帖，名为《做爱的经济学分析》，从经济学的角度分析了男女之间这个感性的问题，虽谈男女之事，但干净得很，行文幽默诙谐，一举成为网络上著名的热贴，使其影响力剧增。虽然，慕容雪村出名了，网络也算是一大功臣，但就目前的网络文学，那是铺天盖地，一个文学作品若是没有什么看头，会凭空出名吗？在这其中，幽默诙谐就是最大的看点，当人们忙了一天休息的时候，若是看看诙谐幽默而不用动脑筋的故事，那该是何等的快乐，笑容驱散了一天的疲惫和辛苦。在生活中，一个具有幽默感的人，其幽默的语言和行为会一传十、十传百，比如王朔的冷幽默，出了名的京腔，那在文学这个行业里就是一块招牌。假如幽默的语言行为中有其思想、观点，那就会有许多人来传播他的思想、观点，那么他所想表达的信息也就被别人了解了。不管别人接不接受，但影响力确实达到了。

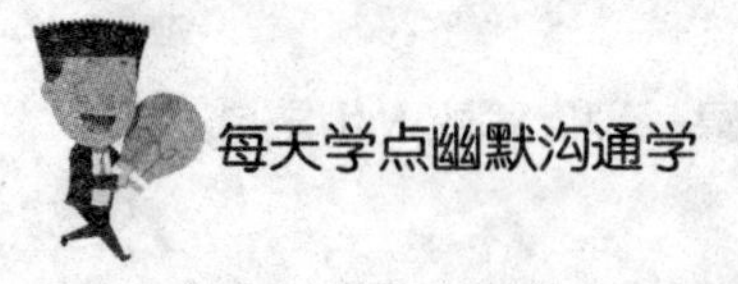

富翁的一个贴身厨子，手艺实在好得没话讲，他为主人烹饪了十几年，却从未得到主人半句诚心的赞美。

这一天，他实在忍不住了，午餐就做了一道“单脚烤鸭”，味道美极了，主人吃得津津有味，但忍不住问厨子：“奇怪，这只烤鸭怎么只有一只脚呢？”厨子回答道：“我们家养的鸭子都是一只脚的呀，不信的话，您到后院去瞧瞧!”富翁心想哪有这回事？决定到后院一探究竟。

后院养了许多鸭子，中午时分都在休息呢!鸭子休息时，原本都是一只脚站着的，富翁看了呵呵笑着，就拍着手大声吆喝作势驱赶，只见一只只鸭子“呱呱呱”地放下脚来摇头摆臀地跑开，富翁回头对厨子说：“哪来的单脚鸭？你看看，下面都是两只脚嘛！”厨子说：“原来是一只脚的，不过您给它掌声，它就变成两只脚了!”

或许，构成一个人的影响力的因素是很多的，不过，幽默却是一个不可忽视的因素。在现实生活中，人们的生活形式是固定不变的，或者说在一段时间里是固定不变的，不管你是有一定影响力的人，还是想成为一个有影响力的人，我们都不能否认幽默作为影响力的作用。当我们的生活形态成为一种周而复始的重复，那我们就会厌倦，而对生活形态进行改造的一种行之有效的办法就是培养和发掘自己的幽默感。因为幽默会使枯燥乏味的生活发生变化，会使按部就班的工作变得有趣，从而让人感觉不到沉闷。

“第二次世界大战”前，美国国会议员因为军方提出的B12轰炸机研制计划而争论不休，支持该项计划的罗斯福总统为了说服议员费了很多口舌，还是没有显著效果。

眼看这项议案就要流产了，情急之中的罗斯福不再用严密理性的说辞来做工作，他说：“说实在的，对于B12轰炸机我们都不是特别了解，但我想，B12是人体不可缺少的维生素，既然现在军方需要B12轰炸机，我想对于他们来说一定是不可缺少的。”

结果，这项议案居然通过，而B12轰炸机在后来的“第二次世界大战”中可谓战功赫赫。

在许多人看来，国会议案上肯定都会说一些严肃的理论，所讲究的是理性、逻辑，他们所列举的绝对是精确的数字，因为这样才能为自己的论点提供有力的依据。不过，当我们总是靠事实和道理说话的时候，却还是不起作用，该怎么办呢？像案例中的罗斯福总统一样，幽默一下，很轻易就改变了许多人的态度。我们不能去追究那些议员最后是如何被说服的，但罗斯福那有趣的比喻在某种程度上缓和了双方阵营的矛盾，这样对立的缓和有助于平和理性地去理解对方的意见和观点，而不至于在盲目的对立中作出错误的决定。

曾经有一位病人因牙疼去看牙医，牙医看了看后说："这颗牙已经严重蛀坏了，无法做根治，需要整颗拔掉！"病人问："请问拔一颗牙要多少钱？"牙医回答说："600元。"病人一听大吃一惊，说："什么？拔一颗牙只需短短几分钟就要收600元!"牙医冷笑道："如果你要慢慢地拔也可以，我可以慢慢地帮你拔，拔到你满意为止。"

交际的目的在于可以成功地赢得他人的好感与信任，这本身就是一种人际影响力。当我们学会了幽默，就会变得受人欢迎，甚至赢得了无数的掌声。因为幽默可以消除人与人之间的敌意，它可以营造出一种亲近的人际氛围，而且有助于自己和他人变得轻松，从而消除工作中的疲惫感和劳累，于是，无形之中我们就扩大了自己的影响力，渐渐地，我们在别人的眼里，就会变得可爱，更容易被人亲近。

幽默，是一种豁达的品格

每个人都有过精神或者身体上非常难受的感觉，我们称之为"痛苦"。痛苦就像抽烟，百害而无一益，所以应该减轻或者消除痛苦。每个人都面临过困境，但是在困境中要有良好的心态方能摆脱。用幽默减轻痛苦、摆脱逆境是不错的选择，当精神上痛苦时，幽默能对症下药，见效很

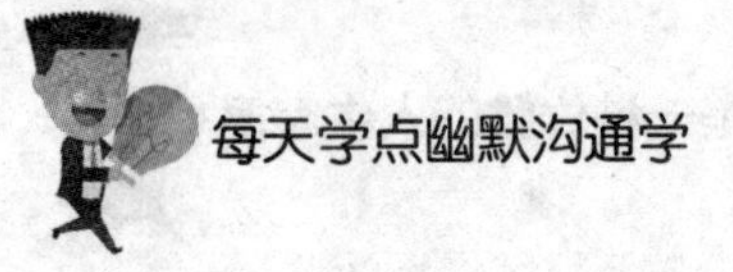

快；当身体上痛苦时，幽默能转移注意力，用精神上的舒缓缓解身体上的痛苦。无论是面对痛苦或者身处困境保持幽默都是一种豁达的品格。

美国作家卡森斯曾担任《星期六评论》杂志的编辑。因为长期操劳，他患上了一种严重的病，经检查确诊为结合体系并发症。随后他身体虚弱，行动不便，痛苦万状。虽多方求医，但收效甚微，不少名医诊断为不治之症。后来，卡森斯听从了一位朋友的劝告，在除了药物治疗外，决定采用一种奇特的幽默疗法。他搬离了医院，住进了一家充满欢乐气氛的旅馆。在这里，他常常看一些幽默风趣的喜剧片，和朋友们进行幽默的交谈，听人讲一些幽默段子，使自己整天处于一种轻松欢快、无忧无虑的状态，每天都很开心快乐。卡森斯发现，一部10分钟的喜剧片可以给他2个小时无痛苦的睡眠，他还惊喜地发现，笑可以减轻发炎，而且这种“疗效”可持续很久。与此同时，他还辅以适当的营养疗法。几个月后，奇迹出现了，卡森斯居然恢复了健康。卡森斯总结了自己战胜病魔的经验，并开出一张“幽默处方”，风趣地取名“卡森斯处方”。其中有这样一些内容：“请认清每个人都有内在的康复功能，具有充实内在的康复力。利用幽默制造一种气氛，激发自己和周围其他人的积极情绪。发展感受希望和信仰的信心，并培养强烈的生存意志。”这一处方的核心是以幽默来激发生活的力量、生存的意志、康复的能力，进而增强精力，战胜疾病。

卡森斯由于繁忙的工作而高度紧张，况且他又是精益求精的人，难免在一些事情上追求极致，再加上并不是每次都是非常成功的，这样就会导致他的心情受到影响，同时感到身心疲惫。这种情况下，卡森斯最终患上了结合体系并发症，身体虚弱，行动不便，痛苦万状。但是朋友的“幽默治疗法”让他感受到充满新鲜空气的生活，幽默让他变得开朗，对生活的态度也变得豁达，这无疑让他卸掉了生活的包袱，轻松地生活，最终他奇迹般地康复了。由此可见，即使生命面临结束也不要悲观，用幽默豁达地看待这一切，反而会让生命重新焕发光彩。凡事斤斤计较自然会钻牛角尖，精神难免会抑郁，所以人生需要幽默，需要这种豁达的品格。

心理学家雷蒙德·穆迪在《笑，笑，笑：幽默的疗效》一书中谈到一个悲观和抑郁的病人。

他是一家饼干厂的工人。某一天，病人来就诊比往常更加沮丧。那一周，新来的管理员下令增加饼干的产量，但这位工人知道包装机的能力难以应付饼干产量的提高。但管理员仍然坚持要多做饼干，因此，工人只好勉强把机器开到最高档，提心吊胆地注视着机器的运转。只过了几分钟，饼干就开始向四面发射，大量的饼干，就像从机关炮里喷涌而出。管理员对着这位工人尖叫，并为这场事故而责备他。这位恪尽职守的工人事先就这个问题已经提醒过他的上司，但现在却受到了非常不公正的打击。错误的谴责还在继续，而饼干却在他们的脚边越堆越多了。穆迪博士开始想象那失去控制的饼干机，他竭力忍住笑声，但嘴角上已经出现了笑容。当他咬住嘴唇时，他那位异常激动的病人已经看到了他的微笑。使他惊奇的是，病人也开始笑了。突然间，他们两个人都发出了一阵大笑，那个片刻成了病人疗程中的转折点。这位病人自从烦恼的处境中解脱出来后便参加了管理学习班，不久，他调动工作，换了一个愉快的环境。

饼干厂的工人因为上司的无理要求和无理指责而感到沮丧和抑郁，这些工作上的不公平待遇使他深受打击。所有这些导致这名工人用一种悲观的态度来看待生活，这样的态度使其很难从烦恼的困境中解脱。穆迪意外地发笑，瞬间触动了这名工人，工人也笑了起来，就在这个发笑的过程中，工人的许多压抑感都发泄了出来，如释重负，这也是为什么成为穆迪治疗病人的转折点。穆迪后来在书中写道："退一步看待自己的生活情况，从喜剧的角度，从大处着眼，他认识到这个小小的插曲只不过是和自己开了一场玩笑而已。"

幽默可以使人豁达，一个瞬间的大笑，缓解了人们的焦虑情绪，使其豁达地看待这一切，从而找回健康的心态。保持豁达，幽默常在，精神开朗，身体就会健康，反之亦然。

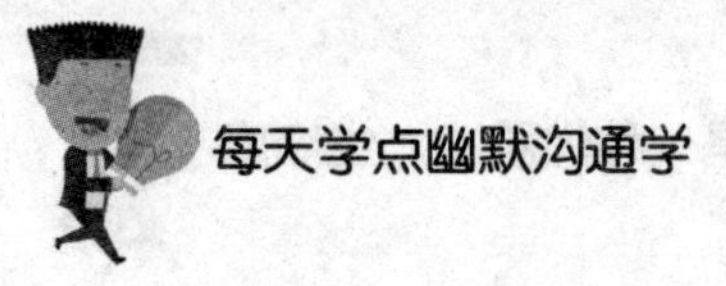

幽默，是构成个人活力的重要部分

充满活力的人总是让人们体会到生命强烈的节奏，就像困境中一对善意的援手，让人感到希望；就像吹动于炎炎夏日中的一阵清风，带给我们丝丝清爽；就像寒冬中的一堆炭火，让人们感受到温暖。幽默所体现出的不肯向传统思维低头的不羁，使人们的生命不断地跳跃，充满了力量与活力。幽默可以使人积极进取、自信开朗、充满活力，是构成个人活力的重要因素。

某学生翻墙被校长逮个正着，校长严肃地问："你为什么翻墙？"学生挺着胸脯，指着上衣说："美特斯邦威，不走寻常路！"校长吃了一惊，又问："这么高的墙你怎么翻过去的？"学生抬起一条腿，指着裤子说："李宁，一切皆有可能！"校长生很无奈地说："翻墙的滋味怎么样？"学生指着脚上的鞋说："特步，飞一般的感觉！"次日，学生从学校的正门走出，校长故作惊奇地说道："今天怎么不翻了？"学生指指全身说："安踏，我选择我喜欢！"校长却说："我要记你大过！"学生听后很不满地问："为什么？我又没犯错！"校长冷笑道："动感地带，我的地盘听我的！"

这则幽默用了很多广告语，它使人发笑的地方就在于很多地方出现了与传统思维的碰撞与摩擦，从而产生了使人惊讶和感到好笑的效果。正是这其中的出乎意料和略微的荒诞不经使得幽默本身充满了活力，给人以动感。

在网吧，有个十二三岁的小孩在玩魔兽世界，突然大叫："老爸，有人打我！"在场的其他人十分诧异，心想："游戏里也有人认老爸？"就在此时，网吧另一头传出一个中年男子的声音："儿子，在哪？我来！"网吧里的人惊讶不已。数分钟后，中年男子叫道："儿子我们打不过他们，他们装备好，快跑！"周围的人都被逗乐了。又过了一会，一位中年女子走进了网吧，四处张望，然后径直走向那个男孩，拎起男孩的耳朵就骂："你不是去老师家补课了吗！？"男孩一手护着耳朵一手指向网吧另

一边大叫："爸爸也在！"其母惊讶万分，朝儿子指的方向望过去，其父在那边玩得起劲，马上责问："你不是去加班了吗？"网吧里的人听后都很无语。其父辩解道："今天双倍经验。"其母听后很生气，周围的人都以为这下父子俩要被她揪着耳朵拎回家了，其母说道："幸亏我今天请了个假早下班，不然你们俩的经验就超过我的了。"这时其母看着儿子面前的显示器说："这不是那个谁吗？儿子，别怕，开妈妈的大号，他不是对手。"网吧里的人听后真是无言以对、哭笑不得。

这则幽默故事看起来很不靠谱，一家三口都热衷于玩网络游戏，儿子不去老师家补课，父母不管，丈夫不去加班，妻子不说，妻子请假提前下班，去玩游戏。这样的家庭绝对是罕见的，它寄托了人们一种理想化的情景，因为这种情景完全违背了常人对家庭的思维模式。在我们的印象里，一家三口是夫妻忙碌工作，孩子努力学习，就像三颗螺丝钉保证着"家"这台机器正常运转。然而就是这种违反常态的情境给人们带来了思维上的新鲜感，这种新鲜感咯吱了人们的神经，使人们发笑，这也正是这则幽默的活力所在。

充满活力的生活是每个人都向往的，用幽默使自己保持一颗年轻的心，一颗年轻的心可以使自己一直有目标和追求，充满活力，热爱生活。用幽默时时展现自己的活力，借用这种特殊的情绪表现，使人们对生活保持积极乐观的态度。用幽默的方法对付看似烦恼的事物，让不愉快情绪荡然无存，立即轻松起来。遇事不慌，大事简单处理，小事考虑周到。幽默的语言是影响情绪的强有力工具，在情绪低落时，用幽默的话语进行心理暗示，可以使情绪逐渐好转。在愤怒时，用幽默的语言能使愤怒的情绪得到缓解。用幽默处理好个人与家人、朋友、社会的关系，使人们时刻都生活在充满活力的氛围中。另外，平时注意锻炼、保养，保持健康和良好的容貌和体形，让自己更有活力。

Part 4

玩转职场，幽默的人最受欢迎

第11章　轻松赢得掌声：玩转幽默做受欢迎的职场人

在日常工作中，我们发现大多数上班族的压力来源于办公室的人际关系。当然，我们更容易发现，那些善用幽默的人，通常晋升快，薪水涨幅大，同事好评如潮。既然幽默感有如此大的功用，我们何不在职场中做一颗开心的糖豆，保持一种愉快的心态，玩转职场幽默，让自己成为职场中最受欢迎的人。

以幽默的方式作自我介绍

在日常工作中，不管初入职场，还是与客户见面，我们需要做得最多的就是作自我介绍。如何别开生面地介绍自己，给领导和同事留下一个深刻的印象，这才是自我介绍的重点。当然，我们一定不能拒绝幽默的介绍方式，两三句幽默而诙谐的语言，这不仅是特别的自我介绍，而且很容易吸引他人的眼睛，从此便记住了你。因为你的幽默，他们会记住你的名字，以及你身上风趣的品质。在职场中，我们不可缺少幽默的介绍方式，只有这样我们才能在最短的时间内赢得最多的信赖与好感。试想，当你的两三句幽默一出口，便奠定了你在职场是否受欢迎的地位。

这是小周同学上大学第一天的自我介绍，我们可以借鉴一下：

各位同学好！小女初长成，学得深闺中，课业语文马马虎虎，相对数学一塌糊涂，承蒙大家关爱有加，得以在此一展风姿，真是幸会幸会。若您有兴趣与我畅谈大千宇宙世界，请不要摇头害羞，尽管放马过来吧！

在职场中，诙谐幽默总是让我们快速拉近与陌生人之间的距离，不论在什么情况下，只要我们具备幽默的品质，我们就一定能出类拔萃，就一定是受欢迎的人。在上面这个自我介绍中，可以说简单几句风趣的话就将自己的形象展示于人，而且风趣中有谦虚，令人在莞尔一笑之余还能敬佩其谦和的态度。自然，只是几句风趣的语言，已经赢得了诸位老师和同学的喜欢。

小张星期五下午去参加了一个面试，不知道是忘记了还是其他原因，小张竟然穿着休闲的牛仔裤。经过了口语听力测试、电脑水平测试之后，那位美国人的表情似乎在告诉小张："我非常满意。"不过，那位美国人突然问道："请问你为什么穿牛仔裤来参加面试？"小张愣了一秒钟，急中生智，快速答道："今天不是周五吗？周五不是便装日Casual Day吗？"果然，那位美国人听罢哈哈大笑，小张自然顺利地得到了这份工作。

当我们初入职场的时候，面试是一个很关键的环节，而面试中的自我介绍则是重中之重。假如我们急中生智来几句幽默，那定会给对方带来欢笑之余顺利过关。比如，有人去一家大公司应聘一个很不错的职位，结果把简历寄去了大约两周，对方就将抱歉信发给了他，或许是由于系统错误，对方连发了两封抱歉信，结果，这个人毫不犹豫地回了一封信："既然您对未能录用我如此遗憾，为什么不给我一次面试机会呢？"可能是如此诙谐的回复逗乐了对方，后来这个人竟然得到了这个公司另一个更好职位的面试机会。有时候，幽默的自我介绍，可以助我们在职场之路走得更远、更稳。

有位老师微胖，因此她再接手新班级便自我介绍说："我最大的特点就是能够超水平地发挥带头作用，出门的时候，你们跟在我后面，夏天晒不着太阳，冬天吹不到冷风，怎么样，欢迎我这个带头人吗？"

又比如，有位老师很矮，他就对学生说："我一无所长，却身不由己，但民主意识很好，与同学平起平坐，绝不会高高在上，小心我会借你的漂亮小衣服来穿。”

还有一位姓梁的老师，他每到一个新的班级，就会在黑板上写下“梁”、“粱”两个字，让下面的学生说说这两个字的区别，等学生说完，再介绍自己姓梁，是栋梁的梁，让他们别把这个字写成高粱的粱，把老师当粮食给吃了。

当老师新到一个班级，要想和同学马上打成一片，就应该得益于幽默的自我介绍。在上面所列举的三个案例中，老师以极度夸张的手法来嘲讽自己的某种缺点，在学生面前主动自嘲以体现老师心灵的豁达与乐观，同时也以幽默缩短了与学生的心理距离。

在日常工作中，我们需要自我介绍的场合有很多，第一次见领导，初次见同事以及会见客户，等等。虽然，这只是一个简单的自我介绍，但结果如你，将会影响到日后你在办公室里的人际关系。假如我们在作自我介绍时能融入几句幽默诙谐的语言，那自然会令人耳目一新，适时打动在场的人。

谈吐幽默，打动同事心

在工作中，幽默的谈吐总能给同事的闲聊锦上添花，让大家的交流变得其乐融融，自然而然，那些富于幽默的人也就受到了同事的欢迎。或许，大多数人习惯性将同事介于朋友之外，似乎觉得与同事没什么共同话题，更有的人觉得同事之间因为伴随着利益关系的存在而变得十分微妙。当然，我们不能完全把同事当朋友，但也不至于造成与同事之间的对话是“今天天气怎么样”这样的场景，毕竟，同事一场，就是朝夕相处的工作伙伴。对方的情绪、心情都将影响彼此的合作，因此，我们有必要让同事保持愉悦的心情。在工作中，我们不要太拘谨，否则，我们的工作就显得

更枯燥了，生活也会更乏味。那么，与同事在一起的时候，不妨添加一些幽默元素，增添一些闲聊的乐趣，这样我们的日常工作也会变得多姿多彩起来。

同事老王很喜欢抽烟，不过他为人十分吝啬，不喜欢分烟给其他同事，当别的同事每天都在办公室发烟，他却偷偷抽自己的。有一天，有一个同事在办公室发烟，老王像平时一样伸出两根手指，可是那位同事却从他身边绕了过去。老王尴尬之余，赶紧替自己解围："我，我二号出差。"

同事之间，难免会遇到难堪的场景，假如我们处处计较，不懂得化解彼此之间的尴尬，那就有可能影响到同事之间和谐的关系。一旦同事之间有了矛盾，彼此怀着情绪做事情，那定会给工作带来一定的影响，到时候受批评的也是大家。因此，一旦与其他同事之间处于尴尬的场景，我们就要善于用幽默去处理，化解紧张气氛，与同事之间建立友好和谐的关系。

最近连续下了五天的雨，公司几个同事在一起闲聊天气。

一个说道："最近怎么一直下雨呢？"一位老实的同事规规矩矩地回答说："是啊，都五天了，这样下去什么时候才结束啊？"这时一位喜欢加班的同事说："龙王爷竟然连日加班，看来是想多捞点奖金了。"一位喜欢关注市政的同事接着说："玉帝也太不称职了，天堂的房管所坏了，都不派神仙去修，总是漏水。"这时，一位喜欢文学的同事接着说："嘘，你们小声点，别打扰了玉皇大帝读长篇悲剧。"

诸如案例中一样，同事闲聊之余加上一点幽默色彩，不仅让几句简单的谈话显得更加生动，而且让参与的人在幽默风趣的气氛中放松了心情。假如几个同事刚刚完成了一件工作，疲惫不堪，这样闲聊几句，嬉笑之余也会减轻身体和心理的疲惫，接下来，他们就会以更大的精力去应付下面的工作了。

小李最近感觉身体很不舒服，下午请假去了医院检查身体，回来兴高采烈地宣布："医生说啥事没有，可能就是最近太累了，休息休息就好了。"

同事问道："检查花了多少钱？"小李回答说："五百多吧。"同事笑着打趣说："挺好，难得有这种白花了钱还这样高兴的时候。"

有时候，同事之间的幽默只是为了开心，当发现身边的同事有什么搞笑的事情，急中生智，几句诙谐的语言脱口而出，惹得其他的同事哈哈大笑，这就是幽默所带来的功效。办公室是一个压抑的环境，堆积如山的文件，整齐的白衬衫，这些都让我们憋闷，假如能给这种沉闷的空气吹来一丝凉风，那该是多惬意的事情啊！而幽默恰恰有这样的作用，当我们在忙碌的工作之后，幽默地闲谈几句，那就有效地达到了目的。

麦克在一家会计部门任职员。有一次发薪水，他竟然收到了一个空的薪水袋。不过，他并没有暴跳如雷，也没有破口大骂，麦克只是以轻松愉快的口吻去问发薪水的人："怎么回事？难道说我的薪水扣除，竟然达到了一整个月吗？"同事笑了，当然，麦克的薪水得到了补发。

在案例中，麦克以一种宽容的态度对待同事偶尔犯的错误，并用自己的幽默与同事分享了自己轻松的心情，自然麦克是受欢迎的。在职场中，同事之间因为各种原因产生一些矛盾是比较正常的，不过，出现了矛盾并不要紧，关键在于要尽快以轻松幽默的方式将这些矛盾化解，否则，一些小小的冲突也会成为我们的职场大患。在化解矛盾的时候，假如我们以幽默调节，事情就很有可能得到解决，假如我们需要改善同事对自己的态度，那也可以利用幽默的语言来表达自己的观点。

以幽默语言巧妙应对领导

在工作中，与领导相处时，作为下属会不由自主地紧张，好像说什么话都觉得不妥当，担心自己说错话，做错事。其实，在这时我们很有必要以幽默的语言来应对。幽默的语言，一方面可以缓解我们紧张的心情；另一方面，也可以恰到好处地应对领导的责问。与领导交流时若是用到了幽

默的语言，那可以活跃谈话气氛，消除紧张的情绪；还可以在尴尬中找个台阶，保住面子；在公共场合获得人情味，赢得领导的青睐。

在一个中秋佳节，乾隆皇帝在御花园召集群臣赏月。他一时兴起提出要与纪晓岚对句集联，以增雅兴。一向自恃才高八斗、文思敏捷的乾隆先出了上联：玉帝行兵，风刀雨剑云旗雷鼓天为阵。出完了上联，乾隆踌躇满志地望着纪晓岚，看他如何对下联。

纪晓岚沉思片刻，对出了下联：龙王设宴，日灯月烛山肴海酒地作盘。明眼人都看出，纪晓岚的下联不但工整，而且气势宏大，和乾隆所出的上联简直有过之而无不及。可是，乾隆听了下联，脸色开始变了，一时间阴沉着脸。这时纪晓岚当然明白乾隆的心思，俗话说："伴君如伴虎。"一向好胜的乾隆，怎么容得下自己所出的下联呢？看来自己不该一比高低，否则弄不好会引来杀身之祸。

面对这样的情况，纪晓岚心里也很着急，但他并非等闲之辈，只见他灵机一动，巧舌如簧："主人贵为天子，故风雨雷电任凭驱策、傲视天下；微臣乃酒囊饭袋，故视日月山海都在筵席之中，不过肚大贪吃而已。"听到纪晓岚这一番话，乾隆刚刚消失的得意之色再露，笑着对纪晓岚说道："爱卿饭量虽好，如非学富五车之人，实不能有此大肚。"

在案例中，纪晓岚适度的自嘲，不仅仅是一种良好的修养，同时还为自己化解了一场危机。在平时工作中，自嘲可以制造宽松和谐的交谈气氛，可以让自己活得更轻松洒脱，让领导感受自己的幽默和风趣，同时，还可以有效地维护领导面子，建立沟通双方的心理平衡。

有一次，纪晓岚光着膀子与几人在军机处聊天，正巧乾隆带着几个随从突然到访，其他人一见皇帝来了，连忙上前接驾，躲在后面的纪晓岚心想：如果自己就这样光着膀子接驾，岂不是亵渎了万岁之罪？可能，皇帝并没有发现自己，还是先躲一下为好。于是，情急之下，纪晓岚钻到桌子底下藏了起来，其实这一举动被乾隆早已看在眼里，他故意装作没看见，却在椅子上坐了下来。

纪晓岚在桌子底下缩成一团，大汗淋漓，却不敢出声，过了很长时

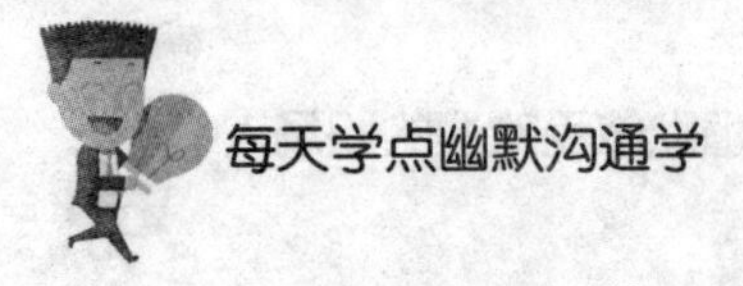

间，他没听见乾隆说话的声音，以为他走了，就问身边的同僚：“老头子走了没有？”这话被乾隆听见了，他厉声问道：“纪晓岚，你见驾不接，我且不怪罪于你，你叫我：‘老头子’是什么意思？你要一个字、一个字地给我说清楚，否则，别怪我无情！”纪晓岚吓得半死，连称：“死罪！死罪！”接着，慢慢解释道：“万岁不要动怒，奴才所以称您为‘老头子’，的确是出于对您的尊敬。先说‘老’字，‘万寿无疆’称‘老’，我主是当今有道明君，天下臣民皆呼‘万岁’，故此称您为‘老’。”

乾隆听了点点头，纪晓岚继续说道：“‘顶天立地’称为‘头’，我主是当今伟大人物，是天下万民之首，‘首’者，‘头’也。故此称您为‘头’。至于‘子’字嘛，意义更明显。我主乃紫微星下界，紫微星，天之子也，因此天下臣民都称您为天‘子’。”乾隆听了，笑了，这事就这样过去了。

由于无心之过，随口所说的几句话，使得纪晓岚与皇帝之间发生了一点点小误会。但对象可是皇帝，那可是严重的事情，若不及时化解，弄不好脑袋会搬家的。幸亏纪晓岚思维敏捷，对待这样的小误会，慢慢解释，仅仅用了几句话就化解了，补救了自己无心造成的过失。在回应皇帝的过程中，纪晓岚言语诚恳，态度谦逊，语言幽默风趣，以灵敏的应变能力巧妙地化解了话语失误造成的难堪，从而受到了乾隆皇帝的肯定。

在与领导相处的过程中，假如是言语或行动造成的失误，我们都可以用幽默语言来化解。当然，这其中是需要灵敏的思维以及绝妙的技巧。但只要你懂得随机应变，就能够顺利地化解自己与领导之间的小误会，从而扫除上下级之间的障碍，与领导之间展开顺利的交流与沟通。

幽默营造良好的工作氛围

兰卡斯特大学的组织心理学教授卡里·库珀曾说：“懂得在恰当的时候逗一逗乐子，能让人们知道你很坦诚、可爱，不是什么像机器人一样的

技术专家，如果你仔细观察他们，会发现许多首席执行官都知道应该什么时候打出幽默这张牌。”在日常工作中，要让大家开心，同时让大家喜欢自己，那最简单的办法就是让他们发笑。毫无否认，在工作场合展现一点幽默会有助于我们的职业发展。幽默是影响他人的绝妙方法，也是营造和谐办公室最有效的空气清新剂。有时候，忙碌了一天，身体已经疲惫不堪了，假如这时同事面面相觑不说话，那办公室里肯定充满着严肃而窒息的气息，这时不妨开个玩笑，说几句幽默的话，自然会为办公室营造良好的工作环境。

有一次，小周带儿子到公司来玩，那孩子特别调皮，来到办公室就玩上了电脑，没想到几秒钟的工夫就把电脑的鼠标摔坏了。小周十分生气，抬手就给孩子一巴掌，那声音很响。这时40岁的张姐“噌”地跳起来，指着小周的鼻子大叫：“你干吗打孩子，你的手怎么这么欠呢？”这一大嗓子，办公室的人都懵了，小周这个愣头青更是气得不行了，这时又见张姐指着孩子，不依不饶地说：“你知道你这一巴掌起什么作用吗？这孩子原本可以当大学教授，就这一巴掌，把个好端端的大学教授打没了。”听了张姐的话，周围的同事哈哈大笑，小周也乐了，说道：“大学教授？他有那个脑袋，太阳就得打西边出来了，张姐你可真会说话。”

事后，张姐对同事小李说：“我是见不得打孩子，但话一出口，也觉得冒失了，可又不好意思把话收回去，于是就来了个脑筋急转弯。”

在这个案例中，如果张姐当时只说了前面那句话，那小周肯定会气得大骂起来，毕竟着急的张姐确实说了一句冒失的话。不过，好在幽默的张姐急中生智，说出了后面的那句话，不仅化解了难堪，而且使办公室重新回到了和谐的状态，自然，这样对于提高工作效率也是很有帮助的。

公司有一位主管，中年有为，风度翩翩，可以说是不少女职员的梦中情人。在公司有一个女孩子总喜欢与这位主管套近乎，引得同事们纷纷议论。对此，总经理希望秘书可以提醒那位主管一下，秘书接到这个任务就犯愁了：“这事儿叫我怎么开口呢？”

有一天，总经理、秘书和主管在办公室聊天，那位女孩兴冲冲地推门进来，看见总经理也在，觉得十分尴尬，就悄悄地退了出去，这时主管也感觉浑身不自在。

过了一会儿，只听秘书好像插科打诨一样，念了一句苏小妹给秦少游出的对联：“闭门推出窗前月。”只见总经理悄悄瞄向主管，只见那位主管若有所思，片刻后接了句“投石击破水中天”，然后接着说：“这秦少游还得感谢苏东坡呢。”顿时，秘书和主管相视而笑。

职场中的幽默，就好像空气清新剂，不仅能活跃气氛，给工作带来乐趣，还可以巧妙化解矛盾，传递信息，从而使彼此之间的关系更加和谐融洽。在这个案例中，没想到苏三妹难新郎的一个对联，就委婉地表达了对主管的提醒，而主管也含而不露地接受了。当然，从那以后，主管开始注意自己的言行，把苗头扼杀在萌芽状态。

最近，办公室里的所有人上班特别容易犯困，每个人的精神状态都不佳。经理见状，把职员们召集到厂区的操场上，要求每位员工都围着操场跑上6圈，用来提神解困，增强体质。

小王平时就缺乏体育锻炼，当跑到第4圈的时候，他已经累得上气不接下气。于是，小王壮着胆子向经理撒谎道：“报告经理，我都已经跑9圈了，为什么还不让我停下来啊？”经理故作惊讶地说：“是吗？那怎么办？我怎么好意思让你吃亏呢？那这样，你现在立即向后转，再跑3圈，这叫多退少补！”

这位员工原以为自己撒谎就可以停止跑步了，结果没想到经理幽默了一句“我怎么好意思让你吃亏呢”。试想，在这样的情况下，即便小王再没力气跑下去，心情也会大好的。幽默，可以为我们营造一个良好的工作氛围，在愉快而轻松的气氛中，大家觉得工作还会枯燥吗？

幽默言语，拉近与领导的距离

下属在与领导沟通过程中，要善于运用诙谐的艺术，诙谐的作用，就是不必捧腹大笑，不必脍炙人口，有时一个微笑，一个小小的恶作剧，就

会让领导豁然开朗，拨云见日。一段精彩的幽默说辞，有时会让人一辈子不忘，你的形象会被领导长久地储存在记忆深处。对于下属来说，幽默是一种优美、健康的品质，那更是一种每个下属都应该具备的品质。诙谐的言语，可以拉近与领导之间的距离。

诙谐言语在生活中无所不在，幽默的素材在生活中也无处不有。下属那幽默诙谐的语言，将是生动形象的语言，是让领导饶有兴致听下去的语言。对于与领导者之间的沟通与交流，获得领导的好感才是讲话成功的关键之一，而幽默是获得领导好感的有效办法。在一般情况下，人们都愿意与幽默的人交往。在严肃的沟通过程中加上幽默生动的语言，往往会使气氛活跃轻松起来，使你的情绪在笑声中得到松弛。

淳于髡是战国时期的人，尽管他身材矮小但善于口才，尤其是富于幽默。有一次，楚国发兵进攻赵国，齐威王派遣淳于髡带着黄金百斤、驱车十乘的礼物，前往赵国搬救兵。可没想到，淳于髡接到命令之后，放声大笑，直笑得前仰后合，浑身颤动，齐威王不解：“先生是不是嫌我送给赵王的礼物太轻了？”

淳于髡回答说：“不敢，我怎么敢呢？”齐威王又问：“那么，你为何这样大笑呢？”淳于髡回答说：“不久前，我从东面来，看见路上有一个人正在向土地神祈祷。他拿着一只猪蹄，捧着一杯酒，嘴里念念有词‘高地上粮食满筐，低地上收获满车，五谷丰登，全家富足’，我看见他奉献给土地神得少，而向神索取得多，所以觉得好笑。”

齐威王听明白了，原来淳于髡是幽默地说自己送的礼物太少了。于是，齐威王决定把礼品增加到黄金一千斤，白璧十对，驱车一百乘。淳于髡带着礼物前往赵国，说服了赵王。

在这个故事里，淳于髡以幽默的语言，用笑齐威王的办法来劝谏，整个批驳言语不多，机智幽默，风趣诙谐，令怒不可遏的皇帝转怒为喜，并且愉快地接受淳于髡的看法。由此可见，幽默具有一种特性，一种引发喜悦、以愉快的方式娱人的特性，它更是一种有效的说服方法。

当然，对于下属来说，说话风趣诙谐，这也需要自身的一些基础和条件，只有具备了这些基础和条件，才能使自己的说话充满了风趣，也才能有效地营造沟通现场的轻松气氛。下属在与领导沟通过程中，幽默的说话具有反应迅速的特点，这就要求下属必须思维敏捷、能言善辩。而这些往往来自于对生活的深刻体验和对事物的认真观察。下属只有具备了较强的观察力、想象力，才能在沟通过程中灵活地运用比喻、夸张的方式说出幽默的话语。

通常情况下，诙谐的语言是建立在下属有较高的思想境界和较高的涵养上。如果是一位心胸狭窄、思想颓废的下属，他是说不出诙谐的言语来的，就更别说营造愉快的气氛了。此外，一个下属语言修养高、文化知识丰富，对古今中外、天南海北、历史典故、风土人情等各种各样的知识都有所了解和掌握，再加上丰富的词汇、灵活多样的语言表达形式，这样说起话来才有的放矢，当然就容易活泼、生动有趣了。

富于幽默，轻松完成工作

在日常工作中，幽默的人是最受欢迎，被认为是最有魅力的人。可以说，幽默是一种生活智慧，幽默是一种人生艺术，幽默是人生的一种境界和心态。在实际工作中，我们常常因为压力而把脸绷紧，脸色严肃，甚至连笑容都很少看到。然而，这种状态真的对工作本身有益吗？大量事实表明，一个懂得幽默的人，他平时的心情往往要比那些板着脸的人轻松得多，因为幽默带来的欢乐可以把那些不顺心的事情都冲淡了。因为幽默可以让他经常保持愉悦轻松的心情，自然，在他看来工作压力自然就会小很多。

最近，公司里来了一批80后见习员工，这些初涉职场的人，真是初生牛犊不怕虎，好像什么都懂，什么话都敢说，什么玩笑都敢开，给原本死气沉沉的办公室带来了几分生气。经常一番哄笑之后，大家就以更饱满的

热情投入到工作中去了。

这段时间正好是央视《百家讲坛》开讲《苏轼》，两个同事闲聊，其中80后小何插话了："苏轼，我知道，他又叫苏东坡。"一旁的小顾来劲了，他讥笑着说："又来了，你肚子里的东西倒蛮多嘛，那我考考你，三苏是说的哪三个人？"这时只听小何马上脱口而出："爸爸叫苏联，儿子叫苏东坡，女儿叫苏格兰。"几位同事面面相觑，不等他们缓过神来，只听小顾笑骂道："低能啊，苏家都跑到英国去了。"小何不甘示弱："你连这都不知道啊，苏格兰就是大名鼎鼎的苏小妹。"同事们再也忍不住了，哄堂大笑，尤其是看到小何一本正经的模样，真不敢相信他开玩笑竟然开到这种程度。

在忙碌的工作中，人们的身心是疲惫的，可能他们吃饭时都在想如何拉拢客户。对于大多数上班族而言，很少有时间让自己身心轻松一下，假如与同事用幽默调侃一下，让欢笑驱散身心的劳累，放松一下内心，就会感到幽默可以让我们原本繁复的工作变得简单。所以，幽默不仅仅让我们成为一个受欢迎的人，让别人乐意与自己接触，愿意与我们共事，而且它可以更好更快地促进我们工作，而这是其他方法所不能达到的效果，也是成本最低的方法。

早上，老周在看报纸，不一会儿，他放下手中的报纸，议论起来："总说交通紧张，为什么不修几条运河，一条从四川到新疆，一条从云南通往江南……"坐在旁边的同事回答说："老周，听了您的高见，使我们更加具体、更加深刻地理解了一个成语。"

老周不解："什么成语？"同事回答说："信口开河。"坐在旁边看文件的科长听完愣了一下，随之带头哈哈大笑起来。顿时，整个办公室洋溢着愉悦的气氛。

事实证明，积极的幽默可以使我们的工作环境变得轻松愉快。试想，我们在办公室的时间往往长达8个小时，而且人生的黄金时段基本都是在工作中度过的，假如每天都板着脸孔，郁郁寡欢，那工作还有什么乐趣呢？一旦对工作失去了愉悦的心情，那工作效率又怎么会提高呢？在日常工作

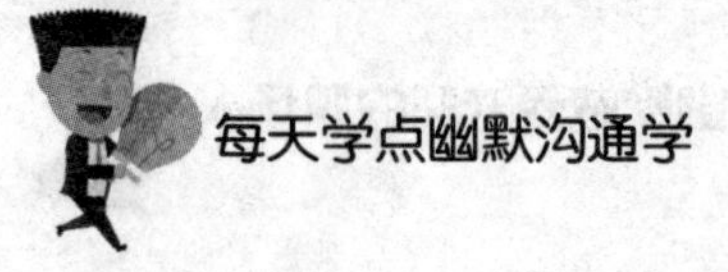

中，我们所要求的不仅仅是完成工作任务，而且还需要较高的工作效率。所以，我们以什么样的态度去面对工作很重要，处于职场，我们要善于玩转幽默，以诙谐的语言将快乐带给每一位同事，让繁重的工作变得简单而轻松。

有一天，一位中国雇员被美国老板叫进了办公室，不过，这位雇员在拿取文件的时候，不小心把美国老板的可乐打翻在办公室的地毯上。中国雇员心想，老板肯定会十分生气，因为美国人最讨厌蟑螂进入办公室了，现在因为可乐，蟑螂肯定会大规模地来。

于是，中国雇员开始手忙脚乱地收拾，这时没想到美国老板却微笑着说："你不用担心蟑螂会进来，绝对不会发生这种事情，因为现在是在中国，中国的蟑螂比较爱吃中餐，对于可乐可能没那么大兴趣。"说完，两个人都大笑了起来。

在工作中，偶尔开个玩笑，幽默几句，甚至互相调侃几句，不仅不会影响工作，还会给人们带来笑声，而且也不会给工作带来什么影响。那是因为处于工作中的人都不愿意一整天待在沉闷的气氛中，偶尔幽默一下反而可以释放压力。幽默的人心情总是保持愉快的，他的工作效率总是比别人高，因为幽默让他卸下了包袱，轻松前进，自然他的工作压力就会小很多。

幽默言语，更容易拉拢客户

心理学家认为：幽默是一种最富感染力、最具有普遍传达意义的交际艺术。我们从来不会否认幽默在人际交往中的作用，因为幽默会引人发笑，俗话说"笑一笑，十年少"，人们大都喜欢与那些富于幽默感的人交往，因为他们总能给人带来一种心灵上的愉悦和轻松。在日常工作中，当我们面对客户的时候，幽默的语言可以帮助我们拉拢客户，从而促使生意的顺利进行。这是因为，在工作中，生意本身会让客户对我们充满戒备与

敌意，假如我们适当运用幽默的技巧，就可以消除客户的紧张情绪，从而促使整个洽谈过程轻松畅快，充满人情味。所以说，在生活中，那些富于幽默的人更容易获得客户的欢迎，赢得他们的信任，促使交易走向成功。

小王是一名房地产经纪人，他刚领着一对夫妇向一栋楼走去，他打算向这对夫妇销售新房。一路上，为了销售这套房子，小王一直滔滔不绝地夸耀这栋房子和这个居民区："瞧，这个地方多好啊，空气洁净，遍地鲜花绿草，这儿的居民从来不知道什么是疾病与死亡，谁也舍不得离开这里。"碰巧这时，他们看见一户人家正在忙碌地搬家。小王马上说："你们看，这位可怜的人，他是这儿的医生，竟因为很长一段时间无病人光顾，而不得不前往别处开业谋生了！"

在日常工作中，当我们与客户洽谈的时候，很容易出现难堪的场景，比如像案例中的这种情况，这时就可以用幽默的语言化险为夷，在紧急时刻恰到好处地运用幽默来帮助自己摆脱尴尬。富于幽默的人走到哪里就会把快乐带到哪里，假如我们是一名幽默的上班族，那在整个交易过程中，将会给客户带来许多欢乐，让客户倍感愉悦。因此，在销售过程中，不妨适时地幽默一下，缓和与客户之间的紧张气氛，快速达到彼此合作的目的。

小王是一位房产销售员，他对客户说："诚实地对待每一位客户是我们公司的一贯宗旨，我将向你介绍房子的所有优缺点。"客户问："那么这座房子的缺点是什么呢？"小王回答说："哦，首先这座房子的北面三英里的地方是一个养猪场，西面是两个污水处理厂，东面是一个化工厂，而南面则是酱制品公司。"客户继续问："那么，它又有什么优点呢？"小王回答说："那就是，你随时可以断定今天刮的是什么风。"听了小王的介绍，客户忍俊不禁。

当我们在使用幽默的沟通方式时，沟通的双方往往会处于一种轻松愉快的情景中，并且降低或放下戒备，以一种乐观舒适的心态，更加乐意倾听和理解。因此，当我们在与客户打交道的时候，幽默是建立信任、增进关系的最佳策略，假如我们可以让客户笑，那我们就能促成他们购买我们的产品。

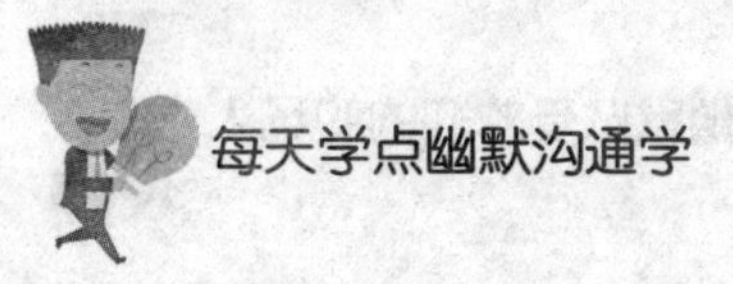

销售员杰克不仅口才很好，而且反应很快，善于随机应变。有一次，杰克正在销售他那些“折不断”的绘图T字尺，他喋喋不休地说：“看，这些绘图T字尺多么坚韧，任凭你怎么用都不会折断。”为了证明他自己所说的话，杰克捏着一把绘图T字尺的两端使它弯曲起来。突然听到“啪”的一声，原来完好的T字尺顿时成了两截塑料断片。聪明的杰克将它们高高地举起来，对围观的人们说：“请仔细看看吧，女士们，先生们，这就是绘图T字尺内部的样子，咱们拆开看看，瞧它的质地多好啊！”

假如我们第一次与客户见面，见面后便毫无顾及地开玩笑，就显得比较唐突了。不过，假如我们在面谈不顺利，没办法很好沟通的情况下，适当地幽默一下却是极为有效的空气清新剂，这可以缓和当时的难堪气氛，使面谈得以顺利进行下去。

当然，在面对客户的时候，我们可以适当说一些笑话，这样可以快速降低客户对我们的敌意，促使销售成功。不过，千万不要过分，假如掌握不好分寸，那就会给客户留下轻浮、不可靠的印象。我们在紧急情况下需要调侃幽默的时候，不要拿客户的一些私人问题说笑，以免引得客户不快，使客户觉得我们不够尊重他。而且，幽默也是要分客户的，当我们打算轻松幽默一番的时候，最好分析一下客户是否喜欢幽默，假如我们遇到的是一本正经的客户，那就直截了当，而不是故作幽默。

第12章　管理者的幽默：令下属马首是瞻的有效手段

在日常工作中，领导所具备的幽默蕴含着一定的亲和力，能够拉近与下属之间的心理距离；而幽默则会给我们的生活带来笑声，带来欢乐。幽默的管理智慧，是卓越领导者必备的口才，如此，才能更好地做好自己的管理工作。

幽默，拉近与下属之间的距离

在美国曾做了这样一项调查：针对1160名管理者的调查结果表明，77%的领导者在员工会议上用讲笑话的方式来打破僵局，52%的领导者认为幽默有助于自己开展业务，50%的领导者认为企业应该考虑聘请一名“幽默顾问”来帮助员工放松。可以说，对领导者而言，幽默已经成为一种新的、有效的主流管理时尚。对一个刚刚晋升的领导者，假如说在最短的时间内与下属缩短心理距离，那绝住的办法就是幽默。心理学家认为，感情是人对客观事物好恶倾向的内在反映。因为感情，人与人之间建立了良好的感情关系，便能产生亲切感。通常情况下，如果人与人之间有了亲切感，那彼此之间的吸引力就会增大，影响力也会逐步放大。而幽默恰恰是富含亲和力的，因为它可以引人发笑，当人们在欢笑之余，彼此之间的

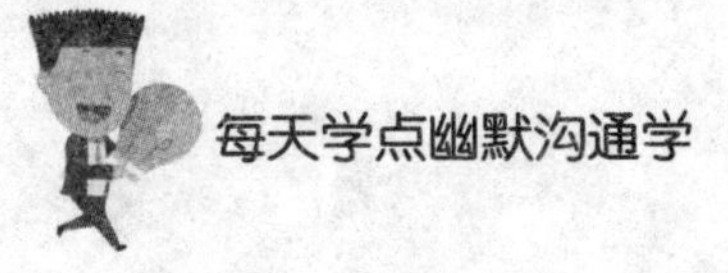

距离自然就拉近了。

经理带了员工小王和小李到外地出差。第一天午餐，经理让员工小王去买了三个盒饭和一只烧鸡。小王和小李各自抢先掰了个鸡腿。第二天午餐，小王又买了三个盒饭和一只烧鸡，小王和小李又抢先把鸡腿拿在手里。

第三天午餐买饭时，经理发话了："我说小王啊，您就不能买只有三条腿的鸡吗？"

领导平时说话幽默风趣，从自己的语言表达中，时刻体现出自己积极乐观的心态，由于这份亲和力，使得领导与下属的关系会越来越融洽，与此相应地，领导的影响力就会越来越大。相反，如果领导说话太严肃，缺乏幽默感，就会使他与下属的关系紧张，这样势必造成彼此之间的心理距离，而这样的心理距离会形成一种心理对抗力，一旦超过了某种限度，会使得上下级的关系变得越来越恶劣。

玛丽·凯是一家知名的化妆品公司，为了扩大自己公司产品的影响，玛丽·凯女士坚持用自己公司生产的化妆品，同时，她建议公司的员工不要使用其他公司的化妆品。在她看来，她是不能够理解凯迪拉克轿车的推销员开着福特轿车到处游说，人寿保险公司的经理自己不参加保险。不过，她在与员工交流诸如此类的问题时，她较好地使用了"亲和力"。

有一次，玛丽·凯发现一位经理正在使用另外一家公司生产的粉盒以及唇膏。这时，她借机走到那位经理桌旁，微笑着说："老天爷，你在干吗？你不会是在公司使用别的公司的产品吧？"玛丽的口气十分轻松，脸上却洋溢着微笑。那位经理的脸红了，急忙放下手中的化妆品，显得很不好意思。过了几天，玛丽·凯送给那位经理一套公司的口红和眼影膏，对她说："如果你在使用过程中觉得有什么不适，欢迎你及时地告诉我，先谢谢你了。"没过多久，公司所有的新老员工都有了一整套本公司生产的适合自己的化妆品和护肤品。对此，玛丽·凯女士亲自向员工们做了详细的使用示范，同时，她还告诉员工："以后你们在购买本公司的化妆品时是可以打折的哦。"

玛丽·凯极富幽默的语言表达，拉近了她与员工的心理距离，在这一过程中，她向员工成功地灌输了自己正确的经营理念。在工作中，我们经常会听到这样的议论："我们单位的领导，官虽然只有芝麻那么大，架子倒是摆得不小，其实，他越是这样子，我们就越懒得理他。""你们单位的领导说起话来怎么老是那样子，拿腔拿调，真让人受不了。"

对于说话爱摆架子的领导，下属会心生反感，且不愿意与之亲近。假如领导适时幽默两句，不仅体现了自己的亲和力，而且拉近了与下属之间的距离。

善用幽默，轻易打动下属心

幽默是一种值得推崇的心理特质，而那些具有幽默感的领导往往更容易捕获下属的心。古今中外，无论是民族领袖，还是企业总裁，如果能适时展露自己的幽默，必然会受到下属更多的爱戴。美国著名心理学家吉尔福特通过大量研究发现，具有较高创造力的人往往具有这样的特点：独立性高、求知欲强、好奇心重、知识面广以及丰富的幽默感。而对于领导者来说，幽默感是亲和力的直接表现，是与下属沟通的金钥匙。简单地说，懂幽默的领导，更容易捕获下属的心。幽默领导力，就是指领导能够通过轻松幽默的方式来化解尴尬、窘迫局面的能力。在现实工作中，做好领导工作就必须先做好沟通工作，而幽默风趣往往能使沟通更顺畅有效，使下属在幽默中得到启示，在欢声笑语中接受建议。

几位公司高层经理在公司招待所聚餐，为了庆祝公司业绩大幅上涨。因为在座的都是一级经理，公司特别加派一位新进的职员随桌帮忙。上完菜，那位年轻职员为经理们逐一斟酒，谁知道，由于太过紧张，他一不小心，把一瓶酒倒在一个秃头的经理头上，而这位经理正是那家公司的总经理。

顿时，在场的人都愣住了，不知道怎么办才好，而那位闯了祸的新职

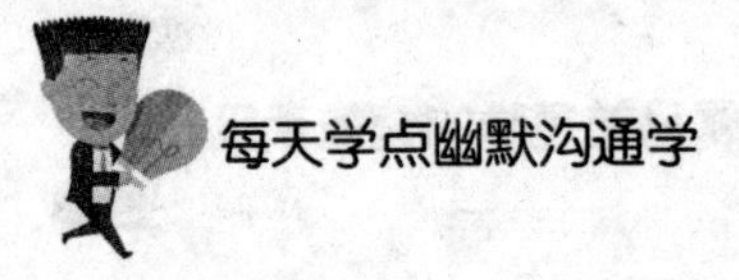

员更是满脸涨得通红，全身发抖。在这难堪的时候，只见那位总经理用餐巾擦了擦头，然后笑着对那位年轻职员说：“小兄弟，你以为用这种方法就能治好我的秃头吗？”此话一说，大家都笑了起来，那位年轻职员摸了摸自己的头，也不好意思地笑了起来。

在这个案例中，富于幽默的经理在下属尴尬的时候，及时地幽默了一把，帮助下属化解了尴尬，同时显示了自己作为领导者的胸襟。运用幽默来管理下属，领导者往往可以取得很好的效果。一些著名的跨国公司，上至总裁下到一般部门经理，已经开始将幽默融入到日常的管理活动中，并把它作为一种新的培训手段。这是因为每个人都愿意与幽默的人在一起相处，在西方，没有幽默感，简直就是愚蠢、缺乏魅力的代名词。有经验的领导都知道，要使身边的下属能够与自己齐心合作，就有必要通过幽默使自己的形象更加人性化，如此，才能更好地俘获下属的心。

有一天，王经理为活跃团队文化生活，组织员工联欢，请大家唱歌。不过，大家互相推诿都表示“唱得不好”，一时之间出现了冷场。对此，王经理十分不满，强调指出：“今天唱歌有一个要求，那就是谁都不许唱得好听，必须怎么难听怎么唱，越难听越好！”然后，王经理指明新职员小枫唱第一首歌，小枫不得不唱。等小枫唱完，王经理带头鼓掌喝彩：“好！唱得非常好，完全符合我的要求！”王经理几句幽默的话，使联欢进行得特别顺利，大家玩得很高兴，当然，下属们也喜欢上了王经理。

在案例中，王经理为了团结下属，让大家相聚，虽然出现了冷场，但王经理的幽默化解了一切紧张的气氛。这样的幽默让下属感到很亲切，同时还能打破冷场。由此可见，恰当时机的幽默可以看出一个经理的睿智。在这里，幽默就好像一把钥匙，会打开下属心中的锁，巧妙地运用它，不但会打开彼此心中的结，同时还会增加彼此之间的感情。

一个言谈举止充满幽默感的领导，在人群中是很有魅力和亲和力的。因为他善于说下属爱听的话，在谈笑间，很容易拉近与下属的距离，同时，给人一种平易近人、可亲可敬的好感，无论是大人还是小孩听了都会喜欢。幽默的表达本身是富有亲和力的，而亲和力恰恰是俘获下属心的关

键。领导风趣、和蔼的谈吐之中，通俗易懂、深入浅出地论述上级的路线方针和政策，让人听了，入耳入脑都愿意接受。领导具备了幽默感，他会敞开心扉与下属沟通，动之以情、晓之以理，寓教于乐，并在欢声笑语中博得下属的信任与赞成。古今中外，有许多富有幽默感的高人智者，就在我们身边，也有许多优秀的领导给我们留下了风趣、富有幽默感的印象，同时，留下了良好口碑。

妙语激将，挖掘下属潜力

作为一名领导，与下属接触的机会非常多，有时候，你就会发现某位优秀的员工，由于出色完成了任务而沾沾自喜，甚至有点飘飘然，时刻表现出傲慢的情绪。如果你任由他这样发展下去，就会对以后的工作不利。所以，你应该适当地用幽默语言“激”他一下，对他说：“我觉得你的同事小王也挺出色的，上次你完成的工作任务也有他的一份功劳吧。你可得加紧努力工作，小心他马上就赶上你了……”这样，他就会感觉到来自身边的压力，会收敛自己骄傲的情绪，把精力都投入到工作中去。这就是领导妙用“激将法”，抓住员工的心理，适当泼一下冷水，打击一下他的情绪，这会让他迸发出更多的能量，这其实也是一种幽默的激励。

三国时期的诸葛亮就十分善于运用激将法：在马超率兵来犯时，张飞请令出战，诸葛亮却故意说：“马超家世代簪缨，马超勇猛无比，在渭水把曹操杀得大败，看来只有调回关羽来才行。”这一下激恼了张飞，他立下军令状，出战马超，最终使马超投降。张飞本来是一员猛将，而自傲的情绪有可能会影响他能力的发挥，而诸葛亮的妙语激将法起了重要的作用，使张飞在愤怒之下迸发出更大的力量，于是打败马超。

吴先生是一家大型企业的总裁，他就善于激发员工的好胜心而创造了一个又一个奇迹。一次，吴先生研发了一个新产品，他需要一位卓越的推销人才去为新研发的产品开辟市场，这是一件异常艰巨的任务。吴先生经过几番斟酌，他选定了公司里一位颇具能力的新员工。

“带着新产品去开辟市场，怎么样？”吴先生轻松地问被召见的新员工，“我现在急需一个有能力的人去给我做销售顾问。”

那位新员工大吃一惊，他当然知道这件任务的艰巨性。他不得不考虑自己的能力，考虑这是否在自己的能力范围之内。

吴先生见他犹豫不决，便微笑着说道：“害怕了？年轻人，我不会怪你，这本来就是一件艰巨的任务，它更需要一个有能力的人来负责！”

这句话激起了那位新员工的好胜心，他最终接受了挑战，并引领着新产品开始了漫漫的销售之路。

好胜心与挑战是每个人的天性，对于很多工作，只要领导善于用风趣的语言激励，员工就一定会以最大的热情去干，并干好这项工作。一位成功的领导者应该善于激发下属自我超越的欲望，因为这确实是使员工振奋精神，接受工作挑战的最可行的办法。

有一家空调制造厂，因为员工一直完不成定额，主管非常着急，他已经采用了所有的办法，说尽了好话，又是鼓励又是许愿，甚至还采用了“完不成定额，就走人”的威胁手段，可是还是没有一丝的效果。他只好向总经理作了如实汇报。

总经理在主管的陪同下走进了工厂，当时，日班马上结束了，总经理问一位工人：“请问，你们这一班在今天制造了几部空调？”“5部。”那位工人回答。总经理没有再说话，只是拿了一支粉笔在地板上写下一个大大的数字“5”，然后转身离开了车间。夜班工人接班的时候，看到了那个数字“5”，便问是什么意思，那位准备交班的日班工人详细地作了解释。夜班工人看着那个数字“5”，越看越刺眼。

第二天早上，总经理再次来到工厂，他看到夜班工人已经把那个数字“5”擦掉了，重新写上了一个大大的数字“6”。而日班工人接班的时候当然看到了很大的数字“6”，他们毫不示弱，抓紧时间干活。当天晚上下班的时候，他们在地板上留下了具有示威性的特大数字“9”。情况逐渐有

所好转，而工厂的产量也大幅度增高。

如果领导希望圆满地完成工作，那么就要想办法让员工之间形成良性的竞争，有了竞争，才会激发超越自我的欲望，才有可能超额完成任务。在这个案例中，总经理戏剧性的做法恰好达到了激励下属的目的。对于每个人来说，最大的竞争对手不是他人，而是自己。他人的存在不过是为了激发自己内在的潜能，所以，领导者在工作中也要善于激发员工争强好胜的心理，使他们能够有勇气战胜自己。

风趣的责备，更易于下属接受

在日常工作中，领导批评下级是为了根除工作中的错误，使下级走上正确的道路，因此，要想批评达到很好的效果，就必须讲究批评的技巧性，而避免消极的、简单的、直接的倾向。批评是一门艺术，批评是为了鞭策和激励他人更好地完成工作，达到团队共同的目标。批评是一种反向的激励，如果运用不好，就很容易刺激他人，特别是下属的自尊心和荣誉感，这样不但收不到激励的效果，还会走向激励的反面，使被批评者情绪消极、表现被动，甚至做出偏激和抵抗的举动。所以，领导在批评的时候，切忌直接指出下属的错误，这样会伤害下属的自尊心，而是需要风趣地责备，在言语上需要含蓄婉转，切忌尖酸刻薄，否则，便会引发不良的后果。

其实，不仅条条大路通罗马，而且曲径或许更好走。比起直接的说话方式，含蓄幽默的方式更加容易让人们接受。所以，当我们在指出他人错误的时候，要善于舍弃直接的方式，选择能通幽的小径，以风趣的责备来劝说他人的错误。这样的“曲径”不但能把我们的意思准确地表达出来，而且还能使对方成功地接受你的建议。因为要想对方虚心地接受你的建议，就要注重说话的技巧，对下属的责备一定要风趣，切勿直接批评。

传说，郑板桥早年的时候，家里非常贫穷。有一年春节，因为没有食品过年，他向屠户赊了一只猪头，刚下锅，又被屠户要了去转手卖了高价。为此他一直记恨在心。直到后来到山东范县做官，还特别规定杀猪的不准卖猪头，自己吃也要交税，以示对屠户的惩罚。郑板桥夫人听说此事，感到不妥。一天，她捉到一只老鼠，吊在房里。夜里老鼠不住地挣扎，郑板桥一宿没睡好。郑板桥埋怨夫人，夫人说她小时候好不容易做了件新衣裳，被老鼠啃坏了。郑板桥听后笑道："兴化的老鼠啃坏了你的衣裳，又不是山东的，你恨它是何道理？"夫人说："你不是也恨范县的杀猪的吗？"郑板桥恍然大悟，随即吟诗一首："贤内忠言实难求，板桥做事理不周。屠夫势利虽可恶，为官不应记私仇。"

郑板桥因为贫穷时的遭遇，一直对屠户怀恨在心，因而等他做了官，就规定杀猪的不准卖猪头，自己吃也要交税，以示对屠户的惩罚，实际上他的这一行为就是公报私仇。这时候，夫人看不下去了，但如果直接指出郑板桥的错误，那么就会损伤他的自尊心，也会使他陷入难堪的境地，所以，夫人运用类比的方法，巧用风趣的责备，旁敲侧击，聪明的郑板桥立即领悟到了夫人话里蕴含着的言外之意，自己也恍然大悟。在这里，夫人就舍弃了直接的方式，而采用委婉的方式，达到了劝说的目的。

王太太为修葺房屋而请来了几位建筑工人。起初几天，她发现，这些建筑工人每次收工后都把院子弄得又脏又乱。可他们的手艺却让人无法挑剔，王太太不想训斥他们，便想了一个好办法。一天，建筑工人收工回家后，她便偷偷地和孩子们一起把院子收拾整齐，并将碎木屑扫好，堆到院子的角落里。到第二天工人们来干活时，她把工头叫到一边大声说："我真的对你们在收工前将我的院子扫得这么干净而高兴，我很满意你们的举动。"之后，每到收工时，工人们都自觉地把木屑扫到角落里，并且让工头做最后的检查。

如果王太太直接指出工人的错误，肯定使工人们大为恼火，而这种情绪会影响其工作效果，也会破坏他们与王太太之间的友好关系。所以，聪明的王太太没有直接指出错误，而是含蓄而幽默地地表达出自己的想法，

聪明的工人们一下子就明白了王太太的意思，也认识到了自己的错误。因而，每次完工，工人们都会自觉地把木屑扫到角落里，并且让工头们做最后的检查。

每个人都有自尊心，即使犯了错误的人也是如此。如果下属真的在某些方面犯了错误，领导在批评的时候，也要考虑到对方的自尊心，切勿随便伤害。因此，批评他人的时候，一定要风趣含蓄，如春风化雨，而不是大发雷霆，横眉怒目，以为这样才能显示你的威风。实际上，你这种批评方式，是最容易伤害对方的自尊心，甚至导致矛盾激化。因此，你在批评对方的时候，要戒言辞尖刻、恶语伤人。当你正怒火中烧时，最好别批评下属，等心情平静下来再去批评。切忌讽刺、挖苦，恶语伤人。虽然对方有过错，但是在人格上与你完全相等，所以不能随便贬低对方甚至污辱对方。

幽默谈吐，下属更愿意倾听

当然，智慧领导最佳的口才表现是：幽默中散发着亲和力。一方面可以在无形中拉近与他人之间的距离，同时，还能激起对方想与你沟通的欲望。在现实工作中，许多领导总是与下属保持一定的距离，平时紧绷着面孔，不愿意轻易相信下属，不轻易接近下属，在他们看来，和下属开玩笑、打成一片是有损领导威信的事情。有时候，明明当面就能了解的问题，但领导却总是安排下属到自己办公室汇报，问东问西，语气严肃，不时提一些问题，以显示自己的气度与水平。如此说话方式，根本没半点亲和力，时间长了，下属也开始躲避你这样的领导了。许多领导误认为自己比下属高明得多，开玩笑或风趣地说话，有损自己的威信。其实，恰恰不是这样，领导之所以为领导，就是在某些方面比别人高明得多，但是，如果把这一点绝对化了，总认为自己处处高人一等，其结果往往适得其反。

美国某位总统，在庆祝自己连任时开放白宫，与一百多个小朋友亲切“会谈”。10岁的约翰问总统，小时候哪一门功课最糟糕，是不是跟自己一样，也挨老师的批评。总统告诉他：“我的品德课就不怎么样，因为我特别爱讲话，常常干扰别人学习，当时，我可是老师经常批评的对象。”他的幽默回答，使现场气氛非常活跃。

当时有一位叫玛丽的女孩，她来自芝加哥的一个贫民区。她对总统说，她每天上学都很害怕，因为她不知道会发生什么事情，害怕路上遇到坏人。这时，总统收起笑容，严肃沉重地说：“我知道现在小朋友过的日子不是特别如意，因为有关毒品、枪支和绑架的问题政府处理得不理想。我希望你好好学习，将来有机会参与到国家的正义事业之中。也只有我们联合起来和坏人作斗争，我们的生活才会更美好。”

总统在说话时，富于幽默感，而且，极具亲和力，也难怪小孩子都喜欢与他交谈。那些幽默而亲和力的话语紧紧抓住了小朋友的心，使小朋友认为总统与他们是好朋友。即使场外的人们看到了这样的对话场面，也会感觉总统是一个亲切的人。

日常生活是丰富多彩的，可以为我们提供许多有趣的素材，这些素材会无意识地进入我们的记忆仓库。在生活中，领导要做个有心人，随时搜集来自生活中的有趣素材，这样就会使自己的语言材料丰富起来。当然，幽默风趣是一种“快语艺术”，它突破了惯性思维，遵循的是反常原则。在实际讲话中，要必须想得快，说得快，触景即发，涉事成趣，出人意料，又在情理之中，使下属易于在欢笑中接受。

有一次，美国前总统林肯与一位朋友边走边谈，当他们走到走廊的时候，一队早已等候多时、准备接受总统训话的士兵齐声欢呼了起来，不过，那位朋友还没意识到自己应该退后。这时，一位副官走上前来提醒他退后八步，这位朋友才意识到自己失礼了，马上涨红了脸。

看见朋友如此难堪，林肯马上微笑着说：“你要知道也许他们还分辨不清谁是总统呢。”就这样一句简单而诙谐的话语，立即打破了现场难堪的气氛。

恩格斯曾经说："幽默是表明人对自己事业具有信心并且表明自己占有优势的标志。"当然，幽默的语言风格是建立在较高的思想境界和较高的涵养上，如果你是一个心胸狭窄、思想颓废的人，是不会幽默的。幽默永远属于那些拥有热情的人，属于生活的强者。

领导讲话的时候，可以采用"错位思维"来捕捉生活中的喜剧因素，也就是不按照普通人的思路想，而是岔到有趣的一面去。领导者在生活中，要善于使用这样的思维方式去捕捉一些喜剧因素，平时的逐渐积累，会让你讲话时大放异彩。适当的时候，就近取一些生活中的事例，这会让下属感到很亲切。在说话过程中，要灵活运用极度的夸张、反常的妙喻、顺拈的借代、含蓄的反语，以及对比、拟人、移就、拈连、对偶等一些修辞手法，这样才能使你的语言表现出幽默风趣的效果。

林语堂先生说："幽默是一种人生态度。"幽默的语言能使紧张的气氛顿时显得轻松活泼，若是幽默中散发着亲和力，则能让对方感到善意，这样表达出的观点更容易被对方所接受。在日常工作中，幽默而带亲和力的语言风格无处不在，它成了人际交往的调节剂。在每年的文艺晚会上，相声小品之所以一直备受观众们喜爱，就在于它的表现形式离不开幽默，那独具幽默而不缺乏亲和力的语言风格强烈地感染着观众的心。

妙用幽默，轻松管理下属

现代社会，"幽默管理"越来越流行。运用幽默进行企业管理，或许，有不少人闻所未闻，然而，在当今美国，幽默已经成功地运用于企业管理之中，并取得了很好的效果。有关心理专家发现，通过头施幽默计划管理，许多公司的经济效益都有了飞速的增长，原来，幽默也是可以赚钱的，更可以融入到管理工作中。作为领导，应该运用好各种幽默策略，以幽默做好自己的管理工作。在现实生活中，幽默是每个人，包括领导者必备的个人主要魅力之一，一个人若是缺少了幽默，就等于没了魅力。那些善于幽默的领导者比古板严肃的领导者更有领导魅力，也更容易获得下属的认同与追随。

那么，什么是幽默管理呢？幽默管理就是领导者在管理工作中的用人、沟通、激励、组织建设、文化建设等多个方面，恰当地运用幽默的语言艺术，把幽默的人性融入到管理的严肃中，在适当的场景和时机，用幽默缓解氛围，向下属风趣地提出建议，增强自己的亲和力，等等，列入幽默的管理措施。或许，在大部人看来，管理是一件科学严谨的事情，而幽默则是管理工作中有效的调剂品，有了幽默，更容易调动下属的积极性，增强团队的凝聚力，加强团队成员的亲密度，提高沟通的效率，甚至，还可以帮助下属缓解工作压力带来的紧张感。

有时候，当下午无意中犯了错误，领导也可巧用幽默的语言批评，这样既化解了尴尬的气氛，又增进了彼此情感上的交流。如果领导者厉声呵斥他、命令他，就不会有这么好的效果了。这种幽默式的批评方式，可以更加有效地缓解被批评者的紧张情绪，也可以使双方处于一种愉快的氛围，启发被批评者思考，从而增进相互间在情感上的交流。同时，幽默的批评不但能够达到教育对方的目的，还可以营造出轻松的气氛，使对方更容易接受。

幽默管理，能够很好地减轻下属的工作压力。著名的伊士曼·柯达公司，在纽约为2万名员工建造了一座有4个活动场所的“幽默房”。其中一个是图书室，内有各种笑话书籍、卡通书籍以及幽默光盘、录像带和录音带；一个是玩具房，里面有各种宣泄压力的器具，比如仿真人形象的吊袋；一个能容纳200人的会议厅，厅内布置了幽默大师卓别林和笑星克罗麦克斯的许多剧照；一个高科技房，配备具有幽默功能的各种软件。这些都是幽默的展现，它们可以帮助下属放松情绪，增强快乐情绪，减轻工作压力，自然，也为下属所青睐。

由此可见，幽默具有一种特性，一种引发喜悦、以愉快的方式娱人的特性，它更是一种有效的管理能力。当然，在管理过程中，领导者可以运

用各种幽默策略，诸如幽默的批评方式、自嘲的方式、以幽默激励下属，等等。只要你能恰到好处地运用幽默，对自己的管理工作都是大有裨益的。

在很多时候，幽默不仅仅能给下属带来快乐和欢笑，还能够有效地提升领导者的威望。比如，在面对记者犀利提问的时候，领导者机智而幽默的回答，不仅表现了领导者的聪明才智，也为自己赢得了荣誉。当上下级之间出现了一些不愉快的事情，领导恰当的幽默技巧可以快速化解矛盾，使人际关系变得融洽而畅通。当然，幽默是一个智慧的表现，是修养、学识、品格等方面的结晶。一个领导者只有平时善于学习，善于观察，善于积累，不断地充实和丰富自己，才能学会幽默这门艺术。

第13章　谈判时的幽默：用幽默口才策略令对手折服

幽默，是一个心理学上的名词。其实，在很多场合，我们都会用到幽默，比如严肃的谈判场合。当我们在诸事不顺的情况下，或者遇到突发状况的时候，可以保持心理上的稳定，这样就可以确保我们冷静地、合情合理地对自己面临的情况或事件作出正确和恰当的处理。

善用幽默，营造和谐氛围

美国幽默大师罗伯特·奥本说："每天早上起床后，我都看一遍福布斯美国富翁排行榜。如果上面没有我的名字，我就去上班。"这是一句多么幽默的话语，不仅给人带来了快乐，也温暖了自己的心灵。幽默，是快乐的精灵，在很多时候，我们需要运用幽默的语言来营造良好的谈话氛围。在日常工作中，许多人都表现得太严肃，他们总认为凡事都应该认真，开不得半点玩笑，否则会坏了大事。事实并不是这样，幽默恰恰为枯燥的工作带来了快乐，缓解了压力，在轻松的氛围中，再谈谈工作的事情，或许，彼此都会感到轻松不少。尤其在谈判场合，更需要我们恰当地运用幽默语言来创造良好的谈话氛围，化解谈判过程中的尴尬，最终促成

谈判的成功。

美国谈判大师荷伯·科恩曾说："世界是一张巨大的谈判桌，谈判存在于生活的方方面面，很多时候，我们自觉或不自觉地就成了某个谈判的参与者。"在日常工作中，谈判更成为我们工作中一项必不可少的内容。大多数认为，谈判应该是庄重的、严肃的，其实，若是在谈判中插入幽默的语言，不但可以缓和紧张形势，营造出友好的谈话气氛，还可以缩短彼此之间的距离，钝化对立感，使整个谈判变得更融洽。在国际谈判中，幽默语言可以使整个谈话更加顺利，彼此化干戈为玉帛，从而避免了战祸；在商业谈判中，幽默的语言巧于辞令，可以为你赢得新的合作伙伴。

丘吉尔是一位善于使用幽默语言的首相，尤其在谈判中，他屡次使用幽默语言，取得了不错的效果。

1943年，英国首相丘吉尔与法国戴高乐将军因叙利亚问题产生了意见分歧，两人心中都有芥蒂。而在这之前，丘吉尔颇为看重的布瓦松总督被戴高乐逮捕了，对此，双方都感觉这个问题变得棘手了，要想解决这个问题，只能是面对面地谈判。当时，丘吉尔的法语讲得不是很好，而戴高乐的英语却讲得很漂亮。

两人见面了，气氛变得紧张起来，丘吉尔先用法语打招呼："女人们先去逛市场，戴高乐、其他的先生跟我去花园聊天。"然后，他高声说了几句英语："我用法语对付得不错吧，是不是，既然戴高乐将军英语说得那么好，一定能够完全理解我的法语。"话音刚落，戴高乐将军以及其他人都笑了起来。丘吉尔的这番幽默消除了之前紧张的气氛，建立了良好的谈话氛围，使整个谈判得以在和谐与信任中进行。

丘吉尔与罗斯福的谈判，也可以说是幽默语言使用的典型例子。在第二次世界大战期间，英国武器短缺，丘吉尔来到华盛顿会晤美国总统罗斯福，请求军需物质方面的接济。第二天进行会谈，凌晨，丘吉尔还躺在浴盆里，嘴里抽着雪茄，正在思考问题，没想到，罗斯福突然走了进来，两人相视愣住了，丘吉尔笑了，说道："总统先生，大英帝国首相在你面前可真是没有半点隐瞒啊！"说罢，两人都不约而同地笑了起来，而此次谈

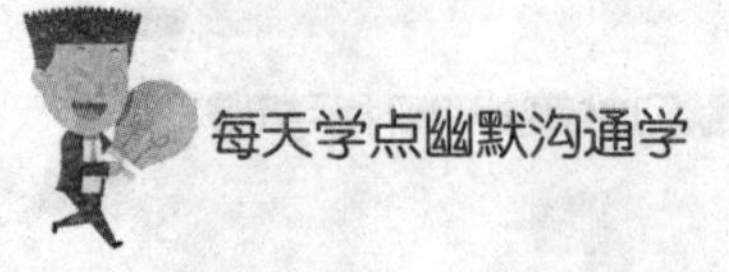

判成功地推动了英美合作。

如此看来，幽默语言是谈判过程中的润滑剂，同时，也是化解谈判僵局和消除紧张气氛的良药。在谈判过程中，双方往往因为一些主客观的问题各执一词，互不相让，这时，若不及时化解，必然令谈判陷入僵持局面。对此，一些高明的谈判者会运用幽默的语言，使谈判脱离僵持的困境，化解尴尬，最后达成一致的协议。

前不久，中方代表就一合资项目与某国财团进行谈判。谈判刚刚开始，对方就说："我方设备技术先进，拥有自己的专利权，希望你们能开出一个令我们满意的价格。"如此漫天要价，使整个谈判陷入了僵局。

这时，中方一代表站起来，说道："中国是一个有着几千年悠久历史的文明古国，我们的祖先在一千多年前就将四大发明：指南针、造纸术、印刷术、火药的生产技术无条件地贡献给了人类，而我们的子孙从未埋怨过他们不要专利权，反而称赞他们为推动人类科学技术作出了贡献。今天，中国在与世界各国的经济合作中，并不需要你们无条件地出让专利权，只要价格合理，我们是一分钱也不会少给您的。"不卑不亢的语言中，融入了幽默的力量，最终，对方愿意降低专利费，促成了整个谈判的成功。

如果双方就专利费各持己见，互不相让，那么，谈判肯定会陷入僵局。中方代表一席幽默语言，使整个谈判脱离了僵持的困境，化解了紧张的气氛，促成了和谐的谈判。现代社会，随着市场经济的发展，我们谈判的机会一直不断地增加。于是，在谈判中，越来越多的谈判者喜欢追求幽默的语言，与此同时，幽默的语言也成了每一个谈判者获得成功的重要途径。

幽默的语言，对于营造良好的谈话氛围，促成此次谈判成功有重要的作用。许多人在谈判中都会有胆怯、不安的心理，这是在所难免的，这时，如果使用幽默的语言，就可以消除对方这种心态，使彼此在一种轻松自然的氛围中谈判。在谈判过程中，由于某些原因导致谈判的双方处于进退两难的窘迫局面，这时，一句幽默的语言往往会化解双方的尴尬，彼此

相视而笑，那些让人不自在的氛围自然会松缓下来。

风趣辩论，减少火药味

在很多时候，“谈判”这个词语并非正规场合才会用到的专业术语，也不单单指的是商场、战场所必备的交际手段，如今，谈判已经成为现代社会一个普通人所需要具备的基本本领之一了。随着社会的不断发展，人们参加谈判机会的增加，在现实谈判中，追求诙谐有趣的谈判者越来越多，因为大家在精神疲惫的同时不希望过于严肃地谈判，于是乎，诙谐的语言成了谈判者希望赢得谈判成功的尚方宝剑。幽默的语言可以是风趣的，生动的，诙谐的，含蓄的，在实际谈判中，我们可以适当地将这些幽默的语言融入其中，从而减少谈判本身那严肃、单调乏味而充满火药味的气息，使整个谈判变得生动有趣，让谈判在轻松自如的氛围中结束，并取得双赢的效果。

美国前国务卿基辛格是一位善于控制自己情绪的人。有一次，他在德黑兰短暂停留。当晚，伊朗首相邀请他去看舞女帕莎的表演。基辛格看得很专心，帕莎表演结束后，他还跟她闲侃了一阵。

第二天，一名记者当众与基辛格打趣：“你喜欢她吗？”基辛格很恼火，心想这帮好事之徒真是不放过任何一个细节，但表面上他仍然一本正经地回答那位记者：“不错，她是位迷人的姑娘，而且对外交事务也有浓厚的兴趣。”那记者很快就上当了：“真的吗？”基辛格回答说：“那还有假？我们在一起议论了限制战略武器会谈，我费了些时间向她解释了ISS 7导弹怎样改装成U级潜艇发射。”

众人哈哈大笑，而那位记者自讨没趣。

其实，说话本身是一门高雅的艺术，如果把话说好了，即便没有达到自己的目的，也会对你产生莫名的好感。通常情况下，在实际谈判中，遇

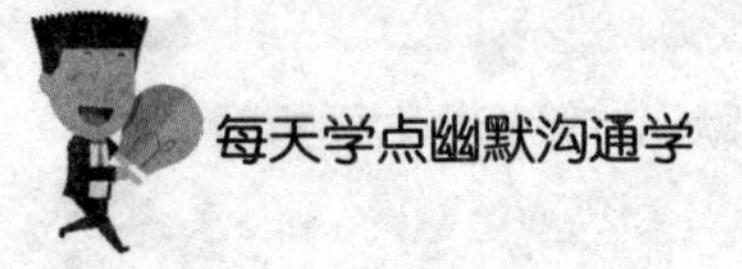

到不适宜从正面回答的问题，我们应该反其道而行之，把球踢给对方，这是较好的幽默策略。

许多年以前，在以色列，有一位从战场上胜利归来的将军回到了自己的老家。由于他所拥有的丰功伟绩，使得他在这个城市的身价倍增，他也成了许多女人追逐青睐的对象。不过，这位将军并不喜欢这样，甚至他很讨厌这种情况。但即便这样，还是有一些人会对他紧追不舍。

其中，当地有一位很有名气的女记者，接连几个月都写信给那位将军，表示自己想认识这位伟大的将军。在一次舞会上，这位女记者手上拿着桂枝，向将军走了过来。将军躲闪不及，与女记者撞个正着，于是，女记者顺手将桂枝递给将军，将军很绅士地笑了，说道："应该把这桂枝留给缪斯。"听到这样的话，女记者并不感到尴尬，她以为只是一句玩笑，她绞尽脑汁想找到一个话题与将军搭话，听到女记者的话，将军出于礼貌不好生硬地打断她。

女记者问道："将军，您最喜欢的女人是谁呢？"将军诚实地回答说："是我的妻子。"女记者继续说："这太简单了，您认为最重要的女人是谁呢？"将军回答说："是最会料理家务的女人。"女记者故作聪明："这我料到了，那么，您认为谁是女中豪杰呢？"将军回答说："是孩子生得最多的女人，夫人。"

就这样，两人就好像审讯犯人一样，一问一答，紧张的气氛简直令人窒息，自然就谈不下去了。最后，女记者感到局促不安，也不想自讨没趣，就起身离去了。

在这个类似谈判的场景中，将军那诙谐的话语无疑是最好的谈判辞。面对女记者的提问，既不答应，也不拒绝，就是不说正事，这才是一个高明的谈判者。反之，那位女记者就不算一个高明的谈判者了，面对即将出现的僵局，她没了主意，这时如果不采取的策略，慢慢地对方就会失去耐性，谈判最终不了了之。

有一个人这样问上帝："尊敬的上帝啊，在你的眼睛里，一千年是多长时间？"上帝回答说："一分钟。"这人又问："伟大的上帝，在你的眼睛里，一万个金币又是多少钱呢？”上帝回答说：“就一个小钱罢了。”听到这样的话，这个人暗自笑道：“仁爱的上帝啊，那就请你恩赐我一个小钱吧！”

上帝回答说：“好，可怜的孩子，一分钟后，我拿给你！”

在实际谈判中，当对方向我们提出过分的要求时，拒绝并不是唯一的办法，我们可以试着答应对方的要求，不过，一定要限定在某个对方不可能接受的条件范围之内，这样幽默的方式会让对方占不到丝毫便宜，继而主动退却。

幽默，变“战争”为和平

大多数人只要听到“谈判”这个词语，就会联想到严肃而正式的场合，几个人不苟言笑地坐着，彼此心里打着小算盘。实际上，这只是谈判的一种，现实生活中的谈判已经走向了多元化，大部分谈判者会用到幽默的技巧，这样可以缓和紧张的气氛，营造出和谐而友好的气氛，同时也缩短了双方的心理距离，钝化了对立感。许多谈判者之所以那么青睐于幽默的艺术，是因为幽默可以使他在谈判中如鱼得水，经常会产生“山重水复疑无路，柳暗花明又一村”的感觉。而且，在紧张的谈判中，幽默还可以适时起到化干戈为玉帛，变战争为和平的作用。

在一次董事会上，美国电报电话公司董事长卡普尔的领导方式遭到了公司许多人的批评和责问，整个会场充满了紧张气氛。有位女董事质问道：“过去一年中，公司用于福利方面的资金是多少？”当她得知用于福利的资金只有几万美元的时候，又说：“我真要昏倒了！”听了这样的话，卡普尔漫不经心地回答了一句：“我看那样倒好。”听到这样的话，会场立即爆发出一阵难得的笑声，而那紧张尴尬的气氛也随之消失了。

在这个案例中，卡普尔用恰当的口吻把敌视的讽刺化为幽默，与此同时，也化敌为友，消除了大家激动的情绪。在实际谈判中，有时候因某种原因导致谈判双方处于骑虎难下、进退两难的窘境，这时，若能说一句幽默的话，往往会让难堪的双方相视而笑，那尴尬的气氛就会马上缓和下来，从而达到了变战争为和平的目的。

以诙谐的语言反击对方

在实际谈判过程中，有时候我们会遇到对方的挑刺或者故意刁难，这时不可避免地会陷入困境中。在这样的情况下，我们该如何扭转乾坤，让那些故意刁难者知难而退呢？其实，这需要幽默的艺术，以诙谐的语言反击对方，如果你只是傻傻地站在那里，那只会让那些故意为难你的人更得意，同时，也会让所有的对手看笑话。当然，这需要一定的方法以及技巧，才能巧妙地化解尴尬，为自己解围。

摩西·门德尔松是德国18世纪的大哲学家，而且有着典型的犹太人体相。有一天，他在柏林大街上散步的时候，不小心撞到了穿军服的普鲁士军官身上，军官冲着他粗鲁地骂道："笨蛋！"这时，哲学家微微地弯了弯腰，彬彬有礼地说："门德尔松。"然后扬长而去。

大哲学家门德尔松面对粗鲁的军官，在不损失自己面子的同时，有力地回击了对方，他所采用的就是幽默的方法。试想，当一条狗咬了你一口，难道你会俯下身子去咬狗一口吗？我们所能做的就是面带微笑，以诙谐的口吻去看待这件事情，让对方知趣而退。

在大街上，一位非常漂亮的姑娘紧紧地吸引了一个年轻小伙子的眼球。于是，姑娘走到哪里，他就跟到哪里。姑娘发现之后，停住了脚步，问道："你老跟着我干什么？"小伙子羞涩地回答说："你太漂亮了，我喜欢你。"姑娘又问："我有什么可吸引你的。"小伙子回答说："你就像一朵盛开的鲜花。"姑娘不屑地说："瞧你这个丑样，像个甲壳虫，我

才不在乎你呢？”听到这样的话，小伙子平静而幽默地说：“不，你说错了，我像一只蜜蜂。”

在现实生活中，当我们被别人讽刺，最常见，也是最失败的反应就是以牙还牙。若是在谈判中，我们也采用这样的方式，那只会造成谈判的失败。在上面这个案例中，面对姑娘的嘲讽，小伙子平静以对，幽默地加以纠正，则是风趣的，想必这样的人也是受欢迎的。

有一次，著名作家克雷洛夫与房东签订租房合同。那位房东在金钱上十分计较，而且他事先就知道了克雷洛夫是一个穷光蛋，因此，他便在租房合同特别写了一条：假如克雷洛夫不小心引起火灾烧了房子，那么必须赔偿一万五千卢布。

不过，令房东没想到的是，克雷洛夫看完，非但没有提出反对的声音，而且还很大方地在后面连续加了两个“0”。房东一看，喜出望外，说道：“哎呀呀，一百五十万卢布。”其实，克雷洛夫并不是真的愿意多赔钱，他像没事一样，说：“是的，反正多少都一样赔不起。”房东听了，目瞪口呆，一句话也说不出来。

在实际谈判中，如果你遭受到了对方恶意的顶撞、攻击、讽刺挖苦或者出言不逊，这时不需要以牙还牙，针锋相对，这样会让局面变得一发不可收拾，而是需要将对方的讥讽之词当作前提，作为铺垫，作为条件，顺势表达出自己的看法，从而达到反击的目的。

在一家药店，一位顾客很生气地对经理说：“一个星期以前，我在这买的润肤膏，总之一点作用也没起，我要求退款。”经理询问道：“为什么？”顾客说：“你说，它可以与脱发作斗争的，可是不顶用。”经理建议说：“您再试试看，我是说过，这种润肤膏可用来与脱发作斗争，不过，这并不意味着，它一定能赢得最后的胜利啊。”

在实际谈判中，我们所说的每一句话都需要保持语言的严谨性，而且需要仔细揣摩对手所说的话，找准其中的关键字眼，这样我们才能随时给对方致命的反击。当然，我们所使用的方法应该是诙谐的，风趣的，不带任何攻击性的。

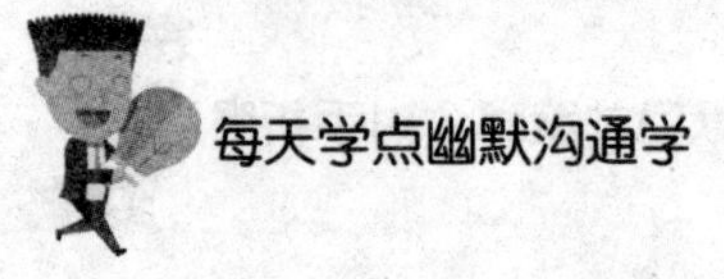

在美国的一个犹太人聚集地，一个富翁请一位犹太画家为他画肖像。犹太画家精心地为富翁画好了肖像，不过，富翁却拒绝支付议定的500美元的报酬，理由是："你画的根本不是我。"没过多久，画家就将这幅肖像公开展览，提名为《贼》。富翁得知后，十分生气，打电话向画家抗议。

听到富翁在电话那边咆哮，画家平静地说："这事与你有什么关系？"你不是说过了吗？那幅画画的根本就不是你。"于是，富翁不得不买下这幅画，改名为《慈善家》。

在实际谈判中，当对方不愿意履行承诺的时候，我们之前所谈的成果就要付诸东流，这时候我们就需要冷静地对待自己所遇到的事情，找到对方的要害，以诙谐、巧妙的方式迫使对方就范。我们应该记住这样一句话：对方想要激怒我们，我们则惹对方一笑，暗中还击，这才是高明的谈判策略。

以幽默的语言，令对手折服

在实际谈判中，我们经常会遇到这样的情况：当自己打算向对方提出某项要求时，却不知道对方会不会答应。当然，一旦这个要求被对方拒绝，那场面肯定会很难堪，甚至还会危及彼此之间的合作关系。而幽默的欲望往往会有效地处理这种问题，换言之，我们可以幽默地提出自己的要求，假如对方因为种种原因不可能或者不愿意满足这个要求，那对方同样可以幽默地拒绝。这样一来，任何一方都不会感到难为情或自尊心受到伤害。假如以幽默的方式提出自己的要求，而对方也答应了，那两人则可以进入正式的谈判。

1969年9月的一天，美国国务卿基辛格就越南战争问题与苏联驻美国大使多勃雷宁举行会谈。谈判正在进行，尼克松总统给基辛格打来电话，接完电话，基辛格对多勃雷宁说："总统刚才在电话里对我说，关于越南问

题，列车刚刚开出车站，正在轨道上行驶。”老练的多勃雷宁试图缓和一下气氛，机智地接过话头说：“我希望是驾飞机而不是火车，因为飞机中途还能改变航向。”基辛格立即回答道：“总统是非常注意选择词汇的，我相信他说一不二，他说的是火车。”

在这次谈判中，基辛格巧用火车与飞机的比喻，幽默地对对手进行旁敲侧击，鲜明、坚定地表明了自己的立场，而且巧妙地探出了对方的口吻，而他的语气和态度又不显得十分强硬，容易让对手接受。可见，在谈判中，隐晦、形象的试探语言，往往能有效地活跃谈判气氛，使谈判轻松、愉快，并逐步向有利的方向发展。

一个年轻人在一家百货公司做业务员，第一天工作刚结束，总经理就开始检查新员工的业绩。每个人都完成了20～30单的生意，而这位年轻人只完成了1单生意。总经理不满意地问他：“你卖了多少钱？”

“30万。”年轻人回答说。

“你怎么卖那么多钱？”总经理吃惊地望着他。

“是这样的，”年轻人说，“一位先生进来买东西，我给他一个小号的鱼钩，然后是中号的鱼钩，最后是大号的鱼线。我问他上哪儿钓鱼，他说在海边，我建议他买条船，所以我带他到卖船的专柜，卖给他一艘帆船，然后他说他的汽车可能拖不动这么大的船，于是我带他到汽车消费区，卖给他一辆丰田新款豪华型‘巡洋舰’。”

总经理听得目瞪口呆，几乎难以置信地问道：“一个顾客仅仅来买个鱼钩你就能卖给他这么多东西？”

“不是的，”年轻人说，“他是来给他妻子买卫生巾的，我就告诉他‘你的周末算是毁了，干吗不去钓鱼呢’？”

这个案例可能在现实生活中很少发生，但却很明确地告诉我们，要想成功帮谈判对方挖掘需求，你一定要敢于想象，善于以诙谐的语言将话说到对方的需求点上，让对方认同你的观点，那么，这给我们带来的利益将是无法估量的。

阿里巴巴集团每年都会主办一次“西湖论剑”活动，邀请一些政界名

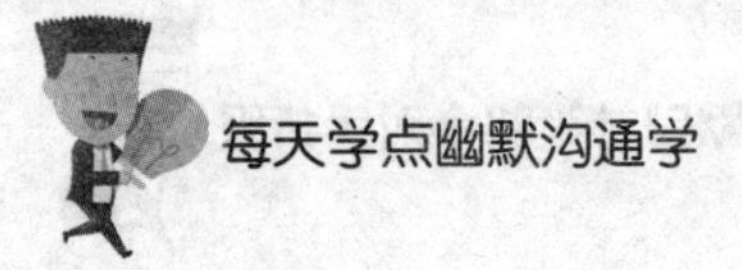

流、文体明星、业界大腕来到杭州西子湖畔，共商发展妙计。2010年9月，马云把邀请的对象瞄准了一位重量级人物——好莱坞电影巨星、美国加利福尼亚州州长阿诺德·施瓦辛格。

这天，两人见面后，马云真诚地说："我是您的粉丝，我几乎看过您主演的所有电影。您强健的肌肉让人看到一种无穷的力量。我练了20多年的肌肉都'突'不出来，请问您有什么秘诀？"短短几句话就把两人的感情拉近了，施瓦辛格愉快地分享了自己的健身秘诀。

接着，马云说："我的'西湖论剑'活动马上就要开始了，去年我请来了克林顿和科比，今年我想到了您。您曾是世界健美冠军、好莱坞电影明星，后来又成为拥有亿万资产的成功商人，现在是美国的一位州长。可以说，您是一位成功的'多面体'，一个人就代表了政治、文艺、体育、环保、商界等多个方面，因此说，我邀请您这样一个多才多艺的嘉宾就可以代替多个嘉宾，这就是我请您来'论剑'的理由。"听了这番话，施瓦辛格非常高兴地接受了邀请。

几句风趣的话，一下子就拉近了双方之间的心理距离，再加上对于名人来说，当然在意自己的知名度，这就是施瓦辛格的"弱点"。这里，马云在谈判前，先摆出去年的"佳绩"——成功邀请到克林顿和科比，让施瓦辛格意识到，能够参加这次"西湖论剑"活动是一件很荣幸的事情，极大地激起了对方的兴趣。自然，这样的谈判是成功的。

幽默谈判小技法

作为一个高明的谈判者，假如可以有效地使用幽默语言，那成功自然是水到渠成。因此，幽默可以说是谈判中的高级艺术，不过，若是用得不恰当，就会起到相反的作用。在实际谈判中，我们所使用的幽默语言要因地制宜，也就是因对象、因地而用，不可滥用。作为一个聪明的谈判者，

我们要善于观察和思考，决不放过任何一个可以表现幽默的机会。通常情况下，在谈判开始或双方出现冲突的时候，我们可以使用恰当的幽默语言，不过，这些诙谐的语言需要注意场合，需要看准对象。当然，为了使幽默发挥出最大的效果，我们需要掌握一些熟练的幽默技巧。

在1991年年底的中美知识产权谈判中，美方代表一见面就出言不逊，说："我们是在和小偷谈判。"这时，我外经贸部部长吴仪马上针锋相对："我们是在跟强盗谈判，请看你们动物馆里的赝品，有多少是从中国抢来的。"一句有力的回击，既有效地维护了中国人的人格尊严，同时，也让对方领教了中国人的机智和风趣。

比如，在20世纪70年代末的一次外贸谈判中，中方代表拒绝了一位红发外商的无理要求。没想到，这位外商恼羞成怒，竟然出口伤人："代表先生，我看你皮肤发黄，大概是营养不良造成你思维混乱吧。"中方代表马上反驳说："经理先生，我既不会因为你皮肤是白色的，就说你严重缺血造成你思维混乱，也不会因为你头发是红色的，就说你吸干了他人的血造成你头脑发昏。"

这就是所谓的"以其人之道还治其人之身"，用嘲笑反嘲笑对方，以讽刺对讽刺，在反嘲讽的过程中粉碎对方的诡辩和言语攻击。在上面这两个案例中，显而易见，作为谈判者的反击是很有力的，且是诙谐有趣的。

女大使柯伦泰在担任苏联驻挪威全权贸易代表的时候，曾就购买鲫鱼问题与挪威商人进行谈判。在谈判过程中，由于挪威商人要价太高，致使谈判陷入了僵局。

这时，柯伦泰说了一句幽默的话："我同意你们提出的价格，如果我国的政府不批准这个价格，我愿意用自己的工资支付金额。但这自然要分期支付，可能要支付一辈子。"听她这样一说，对方代表面面相觑，最后全同意将鲫鱼价格降到最低限度，从而使得谈判赢得了成功。

当谈判陷入僵局的时候，我们可以以幽默的语言巧妙感化、说服地方，这样可以让对方产生共鸣，从而作出让步。在情理之中，说上几句幽默的语言，让对方在莞尔一笑的同时，能够很好地理解自己，这样我们获

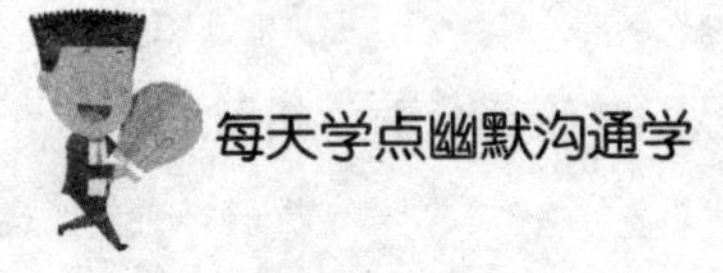

胜的概率就大了。

在20世纪30年代，卓别林写成了一部以讽刺和揭露希特勒为主题的喜剧电影脚本《独裁者》。不过，就在影片开拍的时候，派拉蒙电影公司却说："我们曾用'独裁者'这个名字写过一个闹剧，这个名字是我们的专利。如果卓别林一定要用这个名字，则要交付二万五千美元的转让费。"卓别林多次派人与其谈判，未果，他只好亲自上门与其谈判。

在谈判过程中，卓别林灵机一动，用笔在片名前加上一个"大"字，改成《大独裁者》，然后幽默地说："你们写的是一般独裁者，而我写的却是大独裁者，我们两不搭界，这两者根本就是风牛马不相及的事情。"结果，这家电影公司的老板无话可说，只好按照卓别林的脚本开拍。

有时候，在实际谈判中，我们可以运用风趣的语言以出乎意料的方式提出双方都能接受的条件，以达到对方变换要求和改变己方在谈判中所处的不利地位。比如上面这个案例中，本来卓别林是处于不利地位的，但聪明的他很快想到了一个绝妙的办法，既然你觉得这个名字是你取的，那我在前面加一个字就与你们区分开了。

Part 5

守护真心，用幽默为感情调味

第14章　经营深厚友情：用幽默的言辞让友情更长久

美国一位心理学家曾说过："幽默是一种最有趣、最有感染力、最具有普遍意义的传递艺术。"可以说，幽默在人际交往中的作用是不可否认的。在日常交际中，幽默的语言，可以使社交气氛变得轻松、融洽，有利于人们的交流。有时候，一句幽默的话，一个风趣的故事，就可以令人笑逐颜开，从而让彼此成为朋友。

善于幽默，令你左右逢源

有人说："幽默是心灵与心灵之间快乐的天使。"确实，它在日常交际中扮演了一个可爱的天使。一个人若是拥有了幽默，那就拥有了爱和友谊。在生活中，我们经常看见那些不具备幽默细胞的人，当他们在遇到某些事情的时候，不是拍案而起，横眉冷对，就是悲天悯人，大智若愚。富于幽默的人，即便情况到了针锋相对的程度，他们的情绪也不会燃烧起来，而是像湖水一样平静，因为如此可人的品性，他们更容易交到朋友，更容易自由自在地游走于交际圈。

有一个光头，当别人说他："你理发不用花钱，洗头不用汤。"时，他当场就生气了，变了脸，使得原本比较轻松的环境变得紧张起来。从这

以后，别人看见他都不敢跟他开玩笑，身边愿意跟他说话的朋友也少了很多。

还有一位经常参加演讲的教授，也是一个光头，当他站在讲台上时，他说："一位朋友称我聪明绝顶，我含笑着回答'你小看我了，我早就聪明绝顶了'。然后，指了指自己的头说："我今天演讲的题目是外表美是心灵美的反映。"就这样，这个光头教授开始了自己的演讲，而他那几句诙谐的话，使得整个会场充满了活跃的气氛。

在这个案例中，同样是光头，对于这样一个比较特别的外表形象，是很容易受到别人的嘲讽的，但他们所得到的认可为什么不一样呢？原因在于前面一位光头先生缺少幽默感。在日常交际中，友善的幽默可以表达人与人之间的真诚、友爱，可以沟通心灵，拉近人与人之间的距离，从而跨越人与人之间的鸿沟。当然，这会让我们得出这样的观点：幽默是一种希望和他人建立良好关系不可缺少的可贵品质。

在日常交际中，幽默可以帮助我们表达很多东西。尤其是当我们想要表达内心不满情绪的时候，假如适时使用幽默的语言，别人听起来也会顺耳很多。当一个人需要把别人的态度由否定变为肯定的时候，幽默是极具说服力的。此外，当我们与他人关系紧张的时候，即便在一触即发的重要时刻，若是幽默一下，也可以使彼此从容地摆脱不愉快的窘境或消除矛盾，可以说，幽默是交际的润滑剂，可以令我们在交际圈子里如鱼得水。

在一家饭店，一位顾客生气地对服务员嚷道："这是怎么回事？这只鸡怎么一条腿比另外一条腿短？"服务员故作幽默地说："那有什么！你到底是要吃它，还是和它跳舞？"顾客听了非常生气，一场本来可以化解的争吵就这样发生了。

当然，我们说"善于幽默"，并非只需要幽默就可以。幽默应该是高雅得体的，态度应该是谨慎和善的，幽默而又不失分寸，这才能促使人际关系变得和谐融洽。这是因为，幽默不但可以反映出一个人随和的个性，还可以显示出一个人的聪明、智慧以及随机应变的能力。不过，需要注意的是，幽默既不是毫无意义的插科打诨，更不是没有分寸的卖关子，耍嘴皮。我们在交际中所施展的幽默，既要入情入理，又要引人发笑，给人启迪。

在日常交际中，那些富于幽默的人，其朋友也是很多的。因为幽默，初次与陌生人见面时就会给对方留下较为深刻的印象，这对于身在社交圈子的人而言是一件再好不过的事情，因为说不定哪一天你就需要求助别人。而且，富于幽默感的人是具备亲和力的，他们很容易与人相处，这样就有助于他建立和谐、持久、牢固的人际关系。

幽默，让你结识更多的朋友

在交际场合，我们最终的目的是与陌生人成为朋友，所追求的是一团和气，而不是争执、冲突。谁朋友比较多，谁就是最大的赢家，因为朋友就是人脉。俗话说："在家靠父母，出门靠朋友。"假如在交际场合中我们可以多交一些朋友，经常与朋友谈心，聊天，这样就会慢慢地拓展我们的交际圈子，我们所了解的信息也越来越多，而且，在与朋友的相处过程中，我们可以以他人之长补己之短。若是遇到了什么难过的事情，或遇到了什么重大的困难，身边的朋友也可以为我们出出主意。伤心难过的事情，可以找朋友倾诉；开心幸福的事情，可以跟朋友分享。虽然，这是众所周知的道理，却有不少人道出"交友难"的苦水，似乎自己并不差，但好像就是得不到别人的认可，这该怎么办呢？其实，交友难，难就难在交友的方法上，而幽默却是一种很有效的方法。即便陌生人见面了，假如能幽默一点，那气氛将变得十分活跃，双方之间的交流也会变得更加顺畅，同时还为日后更加和谐融洽的人际关系奠定坚实的基础。

在练兵场上，连长正领着新兵们操练，连长喊"立正"，新兵们马上整齐地站在连长的对面。连长继续下命令："向右看齐！"新兵们立即把头侧向了右边。

不过，这时连长却看到一个新兵把头侧向了左边。于是，连长又喊了一遍：“向右看齐！”但那个新兵还是把头侧向左边，连长十分生气地问那个新兵：“你为什么向左看？”听到连长的话，那个新兵才发现自己犯了错误，不过，他却大声地回答说：“报告长官，大家都向右看，我怕敌人会从左边上来。”听到新兵的回答，严肃的连长也忍不住笑了。操练继续进行，这个新兵专心地听着口令，不再出错了。

其实，在现实生活中，许多人都有交朋友的欲望，却苦于没有行之有效的方法。假如我们能像案例中的新兵一样，勤于思考，也会变得跟他一样风趣幽默，到那个时候，对我们而言世界便不再陌生了，因为陌生人也愿意成为我们的朋友。

当一位身材矮小的男教师走上讲台的时候，台下的学生有的面带讽刺，有的则交头接耳，暗中取笑。这位老师扫视了一下全班同学，然后无不幽默地说：“上帝对我说：当今人们没有计划，在身高上盲目发展，这将产生严重后果。我警告无效，你先去人间做个示范吧。”听到老师这样的话，全班哄堂大笑，然后变得非常安静。显而易见，他们都对老师的幽默敬佩不已，而忘记了他身材上的缺陷。

当我们变得幽默，我们的朋友就会越来越多，陌生人也会成为新朋友，更多的新朋友会逐渐成为老朋友。面对这些新老朋友，彼此之间是没有交流障碍的，我们可以以幽默的谈吐说天说地，包括过去有趣的事情，未来美好的愿望，工作中的成绩、家里的烦恼都可以跟朋友一起分享，同时，在这个过程中，我们还可以收获更多的友谊。

以幽默的方式“认错”

俗话说：“智者千虑，必有一失。”一个人再聪明，再能干，也总有失败犯错误的时候。著名军事家孙子曾说：“过也，人皆见之；更之，人皆仰之。”在日常生活中，我们都不可避免地会做错一些事情，但是，做错了事情并不可怕，只要能够及时认识到错误并改正错误，以幽默的方式向对方“认错”，这样就会有效解开矛盾，缓解笼罩在彼此心头的怨气。与人交往，有可能会说错话，有可能会做错事，这就难免会得罪到他人，使原本和谐友好的人际关系出现了裂痕。但是，在错误发生之后，如果我们能及时“认错”，语言委婉而风趣，主动承担责任，一般情况下，是能够得到对方的原谅的。当然，假如你发现自己错了，却不愿意道歉，甚至处处找借口为自己辩解，这样的不仅得不到朋友的谅解，反而还会受到道德上的谴责。因此，我们不能小看了“认错”的作用，而且，我们还需要学会幽默地道歉，这样才更容易赢得对方的谅解。

从卡耐基家步行一分钟，就可以到达森林公园。因此，卡耐基常常带着一只叫雷斯的小猎狗到公园散步。因为他们在公园里很少碰到人，又因为这条狗友善而不伤人，所以卡耐基常常不替雷斯系狗链或戴口罩。

有一天，他们在公园遇见一位骑马的警察，警察严厉地说：“你为什么让你的狗跑来跑去而不给它系上链子或戴上口罩？你难道不知道这是违法的吗？”“是的，我知道。”卡耐基低声地说，“不过，我认为它不至于在这儿咬人。”“你不认为！你不认为！法律是不管你怎么认为的。它可能在这里咬死松鼠，或咬伤小孩，这次我不追究，假如下次再被我碰上，你就必须跟法官解释了。”警察再次提出了警告。

卡耐基照办了，可是，他的雷斯不喜欢戴口罩，他也不喜欢这样做。一天下午，他和雷斯正在一座小坡上赛跑，突然，他看见那位警察大人正骑在一匹棕色的马上。卡耐基想，这下栽了！他决定不等警察开口就先发制人。他风趣地说：“先生，这下你当场逮到我了。我有罪。你上星期警告过我，若是再带小狗出来而不给它戴口罩，你就要罚我。”“好说，好说，”警察回答的声调很柔和，“我知道没有人的时候，谁都忍不住要带这样一条小狗出来溜达。”“的确忍不住。”卡耐基说道，“但这是违法的。”“哦，你大概把事情看得太严重了，”警察说，“这样吧，你只要让它跑过小山，到我看不到的地方，事情就算了。”

在这个案例中，卡耐基使用了一个口才幽默策略，风趣地自责，再加上先发制人，率先批评自己，这使对方有一种被尊重的感觉。因为，当卡耐基风趣责备自己的时候，警察已经呈现出宽容的态度。如果我们免不了要受到责备，为什么不自己“幽默”地先认错呢？至少，谴责自己总比挨别人批评好受得多。当你清楚地知道对方即将责备你的时候，不妨先幽默地把对方责备你的话说出来，这样一来，对方一定会以宽大、谅解的态度来对待你。

幽默而巧妙的道歉，能够挽救友谊危机，化解尴尬气氛，继而巩固友谊，推进新的人际关系的发展。不过，在这其中，道歉也是需要技巧的，比如，温斯顿·丘吉尔对亨利·杜鲁门的第一印象十分不好，后来他告诉杜鲁门，自己曾一度严重地低估了他。他仅用了一句高明的恭维话表示了自己的歉意。

当然，我们在认错的时候，需要注意当发现自己说错话或者做错事情的时候，就需要及时地认错，认错越及时越有效果，我们很难想象在几十年后才说“对不起”会发生什么事情。当然，认错的最佳时机还应该选在双方都心平气和的时候，这样对方更容易接受你的道歉。此外，认错并不是等对方开始责备再道歉，这时候你已经激起了对方的怒火，因此，我们需要先发制人，率先批评自己，再加上风趣的言语，这样对方就不好意思再责备你了，而且，也会宽容你的错误言行。

幽默可以化解困境

幽默是一种优美的健康的品质，这是每一个现代人都应该具备的素质。这是因为，不管是帮助他人脱离困境，还是自救，幽默都发挥了一个催化剂的作用。在日常交际中，我们若回到一些很尴尬的场面，这时可以用几句幽默的语言来解围，就会在轻松愉快的笑声中缓解紧张尴尬的气

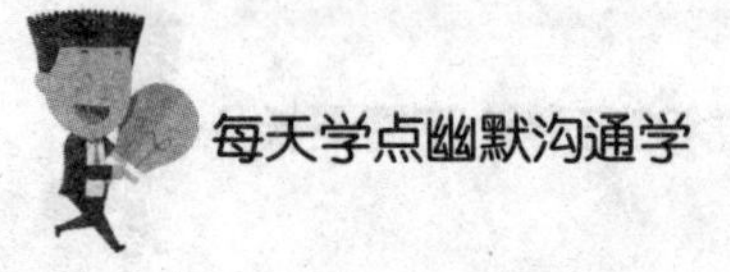

氛，从而化解困境。

有一次，美国作家霍尔摩斯出席一次会议，他是与会者中身材最矮小的。在会上，一位朋友脱口而出："霍尔摩斯先生，你站在我们中间，是否有鹤立鸡群的感觉？"没想到，霍尔摩斯听到这样的话，一点也不生气，而是幽默地说："我觉得我像是一堆便士里的铸币，铸币面值10便士，但比便士体积小。"这样一来，他以幽默的方式化解了自己的困境，也有效地反驳了对方。

在日常交际中，有的人在与他人交往的时候，唯恐听到一句"刺耳"的话，只要听到别人的言语稍有不慎，他就会十分生气，否则就是极力辩解，实际上这种做法是很愚蠢的。虽然，我们暂时发泄了内心郁闷的情绪，但这种行为非但不能赢得别人的尊重，而且会让人觉得你这个人很难相处。假如我们怀着乐观的心态，以幽默的方式去化解笼罩在双方心头的紧张气氛，那将会使彼此的合作更加愉快。

在饭店里，一位顾客把米饭里的沙子吐出来。一粒一粒地堆在桌子上，服务员看到了，十分难为情，便抱歉地问："全部都是沙子吗？"顾客摇摇头说："不，也有米饭。"

在这个笑话中，顾客回答："也有米饭。"这句话形象地表达了顾客的意见，以及对米饭质量的描述。生活中，当气氛变得十分尴尬的时候，我们可以用幽默语言进行善意提醒，这样既表达了内心的意见，同时也避免了使对方难堪的局面。对于漫步在人生旅程的每一个人而言，这条路是漫长的，而且在大多数时候都是枯燥无味的。所以，适当的幽默就好像沿途美丽的风景，不仅可以令人赏心悦目，还能够摆脱困境，给他人带来快乐，使自己成为受欢迎的人。

杰克是一位杰出而幽默的警官，我们看看他是如何摆脱交际中的困境的。

有一天，有一位男子试图制造一件轰动全国的新闻，于是他爬上纽约国际贸易中心，站在楼顶上面，还做出了自杀的样子。一时之间，他的行为引起了路人的注意，没过一会儿，楼下便围满了人，其中还来了各个单

位的新闻记者。

警察局局长和警长轮番喊话，并试图救险，那位男子却不听劝阻，始终凶恶地要挟那些帮助他的警察：“别过来！谁要是敢过来，我就立即跳下去！”僵持片刻之后，杰克带来了一位医生，他说道：“我不是来抓你的，是这位医生要我来问问你，你跳楼自杀后，愿不愿意把遗体捐献给医院？”听到这样的话，那位男子不再说话了，默默地走了下来。

还有一次，在一个闹市区的路口，有个持不同政见的人正在发表演讲：“如今的政治腐败透顶了，我们应该把政议院和参议院通通烧了！”因为他的演讲，聚集的人越来越多，甚至把交通都堵塞了。等到警察赶到的时候，秩序十分混乱。正在大家不知所措的时候，杰克急中生智，大叫一声：“同意烧参议院的站在左边，同意烧政议院的站在右边。”只听“唰”的一声，人群顿时分开了，道路也疏通了。

虽然，警察这个职业本身是严肃的，但幽默的杰克却给同事们带来了许多快乐，摆脱了许多困境，同时解决了工作中的许多难题。我们可以想象得到，杰克乐观的心态将会感染许多人，因为他的幽默，一下让枯燥无味的工作变得生动有趣起来。

在一次愚人节当天，马克·吐温被人愚弄，纽约一家报纸报道他死了。马克·吐温的亲友们信以为真，从各地赶来吊唁。不过，当他们见到这位“死”去的作家正在写作的时候，异口同声地谴责那家造谣的报纸。没想到，马克·吐温本人却十分平和，他甚至笑着说：“报纸报道我死是千真万确的，只不过把日期提前了一些。”

作家林语堂曾说：“智慧的价值，就是教人笑而已。”在日常交际中，假如你是一个懂得幽默的人，不时拿自己的错误开开玩笑，使人开怀大笑，当你把快乐带给别人的同时，你便铺下了友谊之路。在交际中，我们经常会陷入这样或那样的困境，如尴尬，如窘迫，如紧张，等等，这时候最绝妙的办法就是以幽默的方式化解，因为这是最无威胁性的交际工具，只要我们具备幽默的品质，就一定能摆脱困境，从而展开顺利的沟通。

幽默，将为社交增添光彩

美国著名企业家史度菲曾说："世界上最美妙的声音就是笑声，它比任何音乐或娓娓悄语都美妙，谁能使他的朋友、同事、顾客、亲人们发出笑声，那么，他就是在弹奏无与伦比的音乐。"活跃在社交各个场所，我们所要做的就是不仅要自己快乐，同时还要把这份快乐传染给别人，这样我们才会拥有较好的人际关系。而幽默恰恰是让大家笑的元素，它可以为我们的社交增添光彩。假如我们平常的问候是一杯白开水，那带着幽默的问候就是一杯温暖的奶茶，令人眼前一亮，为我们的生活增添几抹光彩。

曾任美国总统的罗斯福年轻时体力比不上别人。有一次，他与人到白特兰去伐树。等到晚上休息的时候，他们领队的询问白天每个人伐树的成绩，同行的有人说："塔尔砍倒53棵，我砍倒了49棵，罗斯福使劲咬断了17棵。"

听到同伴这样说自己，罗斯福感觉很不好受，不过，他想到自己砍树确实和老鼠咬断树根一样慢，就连他自己也忍不住笑了起来。

幽默，不仅仅是几句妙语，它还包括读懂别人的幽默，罗斯福本人不仅是一个幽默的人，他更懂得如何理解别人的幽默。幽默的人有宽阔的胸怀，他们能够很好地控制自己的情绪，就好像一位诗人曾说："忧伤来了又去了，唯我内心的平静常在。"听懂别人的幽默，微笑，在显示自己宽广胸襟的同时，也拓展了自己的社交圈子。

一位官员应邀参观一个美术展，因为惊叹艺术的美丽，他站在一幅仅以几片树叶遮盖的女性裸体画面前，目瞪口呆，站了半天也没走开。这时一位女服务员轻轻地走过来，微笑着说："先生，秋天还很远呢，树叶落下的日子还早着呢？"

一句善意而幽默的提醒，不仅恰到好处地表达了自己内心的想法，又起到了提醒的作用。想必这样的方式是谁都喜欢的，假如那位服务员换了一种直接而讽刺的说法，那一场争吵是在所难免的。而幽默很好地清除了

人际交往中的障碍，从而使沟通得以顺利进行。

幽默可以令人发笑，在日常交际中，我们经常会笑，幽默就是一种逗我们笑的方法。笑是人的一种本能，不过，人却不能每时每刻都在笑，当人们想笑的时候，需要在一定的条件下才会发生，而幽默就是“引发笑声的艺术”。试想，当我们因幽默可以把快乐带给身边的每一个人时，我们会更加轻松地编织自己的人际网。

在一辆拥挤的公交车上，一位小伙子很客气地弯腰对身边的一位年轻时尚的女士说：“车厢里人真多，请允许我为您找扶手吊带吧！”那位女士冷冰冰地回答说：“不客气！我已经有扶手吊带了！”这时小伙子气喘吁吁地说：“那么，请您放开我的领带吧。”

另一边，一位瘦瘦的小伙子在车上被挤得很无奈，不过，那些急着上班的人拼命地像沙丁鱼一样在车厢里挤。而汽车却迟迟不发动，车里的人开始对车门口阻碍关车门的人有意见了，而车门口的人也说了他们自己的理由。眼看火药味变浓，那位瘦瘦的小伙子再也忍不住了，大叫：“别挤啦，再挤我就成相片了！”听到这样一句话，大家都笑了，伴随着笑声，车里的人也消了气，车门口坚持想挤进来的人也下了车，打算等下班公车。

一两句诙谐的话，使得原本紧张的气氛变得和谐起来，这就是幽默的力量。如果你还在担心社交，担心自己不受大家的欢迎，那就不妨学会幽默一把。善于幽默，会令你成为快乐的天使，源源不断地将快乐传递给更多的人，从而使你的社交不再枯燥，不再烦闷，因为幽默为你的社交生活增添了彩虹般的绚丽色彩。

幽默力量能改善你的未来

每个人都希望通过在职场的努力拼搏能为自己争取一个更加美好的未来，这个过程纵然充满了挑战与艰辛，然而为了实现心中的理想，都是值得的。但是这个过程似乎总是伴随着痛苦和失望，这样无疑打消了人们的积极性。如果我们换种方式来看待，可能就不会有这么多的挫败感。运用幽默的力量为自己增加胜利的砝码是不错的选择，幽默不仅能从主观上给予动力，而且能为自己寻求一个更好的外部环境，从而有助于创造属于自己的美好未来。

一位外企中国区市场部总监助理，被迫在年会上念一份谁也不信的新年度市场开发规划报告。虽然他的上司也知道这个任务有点天方夜谭，但还是强令他这么做。虽然他知道上司有苦衷，但他面对念报告时会场下面的嘘声，还是充满了无奈和尴尬，还有对上司的软弱不满。这时亚太区总裁问："你能对这份报告负责吗？"他预感到亚太总裁也不信他的报告了，于是索性用西方的习惯动作耸耸肩膀，一缩脖子说道："对不起，先生，我不能，这是大家的智慧，需要大家来负责更公平！"这时亚太总裁又问道："你是在说谎或者在讲童话故事是吗？"他镇静地答道："是的，先生，很对不起。"这时会场一片笑声。会后亚太区总裁修改了年度目标，按照以往惯例一定要追究责任和加以处罚，因为这位助理幽默地化解了他们的不满和不快，所以这次破例没有处罚。

可见，在职场中遇到自己并不擅长或者非常棘手的工作时，幽默的力量是不容忽视的，它不仅可以令你迅速摆脱困境，而且可以在闪光的瞬间被上司发现，这对你未来工作的意义是非同小可的。

幽默的主管容易升迁，因为只要他一张嘴，就能把下属哄得高高兴兴，既替公司省了薪水，又出色地完成了工作。小吴爱赶时髦，她被这一季的潮流裹挟，花重金把头发染成了灰白色，内衣带也故意露出领外。这身最时尚的装扮立即引起了女同事们的羡慕。只不过大家都认为太出位了，不敢在办公室里尝试。年轻气盛的小吴则放言："什么年代了，怎么穿是我自己的事，如果老板敢说我一句，我就炒了他。"谁知主管见到不仅没责骂，反而当众说道："吴小姐，上次开派对时你为何不这样穿？太可惜了。人真是有趣，我们想把头发染黑，你们年轻人却忙着把头发染白，两者都说自己跟得上时代。既然这样的话，以后黑头发的我就管白头

发的你叫吴姐吧，这样大家都时尚得更彻底。”从此，公司上下不论职位高低大家都称小吴为“吴姐”，叫得她浑身不自在，没几天就不声不响地把头发染回了原色。

主管的幽默既能贯彻自己的主张，又不开罪下属，这样的主管是前途无量的。

很多办公室都有一个通病：只要老板在，空气瞬间凝固，令人窒息，若要谈笑也只有老板自己敢谈笑。等到老板离开，空气顿时清爽多了，欢笑声四起，灵感时时迸发。这倒不是下属个个偷奸耍滑，而是背后少了一双监视的眼睛，心情放松了。

其实，不论老板还是下属，都可以在平淡无奇的工作中制造一些令人开怀的事情。有时候，老板可以忽然幽默一下。比如，在给下属的批复文件中画一个笑脸，写上一句“辛苦你了！”保证让他铭记一生。又比如主管近来“表现”良好，在高层会议中维护同仁，为同仁争取权益，下属就可以在每天的工作报告中，夹着一张电脑打印的“奖状”，并告诉他“同仁们觉得主任近来表现良好，记嘉奖一次”。谁都希望受到鼓励，而且偶尔拍拍马屁又不是什么罪过，不仅给自己一个积极的心理暗示，还可以换来上司的青睐，何乐而不为？

事事之间总有一些不大不小的摩擦，如果不分轻重直言以对，很容易伤了和气。特别是一些分不清有意还是无意的言语冒犯，需要有技巧地“挡”回去，这样对于双方都是有好处的。尽管职场上遇到的人各种各样，应对的时候只要多用幽默，效果通常不错。适合职场的幽默方式有很多，充分利用可以使职场生活更加和谐，未来充满希望。

运用幽默表现人情味

不近人情的人是难以让人接近的，那冷酷的表面总是暗藏杀机，谁见到都会退避三舍。所以这样的人无论是上司还是下属，喜欢接触他们的人都是极为有限的，更别提有谁愿意帮助其完成什么事情。所以为了自己的职场生活能充满人气，顺顺利利，就要让自己充满人情味。运用幽默的力量，使自己在人们的心中成为一个实实在在的人，一个充满善良和智慧的人，一个人情味十足的人，而不是一个凶神恶煞。

小李是刚刚进入公司的一名大学毕业生，年轻好胜，但又拘谨有加。为了完成自己的任务，她经常加班，同事们看在眼里，劝她工作时要注意劳逸结合。小李可能由于精神过于紧张，或者刚进公司不太懂得与同事相处，经常把工作之外的事看得很淡，所以给人一种根本不把同事放在眼里的感觉，上下班独来独往，见面都很少打招呼，很少与别人分享自己的东西，对待同事的好言相劝总是冷冰冰的。于是小李逐渐被同事认为没有人情味，为了升迁不择手段的冷血动物。实际上小李是非常孤独的，她内心深处是想和大家打成一片，但是工作的紧张使她一时难以调整好心态，所以一直选择回避问题。结果小李不但失去了同事的支持，也由于一次工作上的失误被老板辞退了。

与小李的“不近人情”相比，同样刚毕业来公司的小蒋就很会调整自己的心态和人际关系。

由于是新人，小蒋每天的工作量也很大，但是他非常善于运用幽默，为自己创造良好的工作氛围。同时由于他经常和同事们开玩笑，人际关系非常融洽。他经常自己接完一杯咖啡后也替同事接一杯，递过去时总是幽默地说：“美女，浓香咖啡免费送上，助你工作更有动力。”幽默使小蒋充满了人情味，大家都喜欢在闲暇时和他聊天。一次，老板因为小蒋失误而训斥他，事后同事们都劝他不要沮丧，继续努力，小蒋在大家的鼓励下很快又开朗起来。

可见在职场，幽默可以使人更具有人情味，这样不仅能使自己更容易为大家所接受，而且也会使同事之间的关系更加融洽。

作为上司，经常会因为下属的低级失误而感到愤怒，于是训斥声充斥办公室，使得人人自危，心惊肉跳。平时由于要维护自己的威严，经常不

苟言笑，给同事们一种无声的威慑力以及一种人情味淡薄的感觉，这样的上司经常会被下属称为“魔鬼”或者“女魔头”等。其实，这样做是没有必要的。

恰当的幽默不仅不会给人轻浮的感觉，而且会使自己更具有人情味，给下属平易近人的感觉。这样一来，下属就不会在你到达办公室后装模作样，而是用一颗真诚的心来对待你，更重要的是会因为你的人情味更加认真地对待工作。在面对下属工作上的失误时，可以适当运用幽默使其既知道错误所在，又感觉到你的气量而对你深深佩服。

唐朝时，有个大臣叫子弘，他好学博闻，为人忠厚，性情宽宏大量，所以皇帝非常器重他，给予特殊的礼遇，但子弘依然车服卑俭，对人忠厚谦让。因此他不但官场上交际好，而且家庭也十分和睦。他的弟弟子丑，为人凶悍，经常酗酒闹事。一次，子丑喝醉了酒，酒后将子弘的马给射杀了。子弘从外面回来，他的妻子，对他说道：“叔叔酒醉后要酒疯，将马射死了。”子弘听了，什么也没说，只是让家人将马拉去卖了。子弘的妻子却不满意，老是唠叨不停。这时子弘说道：“我已经清楚了。”此时他一点也没显出生气的样子，脸色温和，手拿书卷，继续读书。妻子见丈夫如此大度，感到很惭愧，从此以后不再提子丑杀马之事。因此，子家门内一片和气，没有任何人说些闲话，弟弟也因此收敛了不少。

俗话说：“忍一时风平浪静，退一步海阔天空。”的确在理。作为上司若能对下属的错误以幽默对待，其充满人情味的宽宏大量必能使下属折服，知错便改。

无论是上司还是下属，懂得幽默，对自己适当地幽默调侃，不仅不会使自己被贬低，反而在别人眼里会更加高大，富有人情味。面对生活中的许多不如意与挑战，退一步海阔天空，并且笑对各种困难和坎坷，这足以使人为之赞叹。

第15章　建造和睦家庭：幽默的智慧让生活更加温馨

列宁说：“幽默是一种优美的，健康的品质。”幽默，可以说表达了人类征服忧愁的能力。在现代社会中，幽默确实是一种丰富的养料，不过，许多家庭并没有意识到它的重要性，或者说忽略了它。生活中的我们，需要懂得生活的幽默，几句妙语便可以让家变得更和睦温馨。

 以幽默营造温馨的家庭

生活的本质就是琐碎的，一件接一件的烦心事、高兴事、为难事被生活的河流席卷而至，不管你是否愿意，都必须面对。高兴事还好，能够给人带来好心情，那么烦心事和为难事呢？则常常使人情绪暴躁，心烦易怒。在这种时候，倘若夫妻之中的任何一方压不住火气，就会导致家庭战争的爆发，甚至殃及无辜的孩子。科学研究证实，假如孩子长期处于压抑的环境中，就会导致性格内向，自卑，没有自信。其实，不管是为了孩子，还是为了自己，每一对夫妻都应该学会应对这些生活中的琐事。很多时候，语言在交流中起到了重要的作用，一句恰到好处的幽默能够很好地化解因为琐碎带来的烦恼。反之，倘若说了火上浇油的话，则结果不得而知。

在西方国家，尤其是美国，幽默是一种难得的优点。如果一个人很幽默，不仅自己快乐，也能给身边的人带来快乐。如今，中国与世界接轨，人们也越来越重视幽默。幽默不仅是一种能力，更是一种必须具备的素质。常言道，“会说话的让人笑，不会说话的让人跳”，也从侧面说明了幽默的重要性。在烦琐的生活中，一句幽默的话往往能使人转怒为喜，开怀大笑。日常生活中，只要能够恰到好处地运用幽默的方式沟通和交流，婚姻生活就会更加和谐舒心。

古希腊哲学家苏格拉底的妻子脾气很坏，冲动易怒。有一次，苏格拉底和学生们正讨论学术问题时，他的妻子突然闯了进来，不分青红皂白地就把苏格拉底大骂一顿，然后怒气冲冲地离开了。苏格拉底丝毫不把妻子的无理取闹放在心上，继续和学生们交流起来。想不到的是，过了片刻，他的妻子又回来了，并且还提着装满水的水桶猛地浇在了苏格拉底的身上。苏格拉底就像一只落汤鸡似地站在原地，这次，学生们以为老师肯定会勃然大怒。出乎大家意料的是，苏格拉底仍然毫不在乎，他笑了笑，幽默风趣地说：“其实，我早就知道打雷后一定会下雨。”听了苏格拉底的话，学生们忍不住地哈哈大笑起来。苏格拉底的妻子觉得很没趣，便红着脸离开了。

一天，玛丽做好了晚饭，等着她的丈夫约翰回来一起吃，但是等了很长时间约翰都没有回来。正当玛丽着急的时候，约翰满头大汗地跑回家，同时得意洋洋地告诉玛丽：“你知道吗？我省了一元钱！”玛丽因为丈夫的晚归有点儿生气，没好气地问道：“省了一元钱，怎么省的？”约翰兴奋地说：“哈哈，只有我这个聪明的人才能想出这个主意，告诉你，我是一路跟在公共汽车后面跑回来的。你看，这不就省了1元钱嘛！”玛丽哭笑不得，说：“是嘛？我倒是有一个十元钱的主意。”约翰惊讶地瞪大眼睛，问：“赶紧说说，赶紧说说，下次我就可以省十元钱了。”看到约翰着急的样子，玛丽觉得很好笑，她不禁“扑哧”一声笑了，说：“下次啊，你可以跟在出租车后面跑。这样一来，岂不省下了10元钱？！”约翰看着妻子哈哈大笑起来，连声夸奖妻子：

“你真不愧是我老婆啊，太聪明了！”

从这两个事例中可以看出来，不管是苏格拉底，还是约翰以及约翰的妻子，都是非常有涵养的人。当然，这其中以苏格拉底最有涵养。对于妻子迎头怒骂、当头一桶冷水的行为，几乎没有哪个男人能够像苏格拉底一样宽容大度。我们不禁为苏格拉底的心胸而暗自赞叹！相比之下，玛丽与约翰都是聪明人，他们以玩笑的形式，把一场即将引发的争吵消散于无形之中。可以想象，倘若不是幽默，他们也许会度过一个不眠的夜晚。但是，正因为有了幽默和笑容，他们的夜晚才是美好的。

既然幽默的作用如此巨大，那么，我们怎样才能具备这种美好的品质呢？

首先，要有一定的语言技巧。要想使用幽默的语言，必须使用很多形象生动的修辞手法，为语言增添亮色。倘若没有丰富的语言艺术作为基础，幽默就会变得空洞、乏味、虚伪。

其次，要有渊博的知识。要想出口成章，就要具备深厚的文化底蕴，倘若腹中空空，则很难将感情的“焊点”连结起来，自然难以产生幽默的效果。

最后，还要有乐观开朗的性格。倘若是一个悲观的人，总是绝望地看世界，那么，就会导致心情越来越差，自然很难笑出声来。反之，倘若是一个乐观开朗的人，即使遇到挫折，也能够勇敢地面对，那么，就会战胜困难，越挫越勇，笑对人生。

其实，凡事都是有利有弊的。快乐地过也是一天，哭泣着过也是一天，我们何不笑对人生呢？总而言之，要想使生活变得更加和谐舒心，拥有幸福长久的婚姻，就要学会幽默，让微笑伴随我们度过生命中的每一天。

幸福的家庭少不了幽默

前不久，某大学社会学系经过抽样调查，在家庭生活中家庭成员的情

感交流缺乏幽默感的现象非常普遍。在那些被调查的家庭中，妻子认为丈夫缺乏幽默感的约占61.7%，丈夫则认为妻子少幽默的占80.4%，而子女认为父母毫无幽默感的达88%。当然，存在这样的现象，是因为我国传统文化对夫妻角色、父母子女之间的规范阻碍了家庭幽默气氛的产生，而家庭空闲时间的缺乏，以及家庭成员情感交流形式的单调以及文化知识的水平限制等因素也使得幽默难以出现在家庭生活中。那么，一个幸福的家庭需要幽默感吗？

驾车外出途中，一对夫妻吵了一架，谁都不愿意先开口说话。最后，丈夫指着远处农庄里的一头驴说："你和它有亲属关系吗？"妻子回答说："是的，夫妻关系。"

结婚多年，丈夫每次都需要被提醒才能想起来某些特殊的日子。在结婚25周年纪念日早上，坐在桌子前吃早餐的妻子暗示："亲爱的，你意识到我们每天坐的这两把椅子已经用了25年吗？"丈夫放下报纸盯着妻子说："哦，你想换一把椅子吗？"

在一个家庭中，夫妻吵架是一种普遍现象，上至伟人，下至普通人都会如此。假如在争吵之时即兴说一两句诙谐的话，那就会让原本难堪的场面变得温馨起来。我们常说"夫妻之间没有隔夜仇"，其实，在更多的时候，那是因为幽默的豁达消除了两人之间的隔阂。夫妻之间的小吵小闹反而会拉近彼此的距离，同时还可以将内心不满的情绪宣泄出去。假如在这时以幽默对之，再加上机智的调侃，那会使双方的心灵得到净化，从而使得整个家庭更幸福。

幽默的胡适先生曾说过，这世间不仅女人有"三从四德"，男人也有"三从四德"。我们来看看，他是如何诠释男人的"三从四德"的：

三从是：

太太出门要跟从；

太太命令要服从；

太太说错要盲从。

四德是：

太太化妆要等得；

太太生日要记得；

太太打骂要忍得；

太太花钱要舍得。

“墨菲定律”也有这样一条：“妻子永远是正确的，如果妻子不正确，请参考第一条。”夫妻之间幽默的妙处在于可以恰到好处地表达自己怨而不怒的情绪。在这个过程中，有妻子对丈夫的抗议，也有丈夫对妻子缺点的抗议，而在幽默的问答中，不至于使对方恼羞成怒。可能是丈夫的无端猜忌，可能是妻子的唠叨，等等，这些矛盾同样有可能发生在我们每一个家庭中，有时却往往因为两三句出言不逊的气话加剧了彼此的矛盾。

杰克的妻子临睡前絮絮叨叨令他十分不快。一天夜里，妻子又唠叨了一阵之后，吻别杰克说：“家里的窗门都关上了吗？”杰克回答说：“亲爱的，除了你的话匣子外，该关的都关了。”

例如，妻子说：“每次我唱歌的时候，你为什么总要到阳台上去？”丈夫回答说：“我是想让大家都知道，不是我在打你。”

又如，新婚之夜，新郎问道：“亲爱的，告诉我，在我之前，你有几个男朋友？”没想到换来一阵沉默，新郎想，生气了？过了片刻又问：“你还在生气？”新娘笑着说：“没有，我还在数呢。”

许多夫妻都有这样的经历，那些没有理由的争吵似乎经常发生，吵到最后，他们往往不知道自己为什么而吵架了。有时候两个人之间的冲突一旦发生就会因愤怒而失去理智，甚至闹得不可开交。我们经常看到，看上去文质彬彬的两个人，经常会因为一些小事情在家里大动肝火，双方好像都失去了理智，专门说对方的痛处，唇枪舌剑，互相伤害。俗话说：“忍一时风平浪静，退一步海阔天空。”多说幽默的语言，少生气，不仅对身体有益处，而且还可以增进彼此之间的感情，何乐而不为呢？

有对年轻夫妻常常吵得不可开交，太太喜欢唠叨，经常骂丈夫是一个好吃懒做、没有出息的人，经常感叹自己是鲜花插在了牛粪上。一会儿，丈夫从楼梯上走下来，幽默地对妻子说：“尊敬的夫人，牛粪到了。”丈

夫的自我解嘲，使得太太破涕为笑，同时也结束了一场家庭战争。

还有一个笑话：

有一位老板收到了一盆仙人球，秘书问他是不是太太送来的。老板回答说是的，并解释说他俩大吵了一架，她可能是把这送来以表歉意。老板让秘书把卡片上的话念出来给他听，原来，那上面用很大的红字写着："坐在上面。"

一个幸福的家庭是离不开幽默的，家庭生活最需要幽默，而且家庭也是练习幽默的最佳场所。在家庭幽默中，我们要把握怨而不恨的情绪，在嘲讽中带着尊重和包容，那就一定可以取得预期的效果。

家庭生活中的幽默对家庭成员的影响是很大的，它使生活充满了情趣，缓解了矛盾，使人们的生活更加和谐融洽。夫妻之间的幽默是一种有安全感的表现，这会令夫妻双方都感到满足和愉快；夫妻之间的幽默是一种成熟人格的表现，轻松而不狂喜，遇险而不惊慌失措。这样的幽默可以使双方度过许多不顺心的困境，净化情绪气氛，消除郁积在内心的压力和紧张情绪，让家庭充满了欢乐、温馨、和谐。

女人以幽默打动男人

幽默的语言往往能产生"四两拨千斤"的力量，达到举重若轻的交际效果。尤其对于女人来说，幽默的语言表达更是一种致命的吸引力。在与人交际的过程中，当你看穿了别人的想法但又不便于直说的时候，不妨使用幽默的语言，相信这肯定能达到预期的交际效果。风趣的语言表达是女人成功社交的捷径，也是一种赢得好感的方法。幽默的语言能够帮助女性与他人建立和谐融洽的关系，赢得他人的支持与欣赏。在生活中，一个女人无论从事什么工作，无论身处何种地位，都免不了与人交往。而幽默的语言则是交往中的一把金钥匙，不仅能帮助女性更好地与他人进行有效的沟通，还能以幽默打动男人。聪明女人要想在与人交往时给人留下一个好的印象，就要善于使用风趣的语言，无论处于什么样的交际场合，风趣的语言都是我们需要的。你要明白，一个面带怒容或神色抑郁的女人，永远不会比一个面带笑容、说话风趣的人更有魅力。

有一次，阿丽参加同学聚会，和同学们回忆着大学时代的美好生活。不料主人在招呼客人时，一不小心将一盆水打翻，全洒在了阿丽的脚上，把她那双新皮鞋泼湿了。主人不知所措，显得十分尴尬。

阿丽却从容镇定地说："一般正常情况是洗脚之前先脱鞋。"

阿丽那风趣的话语非常成功，不但使自己摆脱了难堪，更显示出了自己非凡的口才。有时候，当我们遭遇难堪的时候，也可以适当自嘲一下。自嘲是女人风趣的最高层次，语言修养高的女人常以自己为取笑对象，这可以消除尴尬，娱乐大家，同时，获得自尊自爱。说话风趣的语言，能为交际场合增添不少情趣，在一些交际场合，运用幽默的语言可以增添乐趣，融洽气氛，从而增进彼此的了解和友情。

有人说："幽默是一种人生态度。"幽默的语言能使紧张的气氛顿时显得轻松活泼，能让他人感到善意，这样表达出的观点更容易被对方所接受。在日常生活中，幽默的语言风格无处不在，它成了人际交往的调节剂。在每年的文艺晚会上，相声小品之所以备受观众喜欢，就在于它的表现形式离不开风趣的语言，那风趣的语言风格强烈地感染着观众心。幽默本身就具有一种特性，一种令人愉悦的特性，一旦女人沾染了这种特性，就会变成最受欢迎的女人。

苏东坡有个妹妹，虽然看起来是一副慧黠的模样，但却长着凸出的额头。她从小就爱与两个哥哥比才斗口，一派天真，尤其是大哥苏轼满腮胡须，肚突身肥，穿着宽袍大袖的衣服，不修边幅，不拘小节，更是她斗口的对象，于是整天在家战个不休。一天苏东坡拿妹妹的长相开玩笑，形容妹妹的凸额凹眼是："未出堂前三五步，额头先到画堂前；几回拭泪深难到，留得汪汪两道源。"

苏小妹嘻嘻一笑，当即反唇相讥："一丛衰草出唇间，须发连鬓耳杏

然；口角几回无觅处，忽闻毛里有声传。”

这诗讥笑的是苏轼那不加修理、乱蓬蓬的络腮胡须。女孩子最怕别人说出她长相的弱点，苏小妹额头凸出一些，眼窝凹进一些，就被苏轼抓出来调侃一番。苏小妹说苏轼的胡须似乎还没有抓到痛处，觉得自己没有占到便宜，便再一端详，发现哥哥额头扁平，了无峥嵘之感，又是一副马脸，长达一尺，两只眼睛距离较远，整个就是五官搭配不成比例，当即喜滋滋地再作一诗：“天平地阔路三千，遥望双眉云汉间；去年一滴相思泪，至今流不到腮边。”

一句得体俏皮的话，立即会让你和对方之间的心灵距离缩短，并获得好感；几句对付难题的机智回答，会让自己摆脱困境，并展示美好的自我形象，获得对方的赞美。当然，如此的语言风格不仅需要风趣，更需要得体，才能更好地表达出语言的效果。

妻子：“亲爱的，你能把昨天晚上换下来的衣服洗一下吗？”

丈夫：“不，我还没睡醒呢!”

妻子：“我只不过是考验你一下，其实衣服早就洗好了。”

丈夫：“我也只是和你开玩笑，其实我很愿意帮你洗衣服的。”

妻子：“我也是在和你开玩笑，既然你愿意，那就请你快去干吧!”

一个女人，可以不漂亮，可以不可爱，可以不时尚，但必须懂得幽默。如此，你才能融入更多人的视野中，被更多的人所熟知，所欣赏，才能打动男人。幽默的语言是一个女人致命的吸引力，与这样的女人交谈，无论多久，你都会感觉时间过得好快，因为你在交谈过程中感受到了前所未有的愉悦。

有时候，说话荒诞一些，风趣意味就会强一些。在日常交际中，我们可以通过场景来发挥风趣语言的表达技巧，戏谑是一种无攻击性的语言表达技巧，开着机智、哲理的玩笑，目的就是增加你对对方的亲切感。

以幽默的语言教育孩子

在家庭教育中，什么样的方法是最有效的呢？当然是最适合孩子的教育方式，孩子天性喜欢玩耍，他们喜欢轻松、娱乐的教育方式，如果父母的教育既是快乐的，又是启发自己的，那他们是乐于接受的。当然，他们最讨厌的就是枯燥的说教，这只会令他们心生反感。因此，作为家长，需要以幽默的语言教育孩子，以娱乐教学为主，这样不管是对于营造家庭氛围，还是对孩子的教育本身都是最好的方式。

在一班炎夏的火车上，车厢中的每个乘客闷热难当，一阵阵汗臭弥漫在车厢之中，任谁也没有勇气去打开车窗，窗外是更要命的煤烟。

时间已过正午，当时餐车尚未发明，只有等待火车靠站时，向站台上的小贩购买。紧闭的车厢中，闷热加上饥饿，汗水和焦躁呈现在每个人的脸上，抱怨声此起彼伏，车厢中除燥热不安外，又变得嘈杂纷乱。

突然，传来一声小女孩的尖叫："妈，弟弟咬我——"众人的神经越发绷紧，准备接受连珠炮似的母亲的责骂。

瞬间沉静之后，只听到温柔的声音响起："喔，从你手臂上的齿痕来看，弟弟是真的饿慌了。再忍耐一下，等火车靠站，妈妈买东西给你们吃，好吗？"车厢内霎时变得清凉了许多；乘客焦虑的脸上，也多了一丝甜甜的笑容。

父母与孩子之间的关系是属于"双连"关系，一旦父母的话过于严肃，话不投机，就会把关系搞僵。而如果父母采用幽默的方式教育孩子，就是一种有趣、至情至理的艺术方式，双方都比较容易接受。因为幽默不仅好笑，而且带着启迪的爱意，这样就会与孩子之间产生强烈的共鸣，从而达到教育的目的。

有一个常年在外打工的人，很长之间没有和家里人联系了。

有一天半夜，他被刺耳的电话铃声吵醒了，他很不耐烦地拿起话筒，原来是母亲打来的电话，告诉他今天是他的生日。这位被打搅了美梦的小

伙子有些生气地说："你深更半夜打电话就是为了告诉我这件事吗？"电话那端，母亲温和地对儿子说："孩子，三十年前的这个时候，也是你把我折腾醒的。"

在这个案例中，母亲用幽默的方式，善意地表达了对子女的关心，同时那几句诙谐的话也让小伙子意识到了自己的错误，这种独特的幽默教育方式所产生的效果是很显著的。这比起父母直接的责骂或严肃的说教效果要好很多，通常来说，孩子都有一种逆反的心理，他们更希望听到父母幽默的语言，而不是严厉的斥责。父母越是严厉，孩子越是反叛；反之，父母若是采用幽默的语言教育，反而孩子更容易接受。

小男孩吵着要爸爸给他买玩具喷火枪，爸爸没有生硬地责备孩子，而是温和地说："不行啊，这个月你的军费开支已经超过预算了，再买喷火枪，你妈妈就要成喷火枪了。"

有一天，小男孩忽然问爸爸："爸爸，在你还是小孩的时候，你爸爸打过你吗？"爸爸回答说："当然，他打过我。"小男孩又问："那么，当他是小孩子的时候，他爸爸也打过他吗？"爸爸回答说："当然，他爸爸打过他。"小男孩想了一会然后对爸爸说："爸爸，假如你愿意和我合作的话，我们可以终止这种恶性循环的暴力行为。"

在案例中，父母传递给孩子的幽默感在两代人之间建立了一种平等关系。父母在孩子面前说诙谐的话，可以让他们感受到自己的人格被尊重，有利于培养孩子的信心，可以让孩子觉得父母不是居高临下地向他们发号施令，而是把他们当朋友。无形之中增强了孩子们的平等意识，民主意识。而且，通过幽默的方式来教育孩子，比别的方法更容易被孩子所接受。

幽默让婆媳之间少了隔阂

在家庭关系当中，婆媳关系是最难处理的一种，作为男人最亲密的两个女人，潜意识里往往有一种“争抢”的心理，相处起来很难。当然，作为儿媳，如果平时嘴巴甜一点，说话幽默一点，乖巧一点，更容易得到婆婆的疼爱，起码也能得到丈夫的理解和尊重。没有人不喜欢别人的夸奖，对于她儿子的夸奖，更是对做母亲的最好最直接的恭维，当然，这样的夸奖是需要融入风趣的语言的。在婆婆面前，多说老公的好话：“小刚特别知道上进，特别有出息，现在已经是部门经理了，我现在走出去都带风，可得好好感谢感谢您！”不过，也可以说点风趣的话，说说老公的小坏话：“妈您看他，也不让着我点，今天终于让我找着靠山了，看你在妈面前还敢欺负我！”这样略带幽默的小撒娇，往往更能让婆婆感觉到你女儿般的娇憨和对她的依赖，你们之间的关系也会更加亲密。

与婆婆聊天，我们不要那么紧张，放松自己，多运用幽默的语言，多和婆婆拉拉家常，说说她儿子，她孙子孙女的事情，老年人会更高兴。老年人社会交际较少，消息也比较闭塞，她们感兴趣的话题往往围绕着自己的身边人，尤其是她的两个“小心肝”，更是一刻放心不下。如果自己有一个较开朗的婆婆，她往往还会对街头趣事，电影情节，毛线花色，衣服式样，老年娱乐活动等感兴趣，如果能找到对方喜欢的话题，和她常常聊聊天，也能让你们之间的关系更融洽、更亲密。

在《红楼梦》里，凤姐可以说是一个幽默而聪明的女人，我们来看看她是如何讨婆婆欢心的：

贾母曾说起自己年轻时摔过一跤，鬓角上那指头顶大一块窝儿，按说，这是贾母的身体缺陷，一般人是不敢拿这个说笑的。凤姐却能够化腐朽为神奇：“那时要活不得,如今这大福可叫谁享呢!可知老祖宗从小儿的福寿就不小，神差鬼使碰出那个窝儿来，好盛福寿的，寿星老儿头上原是一个窝儿，因为万福万寿盛满了，所以倒凸高出些来了。”说得贾母十

分高兴。

有一次玩牌，凤姐通过鸳鸯的暗示，早已知道贾母需要什么牌，却先装模作样地算计一番，然后把那牌打出去，然后赶紧往回抢，说“我出错了”，一是继续装腔，使戏演得更加真实，二是提醒贾母，你要的牌来了。果然贾母赶紧说“你敢拿回去！”赢得非常高兴。凤姐还假装抱怨了半天。可见要想哄人高兴，就要想方设法地使人觉得自己比谁都聪明，最大限度地满足人的虚荣心。宝钗说：“凤丫头凭她怎么巧，巧不过老太太去。”这一半是宝钗讨好人的手法，另一半也是凤姐装出来的。

在家里，婆婆如果年事已高，身体不好，就要对对方多一些关怀或体贴，忙的时候打个电话，问候一下，闲的时候，常和老公回家，问问公婆的身体，和他们讨论一下健身和保健品的话题，多提醒对方注意保暖、注意休息之类的，婆婆的心里也会热乎乎的。平时多体贴一下：“妈，今天我做饭，您也放一天假歇一歇”、“您有老寒腿，爸风湿也不舒服，这两天你们别出门了，有什么事让我和东子帮您跑腿。”几句诙谐的话说了，在感激之余，你们的关系就更加亲近。总之，只要用心经营，言语之间少一些生疏冷漠和怠慢，多一些体贴和关爱，婆媳之间的关系，也可以处得很好。

幽默将指责变成关心

在生活中，许多人都会有这样奇怪的想法：幽默是社交活动中不可缺少的元素，那就是对外的，至于在家里，在外面逗人乐已经很辛苦了，在家里还需要继续把幽默进行到底吗？其实，有这样想法的都不算是真正幽默的人，真正幽默的人不会觉得运用幽默是一件疲惫的事情，他会自发地发现生活中的喜剧元素，然后自发地运用到生活中。尤其对于家庭中的妻子丈夫而言，他们的幽默将指责变成了关心。现代家庭就是一个小社会，即便在朝夕相处的家人面前，也需要使用“幽默”这样的润滑剂，否则，家庭便会失去活力。

一个男人向他的朋友道出了自己婚后生活幸福美满的秘诀：“我的夫人对所有的小事作出决定，而我，对所有的大事作出决定。我们和平共处，互不干扰，从无怨言，从不争吵。”朋友很赞同：“很有道理，那么，你的夫人对什么样的事情作出决定呢？”男人回答说：“她决定我应该申请什么样的工作，我们应该到哪里去游泳以及诸如此类的事情。”朋友很惊讶：“那么哪些是由你来决定的大事呢？”这位男人回答说：“哦，我决定由谁来做首相，我们是否应该增加对贫困国家的帮助，我们对原子弹应该采取什么样的态度，等等。”

在一个家庭中，夫妻是核心，那夫妻和谐应该是家庭幸福美满的基础。在许多人的眼里，似乎相敬如宾或情意绵绵就是夫妻关系唯一的表达方式，父母与子女之间也单单是板着面孔的严肃与恭敬孝顺的对应。实际上，在夫妻相处过程中，幽默与相敬如宾并不矛盾，在情意绵绵中夹杂着幽默更是不可缺少的。而在夫妻之间，化解误会更是幽默的拿手好戏。在一个家庭中，若是加入适当的幽默，把指责当成关心，家庭定会越来越幸福。

在一次宴会上，林肯和他的夫人面对面地坐着。林肯的一只手在桌上来回移动，两个手指向着他夫人的方向弯曲。

旁人对此十分好奇，就问林肯夫人：“您丈夫为何这样若有所思地看着您？他弯曲的手指来回移动又是什么意思呢？”

“那很明显，”林肯夫人答道，“离家前我俩发生了小小的争吵，现在他正向我承认那是他的过错，那两个弯曲的手指表示他正跪着双膝向我道歉呢。”

有人说：“做妻子的要接受丈夫的一切，要让丈夫生活愉快，拥有满足感。当丈夫回到家里时，要替他装上自信的弹丸。这样丈夫就会想‘她这样支持我，可见我在她心中有一定的地位，并非一文不值。’做妻子的若能爱丈夫，信任他，他就会拥有‘我一定能做好一切’的自信。所以当

他第二天出门时，就会充满自信地接受挑战。”所以，作为女性，在一个家庭中，她的幽默就是悄悄地把那些指责变成关心。

某男某女结婚多年，从未发生过冲突。

有一天，妻子问丈夫：“你为什么总对我这么好？”

丈夫答道：“和你结婚之前，我请教过一位牧师，问为什么他对妻子那样好，他说：‘不要批评你妻子的缺点或怪她做错事。要知道，就是因为她有缺点，有时会做错事，才没有找到更理想的丈夫。’我牢记了这句话。”

在这个案例中，丈夫诙谐语言所表达的含义就是，要想做妻子的理想丈夫，就不能随意批评妻子，这样才能恩爱有加，才能证明自己是理想的丈夫。面对如此有幽默感的丈夫，哪位妻子不会倾尽所爱呢？

其实，造成现代家庭不和睦的原因有很多，其中最关键的就在于每个人都想维护自尊，想统治家庭，因此夫妻矛盾才会那么突出。假如两个人的矛盾得不到解决，彼此之间的心理距离就会越来越远。所以，我们要想缩短这种距离，幽默无疑是最好的秘诀。

幽默，家庭的和谐剂

在任何时候，幽默都是一种才华，一种智慧，一种力量，更是烦闷生活的调剂品。而对于每一个温馨家庭来说，也是必不可少的和谐剂，因为它以愉悦的方式表达了真诚大方，使本来安静的生活充满了激情，使本来平淡的日子焕发出不一样的色彩。老舍先生也忍不住赞赏：“幽默者的心是热的。”在彼此组成的家庭里面，有的人发现相爱容易相处却很难，日常生活中常常因为一点小事就批评责备对方。此时，如果能以幽默诙谐的语言来代替责备，那么不仅可以准确地传达你所想表达的意思，还更容易让对方在愉快中接受你的建议。有人抱怨家里整日战火不断，但究其原因

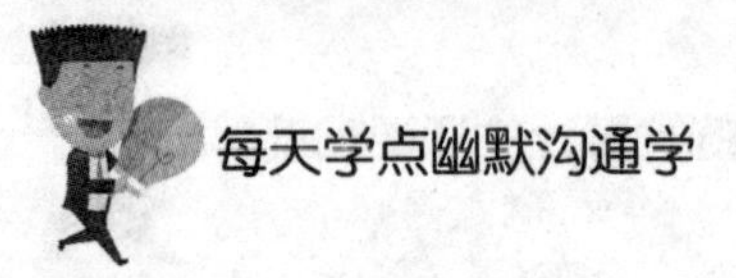

都是一些鸡毛蒜皮的事情，它们就像是导火线，一旦被触发就引来了一系列的冲突和矛盾，也破坏了原本深厚的夫妻感情。

因此，那些富有幽默感的人家庭就显得格外和睦，幽默在无形中增进了你与对方家人的关系，改变你自己，帮助你战胜来自人生的种种压力，还可以使对方更加喜欢你，信任你。幽默，让家里变得更加和谐温馨，在愉悦的家庭氛围中，彼此更容易发现幸福生活的美好，也更容易获得家庭的幸福。因此，在家庭生活中，舍弃那些冷冰冰的笑容、客气的语言，以幽默来取而代之，你就会发现幸福是一件多么容易的事情。

莎士比亚说："幽默和风趣是智慧的闪现"。生活如果离开了幽默，就会少很多的欢乐。在餐桌上，每一道菜肴都需要"调味品"才会显得更美味，这就如同每一个家庭都需要幽默这样的和谐剂才会更加温馨快乐。对于每一对夫妻来说，幽默是一个不可缺少的重要内容。实际上，幽默可以被称之为表现两个人之间和睦的工具，那本难念的经也会变成美妙的和谐曲。

李太太的女儿在暑假喜欢睡懒觉，临近中午了还没有起床，她对着还躺在床上的女儿说："女儿啊，你这样每天为我们省下一顿饭，我们也不会比别人家富裕多少的。"女儿笑着理解了这句话的含义，以后就养成了早早起床的习惯了。由此可见，幽默无论是作为一种交流的方式，还是作为一种和谐剂，都是家里必不可少的"空气清新剂"。

有一对夫妻，他们喜欢用幽默来代替一切责备或者争吵。刚结婚的时候，两人因为琐事而争吵了起来，太太忍不住叫了起来："我要跟你吹了。我要去收拾东西，离开这里去母亲那里。""很好，亲爱的，车费在这里。"先生拿来车费，太太接过钱，突然说："我回来的路费怎么办？"两人"扑哧"一笑，化解了争执。

先生每天出门工作之前都有喝牛奶的习惯。有一次，太太因为忙于工作，连续三天早上都忘记了给先生出门前准备一杯牛奶。先生也不作声，也不责备，照样还是认真地出去工作，一直到第四天早上，她才想起来，愧疚地向先生道歉，他先生也幽默地说："我想忘记一天也是情有可

原的，连着三天都忘记，我以为你要给我‘断奶’呢。”妻子听后哈哈大笑，事情就解决了。

还有一次，太太对先生说：“我假期要去旅游一次。”先生不解地说：“干吗花那个冤枉钱，买本《旅游》杂志看看。又开眼界又省钱。好啦，别瞎想了，快去买菜做饭吧。”太太马上回答：“买菜？干吗花那个冤枉钱，买本菜谱看看，不也又开眼又省钱吗？”先生哭笑不得，不得不答应了太太的要求。

幽默是家庭生活的和谐剂，它轻松地驱散了天空中的阴霾，给紧张的家庭生活带来和谐温馨。当生活中多了一些幽默感，我们就会在愉悦的家庭气氛中忘记了生活的紧张和压力，忽略了之前所存在的种种争执。幽默是人生的润滑剂，两个人在日常生活中若是恰到好处地使用幽默这一法宝，不仅可以活跃家庭气氛，增加生活乐趣，还可以拉近彼此之间的感情距离，促进家庭和谐。所以，舍弃那些直接的批评、冷淡的语言，选择使用幽默的语言，用幽默的力量来驱散烦恼，给家庭带来温馨与幸福。

小儿子凯文问：“爸爸，阿尔卑斯山在哪里？”父亲回答道：“去问你妈，她把什么东西都藏起来了。”听着这诙谐的对话，你一定可以想象出家里的欢声笑语。如果家庭成员多了几分幽默感，那么无形之中就多了一些快乐，少了一些烦恼；多了一些轻松，少了一些摩擦。也许，就是那看似一个逼真的笑容、无奈的耸肩、滑稽的表情、自嘲的话语、讥讽的变调等，它们都作为幽默的一种方式爆发出巨大的力量。那时候，彼此之间再也感觉不到剑拔弩张，再也没有战火，只有温馨和谐幸福。因为在很多时候，与直接提出意见相比，幽默更具有亲和力，也更容易让人在愉快中接受。

第16章　保鲜甜蜜爱情：柔情蜜意不妨用幽默来激发

幽默是一个人最珍贵的品质之一，即便在爱情世界里也是一样的。在爱情城堡里，幽默就是一种力量，是爱情生活的调味品，是男女感情的粘合剂。可以说，幽默对于爱情的甜蜜是必不可少的，因为不论怎么样，幽默带来的笑容总是有魅力的。

初次接触妙用幽默

恋爱的男女初次接触都难免紧张，这样的紧张虽然充满了暧昧和甜蜜，但是如果不马上缓解就会影响双方进一步的感情交流。所以初次接触可以巧妙地运用幽默来打破这种尴尬的局面，另外，幽默还能给双方提供共同的话题，给对方留下良好的印象，从而为进一步的接触打下良好的基础。

小夏每次回想起和小京初次约会的情景都忍俊不禁。小夏是在小京的公司招聘面试的时候和他认识的，虽然小夏没有成为那家公司的员工，但是却和小京成了朋友。你来我往间，情愫渐生。小夏毕业后恰巧去了小京所在的城市，见面成了自然而然的事情。第一次正式约会那天非常热，小夏的方位感很差，直到大学毕业，仍然只知道左右而不了解东南西北，

通着电话，却找不到对方。在相约见面的地方迂回了一个小时后，终于胜利会师。但是此时小夏已经晕头转向、气急攻心并且有严重的中暑倾向，见到小京以后，不管是不是第一次约会，也顾不得矜持了，她对小京说："我快休克了，英雄能不能先借我肩膀用一下。"小京先是愣了一下，然后扶着小夏走进一家快餐店避暑。从此以后，王子和公主开始了幸福的生活。过了很长时间，小京纳闷地问为什么第一次见面就借肩膀。小夏说："当你还距离我150米的时候，我呼晕倒了，最近看的武侠小说比较多，所以顺口就说出来了，幸亏你没有被我吓跑。"

当时如果小夏继续矜持，很可能就晕倒在地了，更别提约会了。小夏顺势的幽默不仅为自己摆脱了中暑的危险，还赢得了爱情。

小燕是搞艺术工作的，非常时尚，她有一个既有才又有财的朋友，无奈只是外形看起来不是让人眼前一亮。没有这个前提，即使再有才，有些肤浅的姑娘也不愿意多花些时间来发现这块宝，更让人犯愁的是他的相亲经验少得可怜。在一次相亲前夕，他请教小燕去哪里玩。小燕是个热心肠，朋友需要帮助她怎么能袖手旁观，她在电脑上精心查找，仔细选了又选，最后推荐给朋友一个地方，朋友用心记住，然后转身离去。那天，当两个人逛完街，姑娘问他下一站去哪，他转过头很坚定地告诉她："我们上床吧！"姑娘先是一愣，随即一笑牵手而去。小燕的朋友后来说直到他到了男篮国家队队员孙悦代言的7天酒店都不敢相信这一切都是真的。尽管他口口声声说小燕在害他，但他还是非常感谢小燕能够跟他分享那个叫做"床bar"的酒吧。

语言的幽默是无穷的，利用这个酒店名字的联想，这个不善相亲的男人玩了一次并不熟练但又非常成功的幽默，为两个人情感的进一步交流打好了基础。

女孩子在头一次见面时都会矜持，那种双眸含秋十指带香的样子，保持一种很有张力的距离感，是令男孩子们最头痛可又紧追不舍的一种美妙状态。不爱你的人，看不出你刻意留下的距离。爱你的人，自会为这段暧昧有致又触不可及的距离而兴奋不已。女孩子们不要担心，男孩子们喜欢这种富有挑战性的征服。

据“天空新闻网”报道，英国心理学教授理查德·怀斯曼对一场大规模的“爱情速配”活动进行了调查。结果显示，想在相亲会上成功约到心仪的对象就要以幽默或稀奇的问题作为开场白，而个人外表是否有吸引力显得并不重要。

怀斯曼说：“那些会用幽默或稀奇的问题开始谈话的人都能成功约到心仪的对象，他们可能并不是当场最有魅力的人，但当你回答他们的提问时你很难不面带笑容。”

调查发现，在这种大规模的相亲会上，男人只有半分钟的时间给女人留下印象，因为45%的女人都是在30秒之内决定是否和这个男人约会。而女人有更多的时间给男人留下印象，因为男人通常会花费一分半钟的时间来判断有没有兴趣和这个女人约会。

所以无论是男还是女，只要发现了心仪的对象就不要犹豫，用幽默来给对方一个难忘的印象。初次接触，妙用幽默，让你心仪的对象对你同样倾心。

幽默激发爱的温柔

在爱情中运用幽默，能使你所爱的人感受到你的柔情。在爱情中，幽默的言谈往往能激发爱的温柔，使对方深深地被这种温柔影响，被你的爱意打动。尤其在对方认为自己很不自信或者缺点很多的时候，用幽默对其进行鼓舞，你的包容能瞬间打动对方，激发爱的温柔。

在法国，有一个小伙子爱上了一位姑娘。一天，他来到姑娘家，两人在火炉边烤火。他说道：“你的火炉跟我妈妈的火炉一模一样。”“是吗？”姑娘漫不经心地应道。她还以为这是小伙子随便说的一句话。“你觉得在我家的炉子上也能烘出同样的碎肉馅饼吗？”他幽默地问。姑娘愣

了一下，随即悟出了问话的含义。她欢悦地答道："我可以去试试呀！"

法国人的浪漫的确世界闻名，一个普通的火炉，一种碎肉馅饼都被这个法国青年作为求爱的工具，这在中国或许能出现，但是概率是微乎其微的。所以我们可以多学习一下这种幽默的方式，虽然有些方式似乎有些异想天开，但是幽默风趣，含蓄委婉，能够激发爱的温柔，这样会使对方感觉与如此浪漫机智的你在一起，幸福可想而知。

阳阳和陆伟的感情一直很好，陆伟的性格可以说世上难找，虽然阳阳经常对他发脾气，但他一直耐心对待，从未翻过脸。阳阳在和陆伟结婚之前一共收过三次花，第一次是两人一块出去玩，陆伟被卖花的男孩追得没处躲，被迫买了一朵，那时他们还没开始正式谈恋爱，之后阳阳就稀里糊涂变成了他的女朋友。第二次是恋爱一周年纪念日，陆伟专程买了花送给阳阳。第三次是陆伟向阳阳求婚。两人很久之前就说好恋爱满7年的6月1日去领证，所以阳阳也没有要陆伟求婚的打算，总觉得很自然地就要嫁给他了。不过有时候阳阳会说："你都没求过婚我不嫁你了。"其实陆伟一直想给阳阳一个正式的求婚。一天两个人约好一起去吃饭，陆伟说好接阳阳，但是他居然迟到了，阳阳正要打电话的时候，发现陆伟拿着一束花和一盒蛋糕走过来。陆伟把花和那盒包装精美的蛋糕递给了阳阳，并让阳阳打开。阳阳拆到一半，从里面掉出一枚钻戒。阳阳惊叫："亲爱的，我太幸运了，我中奖了，蛋糕商家不小心掉了一枚钻戒在里面，哈哈。"陆伟一看阳阳跟他开玩笑就去抢钻戒："钻戒我丢的，还我！""啊？不是的，钻戒是在蛋糕里面的，怎么会是你的？""我给你的蛋糕，当然是我的！""你的钻戒怎么会在送我的蛋糕里？还是女士的？"陆伟趁阳阳不注意抢过了戒指，紧张地自言自语："还要跪的吧。"说完就单膝跪地举着戒指问："阳阳，嫁给我吧。"阳阳被感动了，答应了陆伟的求婚，没多久他们就走进了婚姻的殿堂。

阳阳和陆伟的爱情是甜蜜的，让人羡慕的，这其中的秘密就在于二人的幽默细胞。他们从来不死板地与对方相处，而是总把对方当成开玩笑的对象，似乎把他们的爱情当成了"儿戏"。其实不然，两人间这种"不正经”从一个侧面反映了他们懂得用幽默来保鲜爱情，让爱情时刻都处于激情四射的状态。他们之间的幽默，让两人在哈哈大笑之后，感受到了股股温情，幽默无形中激发了爱的柔美，使得二人充分感受着爱情的甜蜜。

谈到求爱，需要较高的实践和应用能力，并且不要忘记用幽默的方式来表达的重要性，它可以让彼此在很放松的情况下敞开心扉，而且可以体现最自然的真情流露，往往事半功倍。很多朋友爱着对方，可不知道用什么方式来求爱。处在热恋中的情人，只要用心，可随时利用幽默来给爱情加温。这时来点幽默，更能创造出轻松愉快、富于情趣的爱情生活。只要你挑动的幽默这根弦，即可与你的恋人奏出一曲和谐的恋曲。

 幽默令对方心动

在现实生活中，其实，不管是单身的朋友还是热恋中的男女，都应该重视幽默在恋爱中的作用，并恰当地在谈情说爱中运用幽默。比如，一位交友甚广的女人要结婚了，她从身边众多男子中选择了一个再平常不过的男人作为交换戒指的对象。听到这个消息之后，她身边的几个朋友都惊讶不已，因为这个男人既不是很帅，也不是最有钱。为什么会是他呢？女人的嘴角上扬，说“简单，因为他最能让我笑。”一个幽默的男人当然会把快乐带给身边的人，原来幽默也是打动另一半的法宝之一。

在爱情中，语言的表达本来就没有定式，直接表达或委婉表达都各有价值，不过，一向含蓄的中国人还是多以委婉为主，一方面是这种表达会使语言本身有弹性，不至于对方拒绝了而丢失面子；另一方面是符合爱情中羞怯的心理。当然，正因此，幽默作为一种委婉的表达，人们才会在一笑中领悟言语背后的爱。

有一对恋人在公园里如醉如痴地亲热后，女朋友问：“我问你，别瞒着我，你在和我亲热之前，有谁摸过你的头，揉过你的发，捏过你的颊？”

男朋友说："啊，这太多了，昨天，就有一个……"

女朋友愕然，忙问："谁？"

男朋友说："理发师。"

面对热恋中女朋友的质问，这位男青年把"还有什么女孩子亲热你"的概念转移到"理发师"身上，这样一来，那个女孩子能不笑吗？在恋爱过程中，有时候我们可以有意或无意地运用概念转换的幽默，这样确实可以给我们的爱情带来更多的快乐。

男："请你相信我。"

女："怎么相信呢？"

男："亲爱的，我那纯洁的爱情只献给你一个人。"

女："那些不纯洁的给谁呢？"

在恋爱过程中，男女可以反还幽默，这其实是与恋人之间的好奇心、自尊心、好强心有密切关系的。通常情况下，女孩子在面对男人的甜言蜜语经常会束手无策，不知道如何应付。在这个案例中，女孩子妙用幽默这种武器，轻松地战胜了对方，这样既可以让对方所说的甜言蜜语败露，又让对方感觉到你的可爱、机智、风趣。

一位青年是这样向他在银行储蓄所当出纳员的女友求爱的：

小姐，我一直在储蓄这么一个想法，期望能得到利息。如果星期天有空，你能把自己存在电影院里我旁边的那个座位上吗？我把你可能已另有约会的猜测记在账上了。如果真是这样，我将取出我的要求，把它排在星期天。不论贴现率如何，做你的陪伴是十分愉快的。我想你不会认为这是诽谤吧，以后来同你核对。

真诚的顾客

在这个案例中，在一种特殊的语言环境里，青年所说的"储蓄"、"存在"、"记在"、"取出"、"贴现率"、"核对"、"顾客"都具有双重的意思，而且可以说一语双关，从字里行间跃然而出的诙谐风趣和真诚打动了女孩子，难怪这位青年的女朋友抵挡不了这种幽默的

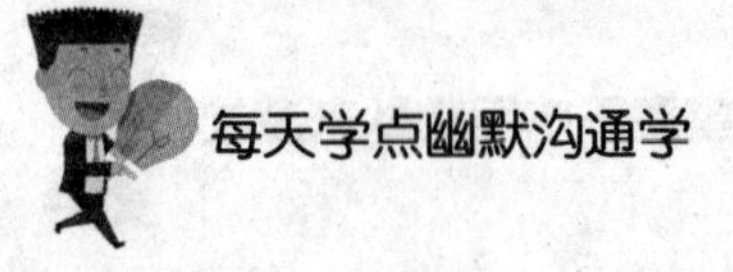

"求婚"。

一般而言，那些很受女人欢迎的男士，不论其长相如何，似乎他们都具有逗人笑的本领，一旦女孩子跟这样的男人接近，就会感受到一种快乐，愿意与他们做朋友。相反，一个整天板着脸、不苟言笑的人，是绝对不会受女孩子欢迎的。许多男人善于用幽默来弥补自己语言上的匮乏，于是，他那满身的魅力便永远停驻在女人对他们的幽默的回味之中。或许，在爱情中，有人为了长相、学历等条件而心动，但这样的心动只是暂时的，唯有幽默这种优秀的品质，会令对方每时每刻都心动不已，因为幽默具有传染快乐的本领。

以幽默化解爱人之间的"冰山"

在爱情里，幽默有许多益处，它可以消除男女之间的困窘之境，产生令人意想不到的交际效果。同时，还可以增进感情，调节恋爱气氛，制造亲切感，而且，在漫漫恋爱过程中，还可以消除双方的疲劳感和紧张感，使彼此之间的感情更加持久和温馨。有时候，若两人之间出现了一些小矛盾或冲突，幽默也是可以起到很好的作用。在恋爱过程中，两人之间发生矛盾冲突，大多因为一些鸡毛蒜皮的事情，不过，假如双方都坚持自己是正确的，那就有可能引起认知上的偏差，还会导致矛盾冲突不断升级。

两人之间出现矛盾，若不及时地清除，彼此之间就会形成冰山，双方之间的心理距离也会越来越远。其实，真正能融化冰山的也只有像幽默一般的热情了，每个人都有强烈的自尊心，谁也不愿意认输，而幽默可以恰到好处地给双方一个台阶下，适时幽默两句，借以幽默的言语告诉对方"我还在意你，我愿意妥协投降"，当另一方感受到这样的心意之后，一段感情就和谐了。

阿华的妻子经常口不择言，尖酸刻薄，气势汹汹，动不动就让阿华

“滚”。要是换做别的男人，肯定会跟她大吵起来不可。

不过，阿华每次都不生气，总是平静地对妻子说：“你每次吵架都叫我滚，好在我没滚，假如你叫我滚我就滚，现在肯定滚到精神病医院去了。”妻子追问：“为什么叫你滚你就滚到精神病医院了？”阿华慢条斯理地说：“第一次我可能滚到骨伤科医院，第二次可能滚到心脏病医院，第三次肯定要滚到精神病医院。因为每次从楼上往楼下滚，我肯定会有一个地方受伤。”

妻子大笑：“滚到医院还不如滚到你爸妈那里，滚到医院谁来照顾你啊？”阿华说：“在医院我可以享受年轻护士的细心照顾，等到了精神病医院，我还可以爬出围墙找你。”阿华的妻子一听，慌了起来：“你得了精神病，还回来找我干什么？”阿华不慌不忙地说：“回来听你再叫我滚啊，我要趁着现在还年轻多滚几次，不然老了以后，你叫我滚我也滚不动了。”听到这样的话，妻子再也没办法生气了。

当爱情这艘船遭遇了冰山，其结果是难以想象的，轻则轮船晃动不安，重则船毁人亡。假如我们在爱情的路途中可以避开冰山当然是最好的，但是，每个人都有自己的脾气和个性，即便感情再好的两个人也会有吵架的时候，正所谓爱一个人没那么简单。所以，如何消除恋爱旅程中的冰山才是最重要的。

其实，在爱情的世界里，当两个人之间出现矛盾时，幽默语言所表达的是一种委婉的妥协，既不会损失自己的面子，还可以与爱人进行友好的和解，何乐而不为呢？恋人之间，像嘲笑一样的关怀幽默，总是可以快速地弥补双方之间的个性差异与感情裂痕，拉近两人的心理距离。

以幽默为爱情营造情趣

女人要想开启男人爱情的欲望，就必须学会幽默，适时娇嗔几句，说得男人心花怒放，他自然会对你百般疼爱，爱恋有加。当然，幽默风趣，这对于恋爱中的女孩子来说比较容易，但若对一位结婚几年的女人好像就有些困难了，并不是腻了，而是觉得不知道怎样来表达自己的幽默，如果硬要说点什么，那就只剩下唠叨、争吵了。婚后，爱的激情被柴米油盐的琐碎生活磨掉了，女人逐渐丧失了幽默感，慢慢变得唠叨，这难免会让男人厌倦。对于这些不懂得“顽皮”的女人，不要等到丈夫有了外遇，才抱怨自己为什么总是被忽视呢？为什么自己无止境的付出却被抛弃呢？这时女人应该反省一下，自己身上是否还有爱情的痕迹？幽默的妻子，总会让丈夫感到新奇，那些娇嗔的语言，总会唤起丈夫内心深处的爱。

小李与老公约好下班出去吃饭，已经到时间了，可小李由于工作没完成还不能出去。心想：老公一定会生气，他很守时。等忙完工作，到了约定的饭店一看，老公果然阴沉着脸，气呼呼地坐在那里。小李缓慢地走了过去，说：“都是这双讨厌的凉鞋，早不崴脚，晚不崴脚，偏偏赶上这时候，唉，我疼点无所谓，可是却耽误了你的时间，真让我过意不去。”说完，还一脸疼痛和自责的表情，老公心疼地说：“你该让我去接你嘛，快让我看看脚。”小李低下头，却把脸别开，原来她在忍不住笑。

还有一次吵架，老公要离家出走，小李却挡在门口说：“自古以来都是女人离家出走，你这么做不符合事物发展的客观规律。”老公说：“你想怎么样？”小李坚定地说：“我走，我要把属于我自己的东西全带走，哼！”说完不由分说拉着老公就跑下楼，老公问：“你究竟要干什么？”小李说：“你是我的东西啊！”老公说：“我才不是东西呢！”说完，自己觉得不妥当又急忙改口说：“我是东西。”说完，两人都忍不住大笑起

来，一片乌云就这样散开了。

女人偶尔幽默一下，可以博得男人的宠爱。因为在女人面前，男人所扮演的既是朋友，也是兄长，有时候甚至是父亲的角色。如果女人表现得幽默、调皮，像小孩子一样，那给男人的感觉就好像女儿一般，自然可以激发他隐藏在心底的爱。

每个女人在恋爱时总是千姿百态的，一会儿顽皮，一会儿妩媚，一会儿性感，一会儿天真，百变的形象让男人看花了眼，从此跌入了温柔乡。但这样的女人在结婚后往往忽视了这些情调，她们不再千姿百态，而只是无休止地唠叨，结果让男人生厌。对此，女人应该要找回恋爱时的感觉，不要觉得不好意思，在自己爱的人面前，还有什么难为情的呢？展现女性的魅力，唤回男人的爱。男人是单纯而微妙的动物，因为单纯，所以很容易安抚；因为微妙，所以只需要多用心，常说一些诙谐而有趣的语言，就可以察觉和洞悉他的心。

《红楼梦》第十九回写宝玉到黛玉房里，见她睡在那里，就去推她，黛玉说："你且别处去闹会子再来。"宝玉推她道："我往哪里去呢？见了别人怪腻的。"黛玉听了，嗤的一声笑道："你既要在这里，那边去老老实实地坐着，咱们说话儿。"宝玉道："我也歪着。"黛玉道："你就歪着。"宝玉道："没有枕头，我们在一个枕头上。"黛玉道："放屁！外头不是枕头？拿一个来枕着。"宝玉看了一眼，回来笑道："那个我不要，也不知是哪个脏婆子的。"黛玉听了，睁开眼，起身笑道："真真你是我命中的'天魔星'！请枕这一个。"她把自己的枕头让给宝玉，自己又拿一个枕着。

林黛玉个性比较清高，但在贾宝玉面前，她也会展现自己风趣的一面。抢枕头的事情虽然很小，他们所用的语言也是平日里的口语，但在两个相爱的人之间，却起到了打是亲，骂是爱的作用，而诙谐则成了示爱的一种活泼而随意的方式。

日子太过平淡，往往会让相爱的人失去了激情，他们逐渐变得平淡，再也回不到往日的活力。但偶尔的顽皮幽默就好像天空中闪烁的星星一样，哪怕只有短暂的出现，却可以唤醒爱的活力，迸发情感的火花。对爱人幽默的内在动力是宠爱、喜欢、愿意等情感，女人适当幽默确实是婚姻幸福的秘决之一，当两个人争吵时，适当幽默可以缓和气氛；当两个人甜言蜜语时，幽默可以让气氛更和谐。幽默的女人总是特别有女人味，但凡男人都喜欢风趣的女人。

善用幽默，越吵越爱

有时候，爱人之间的吵架会让感情慢慢变谈，伤害彼此，致使感情破裂。而有时候爱人间的吵架会成为感情的“催化剂”，吵架之后，感情突然升温，更加爱对方。英国最新的一项调查发现，如果吵架时善用幽默，可以成为两人感情的催化剂，使你们的感情在经历了“冲突”之后，比以前更加稳固和坚实。原来，幽默会让两个人越吵越相爱。

丈夫常常到外面打牌、聊天，每天总是很晚才回家。妻子咆哮道：“刚刚结婚的时候，你不是说在家里很幸福，看到我就像看到了全世界吗？”丈夫争辩说：“我是这么说过，但那时我对世界地理不熟啊！”

两个人吵架之后，妻子往往气冲冲地收拾行李准备回家。丈夫问：“你要干什么？”妻子嚷道：“我再也待不下去了，我要离开这个家。”丈夫眼看妻子提着皮箱走出家门，忽然追了上去，喊道：“等一等，我也待不下去了，我和你一起走。”最后，妻子破涕为笑，夫妻双双把家还。

两个人在一起久了难免会出现磕磕碰碰，俗话说：牙齿和舌头那么好的交情，可是牙齿也免不了伤了舌头。更何况两个思想和观念都不一样的人，他们总会为了一些鸡毛蒜皮的事情争执起来，互不相让，甚至大打出手。其实，两个人在一起，吵架是很正常的，也常常有人用这样的词语“打情骂俏”来形容情侣之间的爱意。即使吵架，我们也还是爱着对方，其实生活中偶尔的吵架也是一种沟通。可能两个人在一起久了，我对你或

是你对我都会有一些抱怨，会觉得这件事情你哪里做的不到位，或是我每次约会迟到都会让你觉得恼怒。而由于一件小事作为导火线，两个人都把对彼此的怨气发泄出来了。假如我们把这些抱怨以幽默的方式表达出来，就会发现事情远没有自己想象的那么艰难，我们心中的怨气就会减少很多，在笑过之后，我们都学会了原谅对方。

一对恋人正在海滩上躺着，女孩看到一个穿着性感比基尼的女郎站在海滩上搔首弄姿。

“喂，你看!”她向男朋友叫道，“她和你崇拜的那位性感的女明星一模一样。”

但男朋友并不理会，闭着眼睛躺在那儿。

“怎么？难道你真的一点都不感兴趣吗？”女孩诧异道。

“当然，”男朋友说，“如果她真和我所喜欢的那位性感女明星一样，你是绝对不会让我看的。”

有的人在吵架的时候，总喜欢说讽刺的话：“我走了，你岂不是自由了吗？我也省得闹心。”这样的口气会更加激怒对方，讽刺的伤害是很大的。没有哪个人能够容忍爱人对自己的嘲讽。相比冷嘲热讽，风趣地说出自己的意见，促使两个人在吵架中体会到真正的爱。

有一对夫妻吵得很凶，老婆气急败坏地说：“我真后悔嫁给你，早知道如此，我就嫁给魔鬼了。”面对十分生气的妻子，丈夫风趣地说：“不行，你不能这样做，你难道不懂近亲结婚是法律所不被允许的吗？”在这里，丈夫幽默地把妻子比作了魔鬼，从而使妻子在笑声中冷静了下来。

吵架过程中，我们善用幽默的同时切记就事论事，而不要哪壶不开提哪壶，翻旧账，否则，我们的幽默就失去了它应有的作用。两人发生争吵时，你就会因伤心而想起以前的很多事情，包括以前所受的委屈，他所有犯过的错等。甚至乘机把他身上的缺点，一点一点地找出来数落一番，还不解气，还会把他的朋友、亲人等，也借机数落。其实，本来只是为一件小事争执，但是因为你的“乱开炮”，就会从他的身上扩展开去，牵扯到一大堆人。最后，你几乎忘了争吵的原因，憋了一肚子气：“算了，这日子别过了。”于是，战火愈演愈烈。在使用幽默的时候，需要转移注意力，尽量使用诙谐的语言转到其他有趣的事情上，千万不要翻旧账，这是吵架中的大忌。

幽默可以使感情升温

劳伦斯曾说：“世俗生活最有价值的就是幽默感，作为世俗生活的一部分，爱情生活也需要幽默感，过分的激情或过度的严肃都是错误的，两者都不能持久。”如果说生命是一朵花，那爱情就是花的蜜，而幽默则是采花酿蜜的蜜蜂。爱是男女之间的感情交汇，可以说，在这个世界上最奇妙的存在就是男人和女人，而在这个只有男人和女人的世界里，幽默总是扮演着一个爱情守护神的角色，在爱情的城堡里，它总是给对方提供安全感，让彼此的感情升温、升华。对于爱情而言，假如爱没有幽默和笑，那么还有什么意义呢?

富兰克林1774年丧偶，1780年在巴黎居住时，向他的邻居——一位迷人而有教养的富孀艾尔维斯太太求婚。

富兰克林在情书中说，他见到了自己的太太和艾尔维斯太太的亡夫在阴间结了婚。接下来，他继续写道：“我们来替自己报仇雪恨吧。”这封情书被誉为文学的杰作，幽默的精品。

例如：有一位男青年在写给女友的信中说：“昨夜，我梦见自己向你求婚了，你怎么看呢？”他的女友巧妙地回答：“这只能表明你睡眠时比醒着时更有感情。”

又如，一位姑娘说，她的男朋友给她的一封信里只写了短短几句话：“我中箭了，是丘比特的金箭；祈求你同样中箭，不是铜箭，而是金箭。”

对于恋爱中的双方而言，男女之间的默契和幽默具有一种特殊的作用。幽默，可以让双方在短时间之内发现许多共同的美好事物，比如从前的、现在的、将来的，这样会让时间和空间暂时消失，只留下美好的欢乐的感觉。而我们从上面的案例中不难发现，爱就是从幽默开始的。在恋爱的过程中，幽默的求爱、求婚方式，似乎更有魅力，更富有使人心动的浪漫情趣。

一位女孩子在男朋友家做客，不知不觉天已很晚了。

女："亲爱的，我还是回家去吧，我妈会知道的。"

男："我们可以保守秘密嘛！"

女："要是有了孩子怎么办？"

男："哦，我们当然也会告诉孩子。"

在这个案例中，一开始男孩的心理进攻是比较直接的，而女孩在害怕中退步了。但男孩就快达到目的的时候，他却停止了进攻，而转向了幽默，其实，从这里就可以看出男孩的目的就是想要女朋友从犹豫害怕的心理状态中解脱出来。男孩这样一说，女孩定能从幽默中感受到男孩的爱意。假如男孩直截了当地说出自己的要求，那定会吓坏女孩子，若是遇到比较保守的女孩子，估计这段感情就会出现问题了。而幽默成了恋爱中的催化剂，化解了彼此之间的心结，同时还升温了感情。

一对恋人坐在公园里。

男："我的许多朋友都说你很漂亮。"

女："(非常高兴地)真的吗？"

男："是说你不是漂亮，而是迷人。"

女："(略喜)是吗？"

男："不过，你只能迷住那些没有经验的男孩了。"

女："(失望且困惑)怎么说？"

男："因为你跟他们一样年轻，一样纯洁；一样朝气蓬勃，一样活泼可爱。"

女："(心花怒放地)哈哈哈，你真坏!"

在爱情世界里是很适合运用幽默的，因为条件十分有利，这比纯粹地说笑话更容易产生趣味性。毕竟在恋爱中，男女双方都有取悦对方的心愿，只要一方做出努力，另一方就会心有灵犀。试想，在自己的恋人面前懂得幽默和情趣，这样既可以把快乐传染给对方，又能深深地吸引对方，简直百利而无一害。

夫妻之间幽默相处

经常有人说婚姻是爱情的坟墓，之所以这样说，源于它的现实性与公开化。爱情是虚无缥缈的，它神秘不可捉摸，因而耐人寻味，给人以充分的想象空间。一旦爱情发展到一定的程度，婚姻便顺理成章。但是婚姻不像爱情，它必须公开，两个人的关系一旦被公开，再无神秘感可言了，此时要有调节的办法才能找回两个人当初的感觉。夫妻之间幽默地相处能使两个人在心理上减轻对于婚姻无趣的负担，重新调动起两个人的激情，不断擦出爱的火花。

有一个家庭，丈夫比较喜欢上网，但是有点过头。妻子平时很忙，所以没什么时间说。一次偶然的机会，妻子给丈夫写了一段网络留言，把很多平时不好说的话写了下来。妻子写道：亲爱的大伟，我们的电脑买了一年多，我也没有怎么摆弄它，今天趁着你和儿子出去，我把心里话敲在上面发到你的邮箱里，希望你看了之后，能给我一个答复。我首先忠告你的是晚上睡觉时，手指最好老实一点，别在我身上乱点，我的身子不是键盘，我的鼻子也不是鼠标。再这样，可别怪我某一晚把你的手指咬下半截。你爱上网，我不反对。你可以跟你那些最知心的“峨眉大侠”、“白毛女”侃个不停，但当我们3岁的儿子哭着叫你揩一下屁股时，你不能够随手抓起打印机的纸对付我们的未来。你的厚脸皮经受得起打印纸的摩擦，我们儿子柔嫩的屁股可吃不消。你的腰越来越粗，腿越来越细，你感觉不

到吗？我真想不通，厕所离你电脑椅才几步远，你硬是坐下就不想动，还想把电脑椅改成便捷式马桶。你怎么就不动动脑筋，多挣点钱把家改装一下，最好把我这丑婆娘也改装一下，省得我为你操心。昨天坐你的车，前面一大堆乱石头，你不踩刹车，还一个劲喊："后退键哪里去了！"老兄，要不是我眼明脚快，帮你踩住刹车，也许现在敲键盘劝你的人就不是我了。大伟，我仍爱你，但你总不能连吃饭也要我通过E-mail来叫你吧？我们应明白彼此的责任和对未来的爱心，难道虚幻的电脑世界比我和独生子跟你在一起的时光更精彩？好了，我就敲到这里，再敲下去，我怕我会让它永远死机。落款是仍爱着你的虫娘。

妻子如此幽默风趣的语言，再加上一些体贴的关心，哪个丈夫能不改正自己的错误，虚心接受妻子的建议。所以用幽默能使夫妻间的生活变得更加幸福美满。

大科学家爱因斯坦，一次因为一点小事和妻子生了气。晚上，他准备动手写文章，便吩咐妻子为他做些准备工作。妻子很不高兴地问："你都需要些什么东西？"爱因斯坦说："一张台子、一把椅子、纸和笔，嗯，还要一只大大的废纸篓。""为什么要大大的废纸篓？"妻子问。爱因斯坦说："这样，我可以丢掉我所有的谬误。"妻子被他逗笑了，一场不愉快烟消云散。

其实夫妻间的幽默并不难，尤其是面对你的爱人，没有什么不能说的，互相之间越幽默，默契度也就越高。

在锻炼双方承受玩笑的能力时，记得多将幽默的矛头对准自己。在新婚的阶段，不愉快往往由于一个不经意的玩笑，例如取笑对方新烫的头发像被电击的卷毛狮，或者取笑对方壮硕的身材像河马。这是因为，在这一阶段双方还没有熟识到"视玩笑为亲密"的程度，没有意识到互相逗乐取笑是比甜言蜜语更高端的调情方式。

常说别忘给爱情加加油，幽默确实是一种好方式，它更能使夫妻恩爱和睦。如果夫妻间的冲突一触即发，那么，幽默可以使其冰消雪融。夫妻间经常保持幽默感，就会更加想爱，感情历久弥新。

在现代家庭生活中，夫妻间因各种矛盾，闹点小摩擦，吵几句嘴，发生一点小误都是难以避免的。如果我们动辄打骂，经常争吵，不但于事无补，弄不好还会激化矛盾，增加隔阂，伤害感情。假如夫妻双方能运用一点幽默，效果就会截然相反。用幽默来对待夫妻关系吧，充满乐趣的生活能为两个人的感情提供良好的环境，同时也会更加珍惜彼此，越来越离不开对方，因为没有了彼此就不快乐了。

在幽默中增强爱的活力

爱是需要活力的，这种活力除了爱本身所具有的之外，还需要双方通过自身的努力去增强。在幽默中增强爱的活力是不错的选择，因为幽默能使尴尬的场面瞬间化解，能使吵架的夫妻重新和好，能使爱情永远保持新鲜。

夫妻间偶尔拌嘴是不可避免，但是生气后如此道歉还是不多见的。婚后，妻子还是和谈恋爱时一样，霸道蛮横不讲理。这天夫妇俩本说好一起儿去会朋友的，可走到半路妻子又无理地呵斥起老公来，老公平时都是言听计从的，可这次不知怎么，竟来了牛脾气，一扭头，回家了，头一次把妻子丢在马路上，妻子当时气得眼泪都快流出来了，但不能认输，她只有赌气地单刀赴会了。晚上十一点钟妻子回家，见房里灯都关了，心想老公肯定睡了，便没有按铃，掏钥匙开门时，发现门上贴着纸条，上写：你必须向我道歉！妻子愤愤地想：“我还没有找你算账呢！”进屋后开灯关门，发现门后又贴着一纸条，上写：或者把我皮鞋擦亮也行。妻子骂道：“呸！我给你擦个屁。”换鞋时发现，她的拖鞋上又有一张纸条，上写：呸，擦个屁！妻子感到好笑，心想，要我道歉，我都要一个星期不理你了，你心里有数点好不好。妻子去洗漱，口杯上又有一张纸条，上写：如果你不知道该怎样向我道歉的话，书桌上有提示。妻子急忙跑到书桌旁，只见桌上放着半页纸，正面写着：把背面的话对我大声念两遍就行了。翻到背面，见上面贴着一则从报纸上撕下来的广告，广告词是这样写的：做女人，每个月都有几天心烦的日子。妻子又想笑，他以为是我“好事”来了，心烦才对他发脾气的？怎么我更年期到了，那样岂不是更好下台阶，可笑。妻子的气消了一半多。洗漱完，妻子上床，见老公扭头在一边睡着了。她也不理他，打开床头灯想看几页书再睡，这是她多年来的习惯。打开书，里面又有一张纸条，上写：我知道你心里已经很难过了，你觉得对不住我，有点难过了就行，也不必自责了。其实我也该检讨，要不是我发现马路对面表哥他们正想看我的笑话，我是不会跟你作对的，男人嘛，除了在外人面前要点面子外，谁会没事跟自己的老婆过不去呀。妻子心里一阵发热，觉得自己是有点过分了，对不住老公，便双手抱着他的头，扳过脸来，却发现老公脸颊上还写着两个大字：亲我。

这么搞笑、幽默的道歉方法，使这对夫妻的爱情显得那么活泼、有活力，同时足见夫妻间的感情很深。其实夫妻间调节感情的办法非常多，只要两个人用心去对待，那么什么矛盾都会地被轻易化解。尤其是幽默的运用，这不但能使气氛得到缓解，给人创造一种适合聆听的心境，而且能唤醒夫妻平时的默契，这种默契往往会很有效地消解矛盾。用幽默来处理夫妻间的矛盾不但效果明显，而且能让彼此间的感情更加深厚，特别是让感情保持新鲜，永葆活力。

傍晚，华灯初上，一对年轻的夫妻并肩在街上散步，只听妻子说得那么起劲，滔滔不绝，而丈夫却有点心不在焉，时时无话可答。猛然间他打断了妻子的话题：“你知道你什么时候话最少？”妻子茫然地摇摇头。少顷，丈夫果断地说：“二月份。”“为什么？”妻子迫不及待地问道。“因为二月份只有二十八天嘛。”丈夫说完抿嘴一笑。妻子恍然大悟，笑着捶了丈夫一拳，反驳道：“谁像你，白天说的话不如夜里梦话多哩。”

这样的幽默无疑为爱情又加了一层蜜，这样的爱情想没有活力都难。

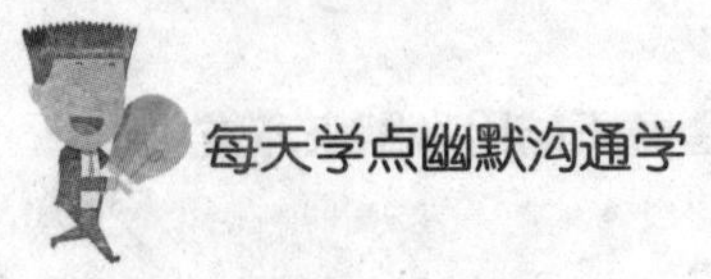

有时候幽默的力量使用得十分温和，我们可能觉察不到它。但是它的确使爱人的心情愉悦，这无疑有助于爱情的升华。散文家张小娴说："两个人的结合，就像两首曲子交汇成一首，由于原先的曲调、节奏各不相同，所以需要两者的协调与合作，才能汇成一曲比原先任何一曲都好听的音乐，如果配合不当或失误，这首曲子一定比原先任何一曲都更糟糕。"所以这需要两个人恰当地运用幽默，使两首曲子得到完美结合，唤起爱情的活力，使家庭生活永远朝着健康、高质量的方向发展。